U0399452

The Art of the Yellow Springs
Understanding Chinese Tombs

黄泉下的美术

宏观中国古代墓葬

*

［美］巫鸿 著

施 杰 译

生活・讀書・新知三联书店

图书在版编目（CIP）数据

黄泉下的美术：宏观中国古代墓葬／（美）巫鸿著；施杰译．—北京：生活·读书·新知三联书店，2016.1（2025.6重印）
（开放的艺术史丛书）
ISBN 978-7-108-05298-8

Ⅰ.①黄…　Ⅱ.①巫…②施…　Ⅲ.①墓葬（考古）-艺术-研究-中国　Ⅳ.① K878.84

中国版本图书馆 CIP 数据核字（2015）第 066010 号

开放的艺术史丛书
黄泉下的美术——宏观中国古代墓葬

丛书编辑	尹吉男
责任编辑	张　琳　杨　乐
装帧设计	宁成春
电脑制作	胡长跃
责任印制	董　欢
出版发行	生活·讀書·新知 三联书店 北京市东城区美术馆东街 22 号 100010
网　址	www.sdxjpc.com
图　字	01-2020-6324
经　销	新华书店
印　刷	天津裕同印刷有限公司
版　次	2016 年 1 月北京第 1 版 2025 年 6 月北京第 9 次印刷
开　本	720 毫米 × 1000 毫米　1/16
印　张	17.5
字　数	145 千字　图 200 幅
印　数	32,001-35,000 册
定　价	88.00 元

（印装查询：01064002715；邮购查询：01084010542）

The Art of the Yellow Spring by Wu Hung was first published by Reaktion Books, London, uk, 2010
Copyright © Wu Hung, 2010
Chinese Copyright © 2016 by SDX Joint Publishing Company
All Rights Reserved.
本作品版权由生活·读书·新知三联书店所有。
未经许可，不得翻印。

巫　鸿

作者简介

巫鸿（Wu Hung） 早年任职于北京故宫博物院书画组、金石组，获中央美术学院美术史系硕士。1987年获哈佛大学美术史与人类学双重博士学位，后在该校美术史系任教，1994年获终身教授职位。同年受聘主持芝加哥大学亚洲艺术的教学、研究项目，执"斯德本特殊贡献教授"讲席，2002年建立东亚艺术研究中心并任主任。

其著作《武梁祠：中国古代画像艺术的思想性》获1989年全美亚洲学年会最佳著作奖（李文森奖）；《中国古代美术和建筑中的纪念碑性》获评1996年杰出学术出版物，被列为20世纪90年代最有意义的艺术学著作之一；《重屏：中国绘画的媒介和表现》获全美最佳美术史著作提名。参与编写《中国绘画三千年》(1997)、《剑桥中国先秦史》(1999)等。多次回国客座讲学，发起"汉唐之间"中国古代美术史、考古学研究系列国际讨论会，并主编三册论文集。

近年致力于中国现当代艺术的研究与国际交流。策划展览《瞬间：90年代末的中国实验艺术》(1998)、《在中国展览实验艺术》(2000)、《重新解读：中国实验艺术十年（1990—2000）——首届广州当代艺术三年展》(2002)、《过去和未来之间：中国新影像展》(2004)和《"美"的协商》(2005)等，并编撰有关专著。所培养的学生现多在美国各知名学府执中国美术史教席。

目　录

导　言 ·· 1

第一章　空间性 ·· 13
　　从椁墓到室墓 ··· 17
　　三重宇宙 ·· 31
　　再现灵魂 ·· 64

第二章　物质性 ·· 89
　　明器 ·· 92
　　墓俑及再现媒材 ··· 105
　　身体：保存和转化 ·· 131

第三章　时间性 ·· 155
　　宇宙／神话时间 ·· 157
　　"生器" ·· 169
　　历史叙事 ··· 179
　　旅行 ··· 199

尾声：写照中国墓葬 ·· 225

注释 ·· 242
全书所涉墓葬索引 ·· 267

导　言

在中国古人的思维中，深藏于地下的黄泉既滋润生命也激发畏惧。公元 1 世纪班固（32—92）在《白虎通义》中写道："阳气动于黄泉之下，动养万物也。"[1] 而与他同时代的王充（27—97）则抱怨道："闭户幽坐，向冥冥之内，穿圹穴卧，造黄泉之际，人之所恶也。"[2] "黄泉"代指墓葬，即众生的最终归宿，唤起一种别样暧昧，这里是人们和自己的爱侣及仇敌的重逢之地：公元前 721 年，郑庄公觉察到自己的母亲图谋篡权后将其流放，他留给她的诀别之词是一个辛辣的誓言："不到黄泉，无相见也。"[3] 几个世纪以后，到了东汉建安（196—220）年间，另一个母亲强迫其子——一个在江西庐江地方供职的小吏焦仲卿——将其妻子休弃。焦仲卿为改变其母的初衷，用这样的恳求来表达其对妻子的执着之爱："结发同枕席，黄泉共为友。"[4] 但是焦母不为所动，于是这个故事以这对夫妇的双双自尽而告终。

这些例子说明，黄泉成为几千年来无数墓葬的想象场所。（这个词在日本和朝鲜也同样成为地下世界的代名词。）"无数"一词当然不是夸张。中国古人相信每个人——甚至罪犯——都应该有个坟墓，否则他的游魂将变成怨愤和有害的厉鬼来纠缠生人。给罪犯提供的归宿之处可能不过是一个浅浅土坑，但一般人的坟墓通常意味着拥有一个丧葬建筑空间以及墓内的陈设和地面上的标记。这一礼仪空间的最早设计原则见于两份古代文献，首先是由吕不韦编纂、成书于公元前 239 年的《吕氏春秋》——吕不韦是秦国的显赫相国，他希望此书能囊括当时一切主要哲学流派的学识与智慧。然后是汉初编辑成书的儒家经典《礼记》，其中不少篇章撰自公元前 5 至公元前 3 世纪的战国时期。原文如下：

> 葬也者，藏也。藏也者，欲人之弗得见也。是故，衣足以饰身，棺周于衣，椁周于棺，土周于椁。反壤树之哉。[5]

这段话规定了传统中国墓葬的两个本质特征。首先，一座墓葬总是包括地上和地下两个空间和建筑单位，我们不妨将它们看作一个墓或墓地的"外部"和"内部"。但是处于地上和地下的这两部分的关系并非是一个连续的建筑程序，而是包含了一个空间和知觉的突然断裂：这两个单位具有互相隔离的物质环境和建筑设计，它们的礼仪功能以及与人的关系也各不相同。【图 I-1】贵族墓葬的"外部"常常包括封土、一个或多个礼仪建筑，以及雕刻和石碑等，作为日常的礼仪活动场所而为人所见。高级墓葬的"内部"通常有着更加华丽的装饰和陈设，隐藏着死者的遗体，只有盗墓或考古发掘才能使之暴露。

墓葬的另一个本质特征是：建墓的根本目的是将死者和墓内随葬品"藏"于人类视线之外。这一目的的实现通常经过一个相当长的礼仪程序。根据传统礼制，人死之后其遗体要经过仔细的清洁、穿衣和仪式性的供奉。棺椁和为墓葬准备的器物在下葬之前会被公开陈列。有时还会在墓室内举行一个简短的仪式，使生人得以向已故亲人诀别。[6] 然而，

[I-1] 山东金乡"朱鲔"祠堂平面图，东汉，公元 2 世纪

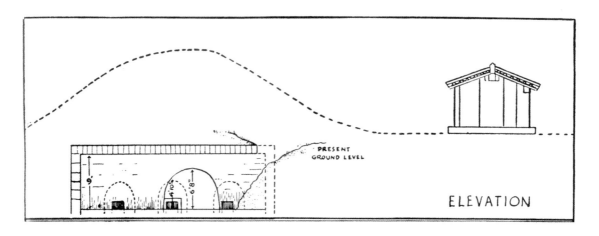

一旦墓穴封闭，将无人可再窥其内部的奥秘。[7] "入葬"因此标志了墓室及其内容之身份和意义的剧烈变换。在此之前它们属于"此岸"世界并处于人们的视野之中；在此之后它们则变为地下魂魄的世界。在此之前，赞助者、建造者及工匠一起合作设计、建造和修饰墓室；在此之后，这个地下空间和其中的所有图像和器物——包括壁画和浮雕、墓俑和建筑明器，还有各种材质制作的其他物件——都将永远地消失于人们的视野之外。

因此，如果说中国古人创造出这些墓葬图像和器物（其制作常常极其精美）以表达他们的情感和艺术感觉，那么他们也自愿地终止了它们的流通而将其与死者一同埋葬。正因如此，诚如我们在《吕氏春秋》和《礼记》中所读到的，墓葬被称之为"藏"。[8] 这一对墓葬的文献定义也被考古证据所证实：位于河南唐河，建于1世纪初的冯孺久墓中发现一通铭文，将其中室称为死者的"藏阁"。此墓的另一条铭文则表达了"千岁不发"的愿望。[9] 相似的表达也见于山东苍山的一座画像石墓。此墓建于151年，其中的长篇铭文描述了石刻的图像程序。铭文结尾处是一则祷文："长就幽冥则决绝，闭圹之后不复发。"[10]

我们因此可以用两种不同的方法来研究墓葬。第一种方法是集中考察墓葬的准备和建造过程，尤其是从死亡到入葬的一系列丧葬仪式。这些仪式过程包括给死者遗体穿衣（小殓）和入棺（大殓）的礼仪，也包括设置牺牲和陈列随葬品。礼仪活动的场所逐步从死者的家里转移至墓地。对这一历时过程的重构可以见证死者向祖先神的转化，揭示出丧葬仪式所反映的复杂社会关系，并阐释葬礼在人们的日常生活中所呈现的"壮观场面"（spectacle）。第二种方法则着眼于作为空间结构的墓葬和它的内容。其研究的首要目的是揭示墓葬设计、装饰及随葬品的潜在逻辑，并将其解释为社会关系、历史和记忆、宇宙论以及宗教信仰的表现。

正如书名《黄泉下的美术》所示，本书采用的是第二种方法以研究墓葬的地下部分。这个决定取决于几个因素。首先，大部分古代墓地的地面建筑（通常是木构的）已荡然无存，对中国墓葬的考古研究一直以地下墓室及其内容为主。[11] 其次，近年的学术研究——包括我本人的一些研究项目——已经对墓葬艺术进行了一些时间性的分析，一个基本的目的是通过研究东周和两汉时期的墓葬实例重构丧葬仪式。[12] 但最重要的理由是，通过把墓葬本身作为研究分析的主要着眼点，我们可以获得对中国传统艺术和视觉文化的重要概念和机制的深入理解。这是因为"藏"的观念在中国墓葬实践的发展中始终是一个根本原则。我们可以把这个观念一直追溯到史前时代。实际上，我们可以说在古代世界中，再无第二个像中国这样如此执着于隐藏图像和器物的文明。

在中国，至少从公元前4000年到公元后的20世纪早期，人们耗费了巨额的人力物力修建地下墓葬建筑并埋入精美的器物。受到家庭本位的社会结构以及以孝道为中心的伦理道德的支持，为死者提供一个永恒家园的期望激发了无穷无尽的艺术创造力和技术革新。诚然，较之从纯粹建筑意义上来定义墓葬，把它视为一个艺术不懈创造的场所和多种艺术形式的总汇则更为恰当。贵族墓葬从不批量生产，它们的设计和修建总是基于漫长的决策过程和各种社会单位之间的错综复杂的协商。这些墓中的很多器物是专为来世而生产的"明器"，特殊的绘画和雕刻也是专为死者无声的需要而作，其功能或是保护死者，或是提供地下世界中的享乐，或是使之重获生机、上升仙界。

由于它们的宗教礼仪功能和"不祥"的寓意，墓葬在古代中国通常不被当作审美对象。古代著述者不约而同地对地下墓葬缄默不言，故而导致这些空间在事实和文献中都隐没无声。这一情况在20世纪早期，由于现代考古学在中国的开展而发生了剧烈的变化。自那时以来，无数古代墓葬的发现使"墓葬考古"成为中国考古学中的大宗。这一领域的三大首要目的是采集、整理和分析考古数据以便为将来的研究服务。数据采集的重点是发掘和记录，并以尽可能完整地保存考古信息为其毫不动摇的目的。数据的整理意在将发掘资料梳理为不同的类型，成为发掘报告中的基本描述单位。基于类型学的进一步分析使考古学家得以确定区域特征和时代特征，进而推展出关于中国墓葬发展的宏观历史叙述。董新林最近的一部专著为中国墓葬考古学在这三个方面的学术成果作了一个扼要描述。[13]

古代墓葬的考古发掘和分析对包括历史学、人类学、语言学、宗教史以及科学史在内的其他领域产生了重大影响，在这些领域中催生出大量的学术成果。在艺术史中,古代墓葬的主要贡献是作为提供激动人心的艺术品之"宝藏"(treasuretroves)。这些常常不为前人所知的艺术品的发现使艺术史家得以不断丰富甚至重写艺术形式——诸如青铜器、玉器、绘画、雕刻、陶器和书法等——的历史。

稍举几例便足以说明古代墓葬在丰富和重写艺术史上所扮演的重要角色。例如,良渚玉器在二十多年前还常常被错断为周代或汉代,对它们的功能和原始环境也鲜有所知。这一情况在八十年代中期以后发生了根本变化:一系列惊人的考古发现不仅证实了这些雕刻起源于新石器时代,而且展现了良渚风格的"玉殓葬"在长江下游地区的广泛存在。[14]【图 I-2】这些发现激发了有关良渚玉器类型、命名、材质、技术以及象征性的热烈讨论,使得新石器玉器成为玉器研究中最活跃的主题。

1976 年河南安阳妇好墓的发现同样改变了人们对商代艺术的理解。考古学家第一次面对一座未被盗掘的商代王室墓葬,震惊于其随葬品的数量和质量。除了其他器物,这位已故的商王配偶带走了 200 余件青铜礼器(不少是巨型的)【图 I-3】,超过 750 件以上的精美玉器,500 多件骨器和象牙器,以及 200 件青铜兵器。[15] 对这些器物的研究随之揭开了一幅较以前理解远为复杂的晚商艺术的图景。我们如今知道该艺术同时造就了象征的和再现的风格,以表现超现实的鬼神和现实中的生灵。此墓也见证了最早的艺术收藏:墓内的贵重器物中包括来自不同地区的一组史前玉器,表明妇好或许是中国历史上第一位已知的古董收藏者。[16]

同样是在 1976 年,秦始皇陵园的发掘正式拉开帷幕。在以后的三十年内,围绕着墓室和陵园发现了数以千计真人大小的陶俑。它们逼真的自然主义风格不仅促使艺术史家重写中国的雕塑史,而且重估中国传统艺术的一般特征及美学观念。[17]【图 I-4】

然而,上述所有例子中对于出土器物的关注,也反映出传统艺术史学对墓葬研究的强烈影响。艺术史自 19 世纪以来发展为以不同媒质划分的,由诸多半独立分支所构成的一个集合体。每一分支发展出一套依托于专项收藏、展览和出版物的研究方法和历史叙事。从这个角度来看,过去一个世纪中对中国古代墓葬的艺术史研究,其目的主要是为了阐明不同媒质的专门历史,而这些专史随即成为构造中国艺术史一般性

[1-2] 良渚文化"玉殓葬",江苏武进,新石器时代,约公元前3000年

[1-3] 河南安阳殷墟妇好墓出土铜觥，商代晚期，约公元前13世纪

叙述的基本单位。

但是我们必须注意到，古代墓葬在服务于艺术史的这一目的的时候，是以其自身在保存和分析上的双重破碎为代价的。这是因为当墓葬被离析为以媒质为导向的分类和研究时，其整体性就消除了。特别在西方，对于个别器物的收藏——其来源包括对古代墓葬的盗掘——是中国艺术研究的最初根基。其结果是这种学术研究往往无视器物的原始环境和功能。直至今日，欧洲和美国的博物馆很少在礼仪和建筑语境中展出中国墓葬艺术，而是习惯性地将其分散为互不相干的玉器、青铜器、雕塑和绘画等门类。一旦墓葬艺术被吸收入这个展示体系，并且和为非墓葬目的而制造的艺术品掺杂在一起，它便不再激发有关其设计和制作的特殊问题。其结果是，西方关于墓葬艺术收藏的讨论很少试图从其原始功能和象征性的角度解释其材质、色彩、大小、比例、风格或类型。不无反讽意味的是，取消了原始语境的艺术收藏易于导致形式主义的研究，但是它同时也阻碍了对"形式"作为文化和艺术表达手段的真实理解。

中国艺术史研究中出现的一些新趋势正在对这一研究墓葬艺术的传统方法提出挑战。更具体地说，有两个变化推动了日益增长的、把古代

[1-4] 陕西临潼秦始皇兵马俑坑，公元前3世纪早期

8 | 黄泉下的美术

墓葬自身视为重要的建筑和艺术创造的意识。第一个变化涉及中国以及其他东亚国家对考古发现的保存和展览，特别是近年间出现的众多"古墓博物馆"开始促生新的学术。这些博物馆位于重要墓葬的现场，将发掘品和地下结构一起展示，提供了关于此墓历史背景的详细信息。精致的数码和建筑复原进一步促使参观者想象墓葬的原始设计和随葬品。[18]这种陈列方式甚至开始影响一般性综合艺术博物馆的布展方式。例如新近落成的中国河北省博物馆用差不多四分之一的陈列空间展示该省发现的两个重要王室墓地，结合建筑模型、出土器物和照片记录，以制造出对原始墓葬的鲜活感觉。[19]

第二个变化则正在艺术史的学术研究中发生。最先在西方艺术史研究中发展出来的各种语境化研究，将美术史家的注意力从艺术作品本身转移到它们在具体历史环境中的生产、感知以及消费上来。近年来对视觉和物质文化的广泛兴趣进一步模糊了艺术史的界限，把这一学科向更广泛的有关视觉呈现和再现的问题开放。不难想象，这个研究转向，连同东亚的"墓葬博物馆"的出现，将会激励艺术史家把整个墓葬作为历史研究和解释的主题。从八十年代早期开始，越来越多的研究项目，包括若干篇博士论文在内，已经反映了墓葬艺术研究中的这个新趋势。[20]这些研究的每一项都针对一个墓葬或墓地，它们的共同方法论前提是：由于墓葬是作为整体设计、建造和装饰的，因此也必须将其作为整体来研究。此外，一些综合性研究则集中于墓葬艺术发展的时代趋向和地域风格。[21]尽管这些综合研究多着眼于壁画或墓葬结构，而很少考虑到墓内的其他元素，例如随葬品，但是著者的基本研究单位是完整的墓葬，而非其个别成分。

本书意在将这种学术潮流推到一个新的层次，其做法是将阐释方法作为直接的考察主题。[22]如前所述，目前墓葬艺术研究的主流把复杂的墓葬转化为"移置"（displaced）的图像和器物，所使用的研究观念和方法多来自书画、雕塑等专项美术史，将陪葬画像和器物看成为愉悦眼睛而制作的审美对象。这种观念是否适用于理解为死者所设的空间及器物？对其未加检验地运用是否会妨碍我们真正理解墓葬空间及随葬器物的特殊性？这些一般性的反思引向更具体的问题。例如，我们用标准的建筑词汇来记录和分析墓葬，却常常忘记了地下墓室常常通过

[1-5] 山西侯马董明墓剖面、平面图，金，公元1210年

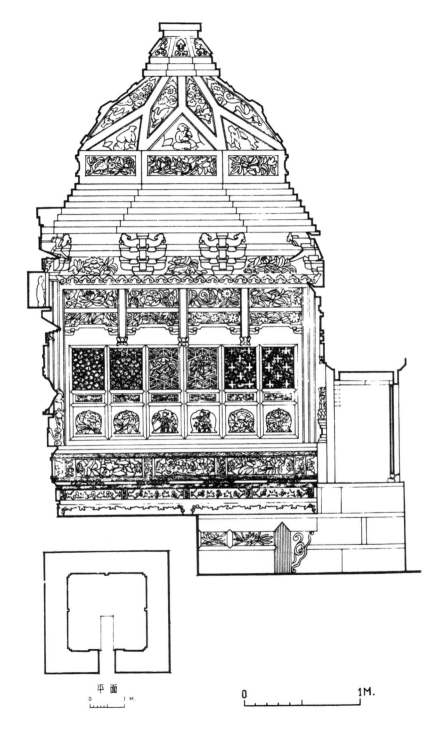

平面

10 | 黄泉下的美术

将建筑外表转化为内表的方式,来"反转"地上的建筑原型。[23]【图 I-5】在讨论墓葬壁画和随葬俑的时候,我们常常不加批判地使用诸如"观看"(viewing)、"注视"(gaze)等概念,但是当我们意识到这些图像的主要观者恐怕不是生人观众的时候,这些观念就必须被重新定义。墓葬内经常出现的微型化趋势进一步对设定观者的身份提出疑问。还有,我们假设墓葬和其他艺术一样,可能在建筑结构和装饰程序上彼此"影响",却没有认识到它们实际上都是封闭了的空间,无论是设计者还是艺术家都无法参观和复制其他的墓葬。最后,对于墓内发现的器物,我们仍然习惯地把它们和那些生产于不同社会、宗教和艺术语境下的器物放在一起,并用这整套材料来解释艺术风格、图像志和趣味的一般变化。但是古人反复申明的是:为死者而造的明器和为生人而设的器物在质料、大小、色彩、功能以及工艺方面都必须判然有别。

所有这些问题都表明,为了达到对中国墓葬艺术及建筑的真实理解,我们需要从基本的层面出发,反思这一特殊人类创造物的本质及其根本目的。这就是为何我将本书的分析框架建立在一切人工制品的三个本质要素之上:空间性、物质性和时间性。关于"空间性"的第一章着眼于墓内建构的各种象征性环境,以及为死者灵魂创设的特殊的"主体空间"(subject space)。接下来关于"物质性"的第二章考察某些特定的材质、媒介、尺寸和色彩是为何及如何被墓葬建筑和随葬品所选用,以及死者的身体是如何通过特定的方式被转化为不朽。"时间"是最后一章的主题。在前两章的基础上,本章讨论空间、器物和图像是如何构成不同的时间性,诸如"过去"、"将来"或"永恒",并如何在封闭的墓葬空间内创造运动的生机。本书的"尾声"将这些不同线索融合在一起,以"写照"不同时代的三座重要墓葬。

本书的目的不是根据年代顺序呈现出中国墓葬艺术的发展史,也不是要对目前中国版图内不同历史时期的墓葬类型以及地域性丧葬实践进行全面综述[24],而是会描述和分析不同时代和地区的许多个案。这些案例一方面意在表现中国墓葬艺术无比漫长的历史和惊人丰富的内涵——这其实是中国艺术中最为漫长和持久的一个艺术传统,同时也将回答我所提出的最初问题:是什么因素界定了我们称之为"中国墓葬"的艺术和建筑传统?

第一章　空间性

> 古之葬者，厚衣之以薪，葬之中野，不封不树，丧期无数。后世圣人易之以棺椁。
>
> ——《周易》[1]

任何墓葬在形成之初首先都是一个空洞——一个挖掘出来的土坑、用石头或木材堆积而成的空室，或者是开凿于山崖上的洞穴。然而，为死者建造一个永久性的建筑空间乃是较晚的实践——在此之前的埋葬仅仅意味着用泥土和石子填充于尸体周围。公元2世纪的赵咨因此认为"棺"的发明是墓葬史上无与伦比的重要事件：虽然形制十分简单，这个建构已经显示了高度的观念化，第一次为死者物化和凝固了一个特殊的空间。所有后来墓葬结构的发展都不过是对棺的观念和形式的进一步精密化和复杂化而已。[2]

赵咨把这一发明归功于传说中上古的黄帝——汉代文献中发明礼仪和治国方略的先圣。[3] 根据赵咨所言，在黄帝之后，西周王室增加了棺的层数并装饰其表面，强大的东周诸侯则为自己建造了巨型、奢华的陵园。随后的情况则是："爰暨暴秦，违道废德，灭三代之制，兴淫邪之法，国贽糜于三泉，人力单于郦墓，玩好穷于粪土，伎巧费于窀穸。"[4] 现代考古学基本证实了赵咨所勾画的历史发展。根据科学发掘，我们现在知道至少在距今约6000年的新石器时期中期，在中国就已经出现了石棺和陶棺。[5]【图1-1】我们发现了西周贵族墓葬上华丽"荒帏"的实证[6]，也知道了大型山陵确实是在东周诸侯中流行。[7]【图1-2】

这些诸侯中的一个最终统一了中国并自号为"始皇帝"——他把自己视为一个万世帝国的开国君主。事非偶然，被称作骊山陵的始皇坟墓在体积和概念上均抵达了前无古人的惊人程度。我们将在本书中

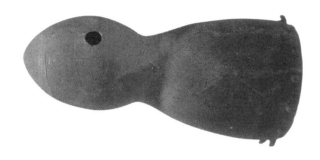

[1-1] 仰韶文化儿童陶棺，河南偃村，新石器时代，约公元前3500年

多次讨论这个墓葬；这里需要提到的是秦始皇的陵墓工程也启发了中国最早的对地下墓葬的描述。（上引《礼记》和《吕氏春秋》的较早文字并非是对于一个实际墓葬的描述，而只是规定了某些一般性的建墓原则。）这段著名的文字出自司马迁（约公元前145—前90）的《史记》。在《秦始皇本纪》中，这位西汉大史学家——他的写作时代上距秦始皇之死约百年——回顾了秦始皇如何从全国各地召集七十万民工来建造他的陵墓：

> 穿三泉，下铜而致椁，宫观百官，奇器珍怪，徙臧满之。令匠作机弩矢，有所穿近者辄射之。以水银为百川江河大海，机相灌输。上具天文，下具地理。[8]

外人无法迈进这个奇异的空间，因为秦始皇下令在那里设置待发的弩箭

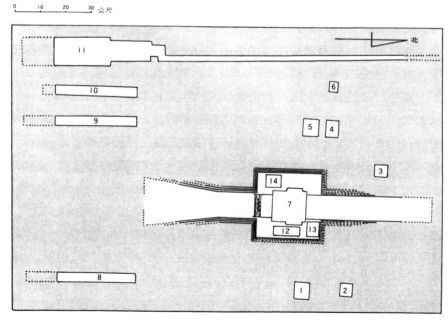

[1-2] 河北平山战国中山王䜭墓平面图：1～6 陪葬墓；7 一号墓墓室；8 一号殉马坑；9 二号殉马坑；10 祭祀坑；11 葬船坑；12 东库；13 东北库；14 西库

来射杀任何一个不速之客。甚至对这个地下场所的想象和回忆也必须被抹去：所有曾在墓中工作的建造者和工匠在"闭中羡，下外羡门"的时候被禁锢其中，他们知道的秘密因此被永远封存于墓里。[9]

秦始皇的墓葬尚未发掘，我们因此也仍无法确认司马迁的记载。[10]实际上，在已发掘的汉代以前的墓葬中，我们尚未发现"上具天文，下具地理"的图像；已知最早绘有此类画像的例子均为公元前1世纪之作，上距秦始皇之死已百年有余，但却接近于司马迁的时代。[11]【图1-3】《史记》的一些好奇读者可能也会质问：如果那些曾经看到始皇陵内部的人都遭到了谋害，而此后也无人可以再次进入，那么司马迁是如何知道墓内装饰的呢？当然人们总是可以辩论说：不知出于何种原因，尽管有秦始皇及秦二世（他是将工匠们锁在墓中的执行者）的种种预防措施，该墓的秘密还是泄露了出去。但是我们也可以提出一个同样强有力的论点，即围绕秦始皇墓的神秘氛围激发了人们的想象，给后代的著者和艺术家——不仅是司马迁而且包括现代的史学家、小说家，特别是电影导演——一个强大的想象空间，驰骋他们对这个中国古代最惊人的墓葬的艺术想象。

在秦始皇的墓穴被最终开启之前，我们无法确定这两种可能性中的哪一种催生了司马迁的记载。我们可以肯定的是，他的描述包含了两种基本的墓葬建筑和装饰的模式，二者均呼应于把墓葬内部转化为一个象征、幻觉的空间的愿望。在第一种模式中，墓葬设计意在启示宇宙的微观世界，其基本元素——最重要者为天和地——根据流行的宇宙观念被描绘在不同的建筑位置上。在第二种模式中，墓葬通过把人类世界中的财物——在秦始皇的例子中包括他的宫殿、臣民和财富——转移到地下空间，从而为死者提供了一个身后的理想家园。这两种模式并不冲突，二者可以或独立或以各种复合方式存在。这两种模式可以融合为一，是因为一个复制的生活环境可以被当作宇宙模型的内在特征而加以呈现；而宇宙模型也可以被设想为死者灵魂的"宇宙之寓所"。但更为根本的是，这两个空间可以互补，因为二者均为死者而建，死者通过居住于这两个空间而实现了它们的礼仪与象征意义。

因此，即使我们无法贸然把司马迁的描述等同于秦始皇的真实墓室，我们从他的言词中仍然可以了解到中国古代建造、装饰和布置墓

[1–3] 河南洛阳烧沟 61 号墓墓顶，西汉，公元前 1 世纪

室的一些基本观念和动机。本章从这一段文字出发来探索这些观念和动机的多种表现。如果棺的发明为死者构造了第一个隔绝的建筑空间，那么下一个关键性的发展就是把这个空间精致化为一个地下家园或微观世界。在中国墓葬史中，这个发展是通过"室墓"取代"椁墓"而实现的。

从椁墓到室墓

椁墓的主体是一个大箱子一样的木结构,埋于一条竖穴的底部。【图1-4】因此这种墓葬也在考古文献中称为"竖穴墓"。[12] "椁"是中国传统用词,即套在棺之外的木结构。【图1-5、1-6】尽管最终被组合在一起,形成层层相套的一组"棺椁",棺和椁在很多关键方面都彼此不同。东周和西汉初年的棺一般制作于葬礼之前,甚至在人去世之前;而椁则在入葬前不久才建于墓坑之内。棺是一个带有平顶或弧顶盖子的单一长方形容器;而椁则常常包括多个箱室来存放随葬器物。棺经常绘有精美的图案(参见图3-37);而大多数椁却几乎没有装饰。棺在入葬之前在葬礼上陈列;而椁则从来无法这样展示。入葬之日,当工匠在墓坑内建好椁室后,随即举行的是下棺和安置随葬品,然后用一个厚重的盖子封闭椁室。墓坑随即被覆土填充,其上则用封土堆来标记墓穴的位置。[13] 对理解这种墓葬形式尤其重要的是,椁墓中的木结构形成一个自足的封闭单元,没有旁侧的通道连接其内部和外部。如果椁室外有斜坡通道,那么它只通到椁室的上缘以便利于下葬和布置墓室,而不是真的引入墓内。(参见图1-4)

学者已经把这种椁墓的起源追溯到仰韶文化的单层棺——仰韶文化是公元前5000到公元前3000年繁盛于黄河中上游地区的一个大型的史前文化综合体。[14] 稍后于东部沿海地区发展起来的大汶口文化和良渚文化继而产生了一些大型墓葬,其中棺的周围出现了木框架。[15] 成熟的椁墓最终出现于公元前2000多年的山东半岛的龙山文化中。例如在临朐西朱封一号墓中,两个木板构成的椁结构不仅各纳有一棺,而且还含有放置随葬品的椁箱。[16]【图1-7】

当椁墓出现之后,这种墓葬类型延续了相当长久的时间。尽管贵族墓葬的体积变得越来越大、棺椁结构也变得越来越复杂,这种以棺椁为主体的墓葬形态一直是以后两千年间内、从商到汉初的主导墓型。侯家庄1004号墓的墓坑有17.90米长、15.90米宽、12米深。底的木结构有9米长、8.5米宽。墓穴四周各有一条倾斜的墓道直达木结构的边缘,便于修建椁室和入藏器物。[17]【图1-8】不同地域风格的椁墓盛行于公元前8到公元前3世纪的东周时期。[18] 在长江中游的楚地,棺椁结构成为建

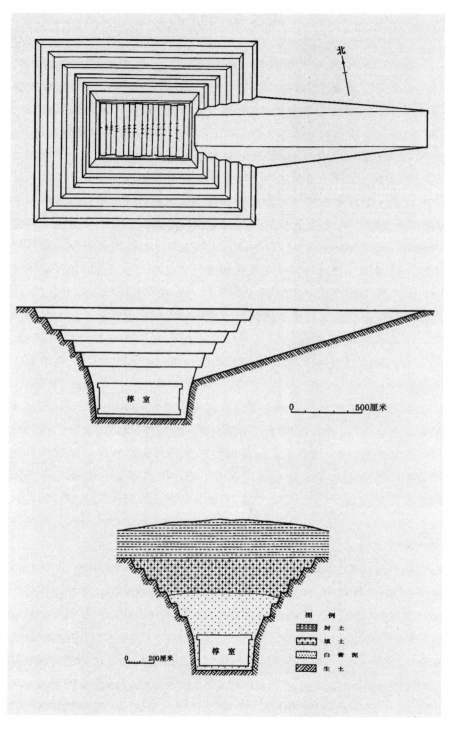

[1-4] 湖北江陵望山一号楚墓截面、平面图,战国时期,公元前4世纪

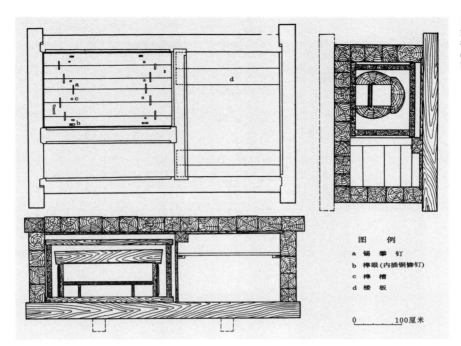

[1-5] 湖北江陵望山一号楚墓棺椁截面、平面图,战国时期,公元前 4 世纪

图例
a 锡鋬钉
b 榫眼(内插铜锔钉)
c 榫楂
d 楼板

0　　100厘米

[1-6] 山东泰安大汶口文化十号墓,公元前4000—前3000 年

第一章　空间性 | 19

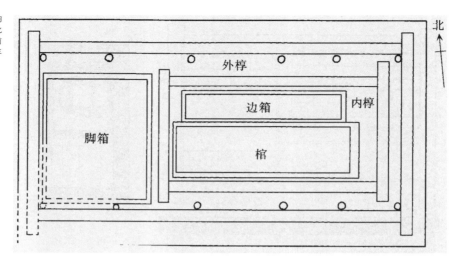

[1-7] 山东临朐西朱封龙山文化一号墓，公元前3000—前2500年

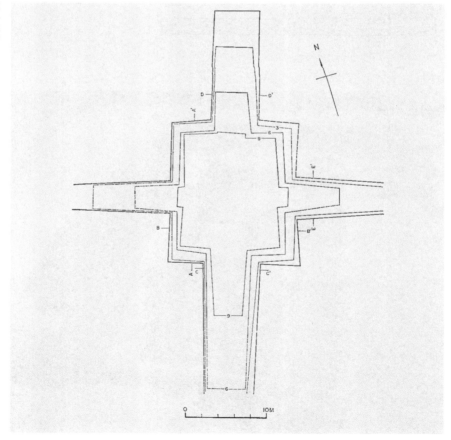

[1-8] 河南安阳侯家庄1004号墓平面图，商代晚期，约公元前13—前12世纪

筑和艺术创新的特殊着眼点。复合椁箱常以微型门窗相联,多重内外棺进一步为楚地画家提供了绘制幻想图像和精致装饰图案的表面。如湖南长沙马王堆一号汉墓所示,这一发展在汉初臻于极致。

此墓的主人是当地封君轪侯的夫人,大约建于公元前168年稍前,上距汉代建国的公元前206年不远。在墓坑深达16米的竖穴底部,木构的棺椁置于垫木之上,以厚达40厘米的木炭以及1米多厚的白膏泥包裹。【图1-9】如此千辛万苦把墓葬绝缘起来的努力应当是此墓奇迹般地得以留存的原因之一。完美保存下来的项目有一系列绘制精美的漆棺、一幅2米多长的帛画、百余件木俑、千余件家居用具和优质织物,甚至包括轪侯夫人的尸体。我在后文中会谈到此墓的空间结构和墓内陈设,这里所要说明的关键一点是:马王堆汉墓证明了椁墓的传统在产生数千年之后仍然不衰。但是同样值得注意的是,虽然显示了新式的装饰题材和内部布置,作为一个整体这个墓仍然出现为一个为死者设置的隔绝单元。按照礼制的规定,棺和随葬器物会在入葬之前的葬礼上陈列,但是一旦埋入地下,它们就构成了一个黄泉下的象征的、自足的环境。[19] 被木炭和膏泥封闭的多重棺椁意在保护死者的身体,而非方便她的灵魂与人间的沟通。

[1-9] 长沙马王堆一号汉墓复原图,西汉早期,公元前2世纪早期

第一章 空间性

[1-10] 河南洛阳烧沟 61 号墓透视图，西汉，公元前 1 世纪

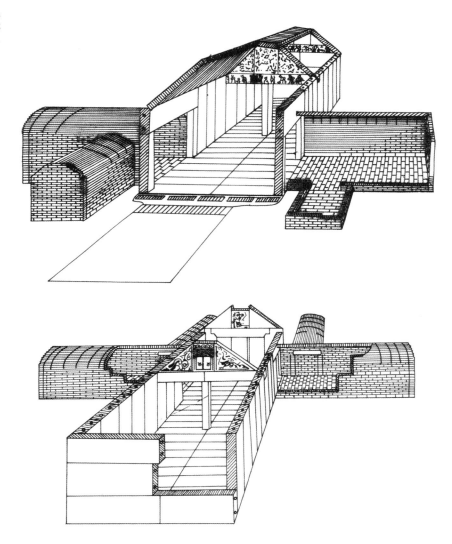

马王堆汉墓说明了椁墓在公元前 2 世纪初、中叶仍在不断地改良和发展。但同是在这个世纪中，另一种主要的中国墓葬形式——"室墓"——终于登上了历史舞台。不同于竖穴中封藏着的箱式结构的椁墓，室墓是横向修筑而成，类似一座房子。因此它在考古文献中又获得了"横穴墓"的名称。室墓最重要的特征包括：用于储存和展示随葬器物的宽阔的内部空间，墓室上方的平顶、券顶或穹顶，墙壁和墓顶上的装饰，以及包括门和甬道的侧面进出口。【图 1-10】棺和随葬器物不再

22 | 黄泉下的美术

从墓坑上方垂到椁室里,而是从侧口送入,其过程就和人们搬入一座新居一样。与椁墓的情况一样,室墓在入葬后也被封闭。但是我们通过文献和考古证据了解到:在墓室永久封存之前,死者的亲属可以在墓内举行最后的丧葬仪式,哀悼者有时甚至会被邀请,进入墓中观看壁画。例如在陕西百子村的一座新近发现的2世纪墓中,墓口附近的一条铭文写道:"诸观者皆解履乃得入。"[20]《后汉书》也记载了在先皇下葬之后,新君应该通过墓道走入墓中,在棺前与之哭别。类似的礼制在后代也被颁行。[21]

室墓的出现因此暗示了对黄泉世界的一个新概念:地下世界不再完全与生人隔绝。甚至当墓室在入葬后被封闭、消失于视野之外,但是门和甬道仍然存在,并可被重新打开以接纳后死的家庭成员。这种进入墓室的可能性激发了一种新的想象,其结果是关于地下探险的故事开始流传,描述一个旅行者如何偶然地进入了一个古代的墓葬,在那里遇到杳渺时代的历史人物。这类故事中的一篇写作于唐代,描述了一个名叫崔炜的士人意外地坠入一个洞穴,结果发现它竟有数十里之远。[22] 行走在这个墓道内,他看到了墙上描绘身穿礼服古代贵族的壁画。最后他抵达了一个石门,上有一对带铺首的门环。随即的光景是:

> 入户,但见一室,空阔可百余步,穴之四壁,皆镌为房室,当中有锦绣帏帐数间,垂金泥紫,更饰以珠翠,炫晃如明星之连缀。帐前有金炉,炉上有蛟龙鸾凤、龟蛇鸾雀,皆张口喷出香烟,芳芬蓊郁。傍有小池,砌以金壁,贮以水银凫鹥之类,皆琢以琼瑶而泛之。四壁有床,咸饰以犀象。[23]

崔炜在那里受到了四名身着古装、梳着古代发式的美丽女子的欢迎。而这座地下宫邸的主人、被这些女子称为"皇帝"的人却并不在场。当崔炜最后回到家中,他得知自己访问之处竟是在公元前208年建立南越国的赵佗之墓。

赵佗之墓目前尚未被发现,但是他的孙子、第二代南越王赵眜(公元前137—前122年在位)的墓在1983年于广州市中心被发掘。此墓建于象山之中,包含四个石室,构成前后两个横向的部分。【图1-11】进入

第一章 空间性

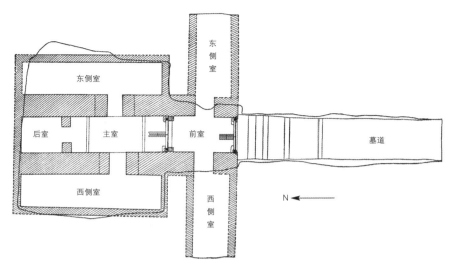

[1-11] 广州南越王墓平面图，西汉，公元前122年

墓葬正面的巨大石门，墓室（现已变为博物馆）的参观者发现自己面对着两边各带一个侧室的前室。此处原先陈设着礼乐器，影射了王宫中的殿堂。前室之后是墓室的后部。这里，装饰华丽的棺室居中，其中赵眜葬以玉衣（参见图2-40）。右侧室属于他的嫔妃，其残骸与私人装饰品和印章混杂在一起。左侧室中另外埋藏的七人可能是宫中的侍者。这些墓室和其他墓室中发现了众多器物，以各种昂贵材质如象牙、金、银、铜、玻璃、玉器和漆器制成。

甬道、石门、丰富的内部墓室、精致的器物、宫女和侍者——这座墓葬和上述唐代传说之间存在如此众多的对应，实属离奇。尽管作为"志怪"文学的产物，崔炜的故事体现了对超验和想象的兴趣，但是作者的想象似乎仍然反映了作者受到的有关公元前2世纪墓葬的真实感性知识的刺激。尤为惊人的是，在故事的结尾，崔炜被告知迎接他的四个宫女的身份："其二瓯越王摇所献，其二闽越王无诸所进，俱为殉者。"[24] 在检验了葬在赵眜身边的女性的私印以后，广州南越王墓的发掘者认为它们属于四个为赵眜殉葬的王室嫔妃。[25]

赵眜之墓建在天然山体之内，近似"崖墓"，即早期室墓的一种变体，在公元前2至1世纪盛行于西汉诸侯王中。此类凿于山崖岩石之中的墓葬在河南、山东和江苏已经发现了不下12座。因为其体积庞大、结构复杂，中国考古学家常常称之为"地下宫殿"。确实，其中某些墓葬具有巨大、迷宫一样的结构，影射着真实的宫殿。如河南永城的保安山二号墓就是这样一个例子。此墓的墓主是卒于公元前123年的梁国的一位显赫太后。全墓通长210.5米，其甬道横贯一座石山的山体，连接了36个墓室。【图1-12】墓中铭文称某些墓室为"东宫"、"西宫"、"东车"、"西车"，故此墓毫无问题是作为死后宫殿而设计和建筑的。[26]

早期崖墓的布局显示了多种变化，反映了室墓初期发展中的实验型阶段。[27] 到了公元前2世纪末，一种相对简洁和统一的布局出现了，其代表作包括广州的赵沫墓和河北满城一号和二号汉墓（这两座墓的主人为中山王夫妇刘胜和窦绾）。这两组诸侯王墓具有相同的设计，其特点是对称的结构和醒目的中轴线。一条隐藏的甬道（在满城一号汉墓中长20.63米）通向每个墓的入口。墓内的门道两侧设有一对耳室，之后是前室和棺室。【图1-13，并参见图1-11】此种结构并未如实模仿实际的宫殿，而是将宫殿的基本成分（比如朝堂、寝殿、车库和府库等）"浓缩"为一个象征性的蓝图。在这个简洁的布局产生之后，它便为公元前1世纪各种室墓（参见图1-10）的修建提供了脚本。

尽管这类室墓仍然包含传统的棺椁组合，但它为尸体的这些直接殓

[1-12] 河南永城保安山二号汉墓平面、透视图，西汉，公元前123年

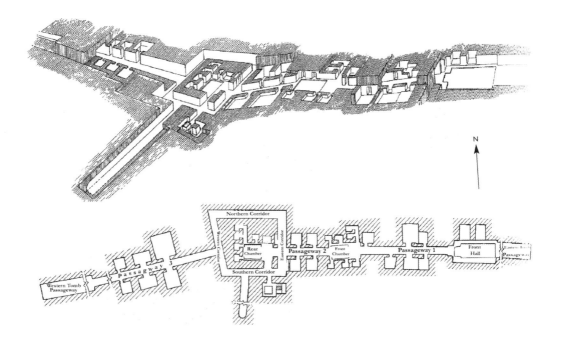

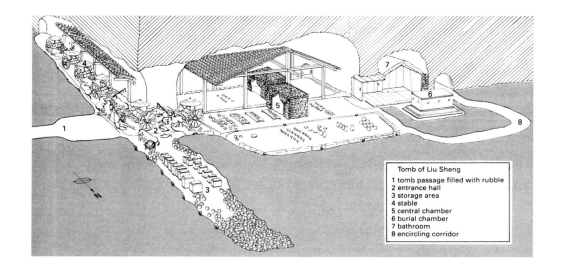

[1-13] 河北满城一号汉墓复原透视图，西汉，公元前113年

具提供了一个额外的、房形的建筑框架。另一种西汉的室墓却源自棺椁结构本身。这类墓室通常为木构，仍然保留箱式和多重棺椁的形态。但是原来的"椁箱"被扩大为一系列的"室"，而且在前部椁壁上沿着中轴线开启门户。【图1-14】虽然来源各异，这两类室墓基本上同时出现并相互置换其特征，证明了潜藏于西汉中晚期墓葬结构发展中的一个

[1-14] 湖南长沙象鼻嘴一号汉墓平面图，西汉早期，约公元前156年

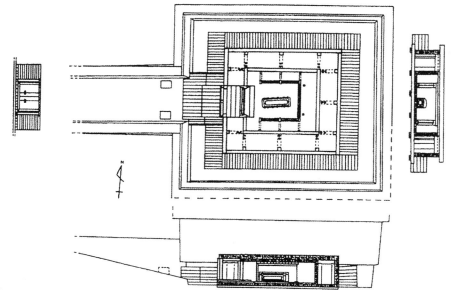

26 ｜ 黄泉下的美术

统一潮流。[28]

一旦室墓被发明，它就受到各个社会阶层的欢迎，并很快成为最主导的墓葬类型。砖的广泛使用也为建造各种形态、带有券顶或穹顶的房形室墓提供了更为经济和有效的手段。这些以及其他的创新也激发了新的艺术形式和表现技术：壁画、画像砖和画像石出现了，取代了以往的覆壁帷幕而成为墓内装饰的主要门类。这些发展持续进行，室墓遂主导了汉代以降的中国墓葬史达两千年之久——尽管传统的椁墓从未完全消失，并间或被儒家的礼学家当作更为"正宗"的古代墓葬类型而复活。

由于从椁墓到室墓的变化在改变墓葬建构和装饰的趋势上起到了深刻的作用，很多学者试图重构其发展过程并探究其原因；各种理论层出不穷。有些考古学家将室墓的渊源追溯到椁墓的一个变体，即在竖穴底部沿着水平方向掏挖而成的"洞室墓"。[29] 另一些人把室墓的起源与公元前3世纪椁墓中的砖的使用加以联系。[30] 黄晓芬最近提出了一个更为复杂的重构，着眼于墓中"通道"的发展并假设室墓的出现经历了三个阶段：(1)椁内间侧壁上开通门窗并连接相邻箱室；(2)椁室前部设立通道连接墓内和墓外；(3)建造各种材质（木、砖、石）的多室墓来构成一个墓葬空间和祭祀空间。[31]【图1–15】

黄晓芬的重构虽然仍属于类型学研究，但却让我们思考墓葬及其成分在持续变化中的意义。譬如，为什么通道在椁内出现并发展为旁侧的入口？如果在数千年内中国古人一直把墓葬当作隔绝的空间来建造，为什么他们在汉代早期放弃或修缮了这一古老的传统？为什么室墓通常包括并置的祭祀空间和埋葬空间？这些问题促使我们放弃简单的进化模式，寻求对椁墓到室墓这一转化的复杂解释。这个解释的前提是墓葬的功能：由于墓葬建筑依其定义乃是祖先崇拜的一种形式，而且因为墓葬的设计必然反映了人们对生死的观念，从椁墓到室墓的转化必然在很大程度上受到当时祭祀实践和宗教思想中的变化的影响。总的来说，室墓的发明和流行应与东周晚期到汉代的四个关键变化有关，即(1)祖先崇拜的仪式；(2)魂魄的概念；(3)对死后世界的想象；(4)地下神祇系统的成形。[32]

首先，在这个历史阶段，祖先崇拜的主要场所从贵族的世袭宗庙转移到个人或小家庭的坟墓。尽管宗庙和坟墓作为祖先崇拜的双重场所在

[1-15] 黄晓芬 从椁墓到室墓的发展设想

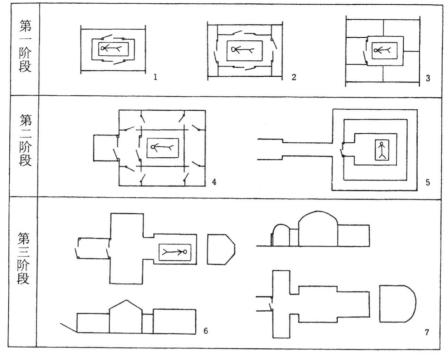

西周或许更早时期并行不悖，但是传统文献和考古发现证明，对周代贵族而言，宗庙仪式相对于墓祭具有压倒性的重要性。这种情况在东周时期开始改变：若干新的发展，包括丧葬礼仪之详细典制的编纂，丧葬建筑的日益宏大，以及专为墓葬制作的各种器物，都显示出对丧葬礼仪的日益增长的重视。汉代的创立者出自民间，他们的祖上从不具有举行宗庙祭祀的特权，坟墓是其崇拜祖先的场所。东汉皇帝进一步把宗庙礼仪移到皇家墓地，甚至在实践中废除了群体性的宗庙。祖先崇拜从宗庙到墓地的转移导致了墓葬礼仪功能和建筑设计的关键性变化。如果汉代以前墓葬的主要作用是隐藏尸体和随葬器物——椁墓为其最佳实现[33]，那么正如黄晓芬和其他学者所指出的，汉代墓葬除了棺椁组合外还包括了一个重要的祭祀空间。我认为这个特点源自宗庙的象征和建筑成分向墓葬的转移。在东汉时期，不仅很多祭祀在墓地举行，而且扩大了的墓室也使得哀悼者得以直接和地下死者的灵魂诀别。在墓室封闭之后，设在棺前的供奉以及墓内的"灵座"继续表达着生者对死者的敬意。

同是在这个时期，死者灵魂的概念也经历了深刻的变化。传统的有关死亡的理论建立在人的两种灵魂——魂与魄的二元性之上。魂在死亡发生之后飞扬离去，而魄则与尸体一起留在墓中。[34] 这种二分法与传统祖先崇拜中的庙、墓二元性密切相联。[35]《礼记》中一段非常重要的话记录了孔子和弟子宰我之间的问答。孔子在回答宰我有关鬼魂本质的问题时解释道："鬼"表示死后留存在地下的魄，而魂却飞向高处变成神明。他随后马上说："二端既立，报以二礼。"[36] 庙祭的对象是祖先在天上的存在（魂），而墓祭则是针对其地下的存在（魄）。这种二元灵魂以及相应祭祀的区分在汉代基本被摒弃了，或者说只在理论的意义上存在。在群体性宗庙衰亡和废弃之后，魂与魄在墓地重新融为一体。很多汉代文献，包括墓内和祠堂的铭文，都显示出有关死者灵魂的新概念。正如白瑞旭（Ken Brashier）所提出的，在大多数汉代文献中，"魂魄"是一个表示灵魂的合成词，而墓则被想象为它的居所。[37] 与此相应，墓葬被想象为灵魂在彼岸的居所，经历了一个"建筑化"的过程并吸收了传统宗庙和当代家居的元素。

第三，汉代以前的"仙"的观念是建立在逃避死亡的愿望之上的，然而一种新的"死后成仙"的信仰在汉代开始流行[38]，仙境的图像也越来越多地用于装饰墓葬。有些传说故事描述了诸如黄帝之类的上古贤君如何在入葬之后飞升上天；一种《仙经》进而把仙人分为不同等级：最高级的具有不死的能力；较一般的则是"先死后蜕"。[39] 依照这种新信仰，死亡实际上提供了达到永恒幸福的另一种途径，而不再被看成是这种追求的失败和终结。这种观念很快地吸引了来自不同阶层的数以百万计的民众，其原因主要是它最终确保了无需额外努力即可成仙的可能性。这种可能性并不要求外在的证据以证明墓中发生的神奇变换——仅仅是通过艺术手段就可以把一座墓葬变成灵魂复生和幻想的仙境。艺术因此成为升仙的证据。

第四，在东周以前，中国宗教的神灵体系几乎完全缺少掌管地下世界的神祇。陈梦家根据安阳出土的占卜记录对商代神灵系统的复原反映了这一情形：他认为商代王室崇拜三类超自然神灵，即天神、地祇和人鬼。其中地祇包括土地神（社）、四方及山川之神——都是自然神，而非地下世界的神灵。[40] 对超自然界的相似分类亦见于《周礼》。[41] 但是这种情况在东周时期开始发生变化:李零、陈伟等学者根据包山二号墓出土的占卜和祭祀文献重构了战国时期的神灵系统。[42] 值得注意的是,这个新的神灵系统一方面保留了传统的社神,一方面又以一组大约是"地下"的神灵——包括后土地主、地主和"行"来丰富地祇这一范畴[43],也可能进而包括"司命"以及掌管由非自然死亡所形成之厉鬼的神祇。这一发展最后导致了汉代地下神祇官僚系统的成形。张勋燎和白彬在其《中国道教考古》一书中汇集了汉墓出土的91条铭文,其中记载了将近20种地下官员,统治和管理着整个地下世界,特别是墓葬。[44]

这四个变化对于墓葬装饰和随葬品的影响十分深远,其后果将反映在这本书从头到尾的论述当中。这里我希望强调的是,这些变化都刺激人们把地下墓室想象和建造成类似住宅的建筑空间。确实,我们可以把从椁墓到室墓的变换看作墓葬从"器物为主"的设计转到"空间为主"的设计。[45] 尽管存在一些明显的例外[46],总体而言,在一个典型的椁墓中,器物填充了棺椁内的大部分箱室。但是在室墓中,建筑为死后的灵魂提供了一个三维场地。这两种丧葬类型之间的这一根本区别决定了研究和解释的不同方法。总的来说,在研究椁墓的时候,我们有必要集中在与随葬器物相关的问题上,包括它们在入葬前的制作和在葬礼中的使用、它们与尸体的关系,以及它们在棺椁内的摆放等。然而当研究室墓的时候,建筑则必然成为首要着眼点和解释框架。阐释者必须解释壁画、石刻、俑以及随葬器物是如何协助构建一个地下的象征空间的。

汉代以前的一些著者业已发展出一套将墓葬看作死者彼岸居所的象征语言。如荀子在《礼论》中写道:"故圹垄,其貌象室屋也;棺椁,其貌象版盖斯象拂也;无帾丝歶缕翣,其貌以象菲帷帱尉也。抗折,其貌以象槾茨番阏也。"[47]

由于荀子时代的主要墓葬形式仍是椁墓,他的这段话并不意味着当时墓葬实际上已经在形态上类似或模仿真实住房。[48] 事实上,他所用的动词"象"也可以被解译为"象征"或"暗示",而非"表现"或"再现"。但是在两个世纪以后,西汉晚期的读者却可以从字面意义上理解《礼论》中的这段话了,因为到这时,房形的墓室已经开始成为流行的墓葬类型。

三重宇宙

甘肃省酒泉附近发现的一座画有丰富壁画的墓葬（丁家闸 M5），为我们研究室墓内部的象征空间提供了一个很好的出发点。此墓建于 4 世纪或 5 世纪早期，其壁画把以前若干世纪中发展出来的各种墓葬绘画母题综合入一个单一的图像程序。带拱顶的后室后壁上仅绘制了零散的随葬品，但是前室却覆以构图宏大而连续的彩色壁画。【图 1-16】三种图像类型——天象、祥瑞和神仙——构成了穹隆顶上的天界，位于方形墓室和饰以荷花的墓顶之间。中国神话中的两个主神——东王公和西王母——分别位于东西两边斜坡上，与日月相伴。【图 1-17】两个祥瑞动物——飞马和奔鹿——主导了南北两侧的天顶。一座绵延的山脉将此天界与绘于四面墙上的地上景色一分为二。此处，一个中年男子（应为死者画像）正踞于高座之上观看乐舞表演。【图 1-18】在他周围，农夫在田中劳作，仆人在厨房准备食物。东墙上展示着死者在地下世界中的财物，包括房舍、车马和牲畜。台基上拔地而起的一株大树被学者确认为当地百姓所供奉的"社树"，进而将墙面壁画表现的内容锁定为人间场景。[49]

这些壁画在表面上被组织入一个看似和谐统一的图像程序，但实际上它们隐含了中国墓葬艺术中的两个根本矛盾。首先，虽然绘画的题材复杂多样，但丰富的主题之间却缺乏内在的逻辑联系，其结果是一个

[1-16] 甘肃酒泉丁家闸五号墓透视图，十六国时期，公元 4—5 世纪

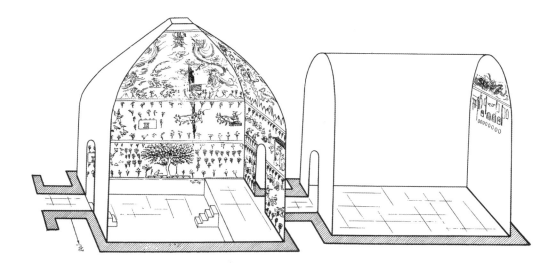

[1-17] 丁家闸五号十六国墓的彩绘天顶：a 西壁；b 东壁；c 北壁；d 南壁

c

d

第一章 空间性

[1–18] 丁家闸五号墓西壁壁画

在本体意义上的"多元中心"的构成。除了后室中伴随死者的少数图像外，我们发现前室中绘有三个不同的界域：宇宙、仙境和模仿人间的"幸福家园"。这些界域之间的关系并不清楚，我们想要确定死者所在的位置也很困难：他到底打算居住在哪一个界域里？似乎由于墓葬的建造者急切地希望表达自己对死者的孝心，他们在壁画中提供了他们所知的所有有关死后理想世界的答案。

但是这些图像真的反映了他们所知的关于死后世界的一切吗？这个问题使我们发现中国墓葬艺术中的第二个矛盾：表面上无所不包的壁画图像并没有试图反映画家关于宇宙的全部知识，因为他主动地省略了当时思想中关于宇宙的一些本质内容。所缺失的内容之一是"黄泉"本身。上文说到，宗教史家业已证明地下神祇世界至少在公元前4世纪就已经产生，并在整个汉代变得日益复杂。公元2世纪的"墓券"记载了超过二十种统治地下世界的级别不一的官吏。[50] 佛教的传入最终把"地狱"这一模糊的本土观念转化为由十王及其神怪属下所统治的血淋淋的阴间。有关地下世界中的危险之旅的图像和故事开始流行，展示报应、赎罪以及相应虐刑的生动描述以恐吓观众。[51] 但是同时期的墓葬却没有使用这样的题材作为装饰。其原因十分简单：作为死者灵魂的居所，墓葬旨在提供舒适和安全。在葬礼上召唤神祇的目的只是为了保护死者，而不是审判和惩罚他们。基于同样的道理，墓葬内的装饰必须否定可能的危险和危害，从而把墓葬造就成一个幻想中的理想世界。

因此，酒泉丁家闸五号墓的图像程序引导我们追索的，是一个特殊的"插入"黄泉的图绘的宇宙。在下文的讨论中，我们将看到构成这个宇宙的三个界域——实际上是三个古代视觉再现的宏大系统。尽管每个系统具有独立的起源和发展过程，但它们通过不断的融合以形成新的模式。酒泉墓的壁画是一个特殊综合的产物，其他墓葬则反映出不同的兴趣和策略。与佛教或道教艺术不同，中国墓葬艺术从未发展出一个标准的图像志。其原因可能很简单：墓葬属于个人并体现了个人的意愿。但是由于墓葬装饰受制于传统并使用了流行的母题，它也从未发展成为类似文人画和书法的那种个人性表达。

1. "幸福家园"

据《仪礼》，在冢人准备好墓穴之后，死者的子嗣将赶赴葬地并在那里举行一个简单的仪式。他立于墓南，面对北方作此祝祷："哀子某，为其父某甫筮宅。度兹幽宅，兆基无有后艰。"[52] 在卜人准许了他的愿望之后，他将察看随葬器物，主要是置于墓中的家用和食物。

这种对"墓宅"——即地下家园——的观念清楚地反映在湖北随县擂鼓墩一号墓的设计和陈设中。[53] 这座属于卒于公元前 5 世纪的曾侯乙的巨大的墓葬，深达 13 米，用大型木材修建，并以一层木炭外套一层膏泥密封。和大多数同时代的箱式椁墓不同的是，它具有一个不规则的平面，内含四个相邻的可视为房间的椁箱。【图 1-19】这些椁箱超过 3 米高，足以容纳一个成年人站立。（但与后来的室墓不同的是，此墓位于竖穴底部，并完全与外界隔绝。）墙上的一排排挂钩表明这些椁箱本来都装饰着帷幕，每个椁箱内的器物进一步暗示出其象征意义。4.75 米宽、9.75 米长的中箱映射着曾侯乙宫室中的厅堂。这是四个椁箱中最大的一个，容纳了墓中大多数的祭祀铜器以及一套巨大的铜钟和相应的一套石磬——这是庙堂礼乐中最重要的两种乐器。[54] 北椁箱是武库，其中

[1-19] 湖北随县擂鼓墩一号曾侯乙墓，战国时期，公元前5世纪晚期

[1-20] 曾侯乙墓东椁箱内出土的漆瑟

贮存的 4500 件器物大部分是兵器、盾、甲胄以及车马配件。西椁箱是一座地下后宫：其中的漆棺中共埋藏了 13 位年轻女性的尸体。曾侯乙本人的硕大套棺位于东椁箱内，另有 8 名女子和一条狗随葬于同出此箱的小棺中。随葬在此处的乐器包括五件大瑟【图 1-20】、两件小琴、两管箫和一面平鼓。与中箱的礼乐器【图 1-21】不同，这些葬于曾侯乙私人空间内的"旋律性"乐器可能用于伴随演唱的"室内"表演。[55]

虽然这四个椁箱反映了居所的内部划分，但它们并不在形态上模仿世间的住宅。同样，椁箱下部的特设的小洞并不再现门窗，而只是象征

36 | 黄泉下的美术

[1-21] 曾侯乙墓中椁箱内出土的青铜编钟

着灵魂的通道。使用这些孔道来连接墓中的独立空间必然是一个有意识的选择：它们不仅穿透了四个椁箱之间的隔墙，而且曾侯乙的外棺也带有一个 34 厘米长、25 厘米宽的长方形窗子，他的内棺又绘有带格的门窗。类似的以建筑或绘画形式表现的"通道"至少在其他 12 个楚墓中存在。[56] 这种特殊设计可能与对死者自主灵魂的信仰有关。如上所说，根据东周时期的灵魂理论，人死之后他的魂将飞离，而他的魄将与尸体相随埋藏于地下。[57] 擂鼓墩一号墓中的一系列门窗似乎表明了魄在墓内可以活动，从一个椁室旅行到另一个椁室。

在大部分东周和汉代的椁墓中，墓葬作为死后家园的象征性更多地是被随葬器物而非建筑形式所体现。[58] 湖北荆门包山二号墓是这一情况的佳例。此墓的墓主是楚国大臣邵佗，卒于公元前 316 年。[59] 发现于墓中的 27 枚竹简记载了随葬器物。这些竹简并不构成一个连续的文献，而是分成若干套目录，存放在围绕棺具的椁室的不同箱室中。东室中的竹简把这一空间确认为"食室"（意为"供奉"或"祭祀"之室），然后罗列了该室中的"金器"和"食"。西室中的遣册以如下句子开篇："相（箱）尾之器所以行。"在这个椁箱以及相邻的北箱中，发掘者发现了东周贵族旅行时所携的私人器物，包括一张折叠床，若干席子、两把竹扇、一顶冠、一双履以及两盏灯。发现于南箱的第三个清单记载了可能是在葬礼上展示的车。我们在这里看到的是，尽管椁箱在形状和建造方法上无甚差别，它们根据其所储的器物和遣册清单而获得了不同的象征意义和礼仪功能。[60]

公元前 2 世纪的马王堆一号汉墓延续了这一传统。正如我在本书尾声中将述说，其未加修饰的椁室容纳了一千多件经过细致分类的家居用具。[61] 显而易见，死者的家属希望通过在椁箱中储存这些物品，以确保已故亲属不遭受黄泉世界中的苦难。这种愿望由马王堆三号墓出土的一份属于轪侯之子的文件而得到证明。这份文件申明他的一个家臣通告地下神祇"主藏郎中"：他以此向其签发一份死者的财物清单，并要求其转发给地下的"主藏君"。[62] 轪侯家一定是相信通过这些"法律性"的礼仪手续，可以保证从人间到黄泉世界的财物交割。

室墓的发明在为死者建造死后家园的实践中开启了一个新视野：死后的居室不再仅仅由器物来暗示，如今也可以用建筑来直接表现。这并不是说室墓把地上建筑照搬到地下。如前所述，甚至在其早期阶段，这一墓葬类型已经显示了追求象征性建筑系统的趋势，以简洁的建筑空间影射人间家园的关键部分和功能。墓内装饰中日益成熟的二维图像进一步加强了这一趋势：墓室的内部——不仅是墓室本身而且包括甬道和墓顶——提供了陈列绘画和石刻的"展览空间"，使人们得以为死者创造一个不受墓葬建筑规模制约的幻想中的死后家园。中国艺术中较早的这种全景式图景再现，举例说来，见于山西平陆一座 1 世纪的小型墓葬中。此墓只有 4.65 米长、2.5 米宽，但是其中的壁画把狭窄的内部空间转为一个广阔图景。【图 1-22】轮廓柔和的山峦遍布植被，连绵起伏，层层交叠，伸延至远方。小山和临近的田地为农耕和畜牧之类的人类活动提供了环境。正如前文提到的酒泉丁家闸墓，这幅壁画确保了死者在死后世界里拥有一片广袤的田地。

2 世纪下半叶的墓葬艺术中出现了对死后幸福家园更具雄心的描绘。某些大型多室墓中的壁画和石刻反映了图像和风格的大大扩充。这些墓葬属于高级官僚和富裕地主。例如河南密县打虎亭二号墓可能为当地太守张伯雅之墓，其中一幅 7 米宽的巨大宴乐场景被绘在中室墙壁上，描绘了男性宾客们在一个大型宴会上观看精彩杂技表演的场面。[63] 侧室中则饰有线刻的日常生活场景以及女性和仆从的画像。【图 1-23】

打虎亭汉墓中的画像集中于私人生活和娱乐，同时代的其他一些墓葬中的壁画则强调死者的公共形象和社会地位。例如在河北望都一号墓中，画像中不同级别的官员面向棺室的入口方向弯腰鞠躬，仿佛在向死去的主人致意。[64]【图 1-24】离望都不远的安平的另一座汉墓也具有相似的特点，但使用了不同的图像程序。[65] 墓中的铭文将此墓年代确定为 176 年，题写在墓口的姓氏"赵"进一步将死者确定为当地最显赫家族的成员。[66] 此墓的巨大体积确证了这一身份：十个互相连接的墓室构成了一个超过 22 米长的地下建筑。壁画绘于毗邻墓门的三个墓室中。中室里，一个巨大的车马出行图由 100 多名骑吏和步兵以及 72 辆马车组成，上下四层地画在墙上。在汉代，官员使用马车的数量严格地受到其官阶高低的限制，如此众多的车马因而标志了墓中死者的尊贵地位（或者反映了死者的愿望）。中室南壁上的门通向一个小房间，其中绘有死者的画像。【图 1-25】这是一个具有强健体格和尊贵姿态的男子，在帷帐下正面肃坐，无视于绘于其右方向他致敬的下级官员。对面的墙上绘有一组建筑，或许再现了他身前的住所。四周环绕高墙并处在一座望楼的监视之下，这幅建筑图表现的似乎更像一个军事堡垒而非日常宅室。【图 1-26】通过另一道门进入第三个房间，四面墙壁上绘有文官画像，正坐于席上彼此交谈。

这些例子证明，在 2 世纪，死后家园的理想被设想和描绘为富裕

[1-22] 山西平陆东汉壁画墓壁画，公元 1 世纪

[1-23] 河南密县打虎亭汉墓线刻画，东汉，公元2世纪中期

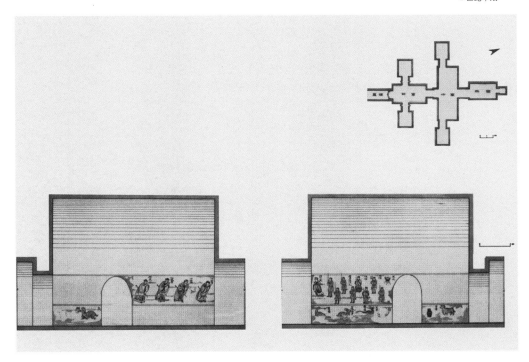

[1-24] 河北望都一号汉墓截面图，东汉，公元2世纪中期

的家居——或为大型庄园，或为官员的官邸。这些汉代和汉代以后的对死后幸福家园的描绘为随后的图像再现提供了两个基本的主题模式。第一种模式的代表例子是打虎亭、望都和安平汉墓，强调了死后理想世界的不同方面，或为死者尊贵的社会地位，或为私人的宴饮娱乐。第二种模式在四川墓葬艺术中获得了一种特殊的视觉表现，即由大型构图压缩而成的小型、集中的"小景"，每一幅描绘舞蹈或杂技表演、税吏征税、农耕和狩猎，或山间采盐。模印在砖上，这些单独的微型画面搭配在一起装饰墓室。这种装饰风格在汉代以后的西北地区仍然延续。例如位于长城西端的甘肃的一组3—4世纪的砖墓，其中单独的画像砖上绘有很多场景。画者首先在砖上涂以一层薄薄的白灰，然后用明亮的色彩和动感的线条绘制各种图像，包括家畜、畜牧、狩猎和军事生活。【图1–27】在墓中连续观看这些图像几乎好像是在欣赏一系列连环图画。[67]

[1–25] 河北安平东汉壁画墓墓主人画像，东汉，公元176年

【图1–28】

[1—26] 河北安平东汉壁画墓城镇图

第一章 空间性 | 43

[1—27] 甘肃嘉峪关七号魏晋墓东壁，公元3—4世纪

　　2、3世纪后的墓室壁画持续描绘着死者身后的幸福家园，但又不断使用当代的图像和信息更新着这个传统图像系统。例如唐代贵族墓葬中出现了生动的宫廷生活【图1-29】，而多样的家居活动则成为宋、辽、金墓葬装饰的主要题材【图1-30】。总的说来，这些新的图像都发展和强化了汉代所确立的两种基本图像模式，其一集中描绘死后世界的特殊方面，其二则是对不同的方面进行综合与统一。实际上，作为壁画墓的基本构图原则，这两种模式并不仅仅局限于再现死后理想家园，而且也规定了这一图像系统和其他两个图像系统的关系。换言之，如果扩大观察的视野，我们将发现墓室装饰要么集中于天、地、仙境三重宇宙的一个

[1-28] 甘肃嘉峪关五号魏晋墓壁画,公元3—4世纪

[1-29] 陕西乾县唐章怀太子墓官吏图,公元706年

特殊方面，要么把这些方面糅合为一个综合的宇宙图景。在回顾了死后"幸福家园"的图像之后，我们现在可以转而观察其他两种主题。

2. 图绘天界

古代中国人是何时开始把墓葬转为一个微观宇宙的？一个曾经的假设，即这种表现一定晚于在墓中模仿真实生活，遭到了一个意外的考古发现的挑战：一座距今约6000年的新石器时代的墓葬里已经包含了一个相当复杂的人造天象——即使大部分同时期墓葬仍然仅仅含有实用器皿和食物。这座墓发现于1987年，位于河南濮阳。造墓者用蚌壳组成三个相当大的图像，呈半圆围绕着一个男性死者。【图1–31】虽然学者提出了不同理论来解释这一布局，但是所有人都同意头朝南的死者被一龙一虎所夹持。这两个象征性动物的方位与它们在后来的中国的宇宙图像中的位置一致，即龙和虎分别象征了东方和西方。一些学者进一步把位于死者脚下、处在北方的第三个图像判定为北斗。根据这个理论，北斗

[1-30] 河北井陉柿庄金代壁画墓妇人捣练图，公元12世纪

和前两个动物一起（被解释为中国传统天文学中的青龙和白虎座），将整个墓葬转化为天空的镜像。[68]

但这只是一个平面的天空：三种天体象征只在墓穴的底部构成了简单的平面剪影，看不出表现三维宇宙空间的意图。司马迁对秦始皇墓地宫的描述记载了一个晚出的宇宙模型。把墓室的建筑和装饰程序概括为"上具天文，下具地理"，这位西汉的史学家明确地把墓中的天象图视为三维宇宙结构的有机部分之一。如前文所述，考古证据表明星图从公元前1世纪开始被用于装饰墓室顶部。[69] 事实上，此类墓室装饰和室墓的发明具有密切的关系，因为只有室墓才能够被成功地转化为"上具天文，下具地理"之宇宙空间。这个观点对通常所持的室墓的出现是模仿死者生前住宅的假设提出了质疑：既然最早的室墓在顶部都具有天文图像，那么这种墓葬类型的出现似乎也应该受到了在墓中构造宇宙空间的启发，尽管这或许未必是最首要的动机。

建于公元前1世纪到公元1世纪的这些早期壁画墓位于汉代最重要

第一章 空间性 | **47**

[1–31] 河南濮阳西水坡 45 号仰韶文化墓,约公元前 6000 年

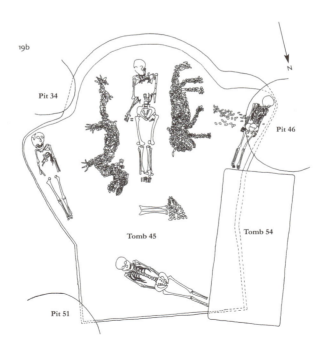

48 | 黄泉下的美术

的两个政治和文化中心——长安和洛阳——附近。这个位置证明了墓顶天文图在都市墓葬艺术中的流行。[70] 在洛阳的一些汉墓中，天体图像绘于覆斗形顶中部的一条狭长的屋脊上。（参见图1-3）位于西安的一座墓却在墓室拱顶上绘有一幅圆形天文图。[71]【图1-32】此墓的整体图像程序与司马迁描写的三维宇宙图景极为类似：技艺精湛的彩色壁画将墓顶和四壁转化为相互对应的天与地。四壁的图像虽然损毁，但仍可看出广袤的波浪形山峦和其中点缀的动物和人物。拱形墓顶上的壁画大体完好，呈现出一幅由两个同心圆构成的精致天图。（参见图3-4）内圆中是浮云环绕的日月。两圆之间绘有二十八星宿，其间的四神图像——东方青龙、南方朱雀、西方白虎和北方玄武——突出了星宿在四方的分野。四神中最醒目的是硕大的青龙，其蛇形躯体统摄了七个东方的星宿，昂首迈向天穹的南极。

在穹顶成为室墓的主要特征之后，这一建筑形式和星象图相得益彰，一起表现了中国古代天文学中对天穹的独特体察——"盖天"。我在前文提到，汉代以后的墓室设计倾向于建筑的简洁化。这一发展在公元6世纪臻于极致：带有狭长墓道的单室墓成为贵族墓葬的典范。绘有无穷星光的穹顶受到北朝胡人统治者的青睐。北魏元乂（486—526）墓是此类建筑和图像程序的一个早期范例。[72] 此墓位于洛阳北郊，方形的墓室长7.5米、宽7米，穹顶上高9.5米。一幅带有300多颗星辰的巨大星象图覆盖了墓顶，象征银河的蓝色涡流横越星光灿烂的天宇。【图1-33】

和汉代长安的天文图一样，这幅北魏壁画的图谱式的视觉模式源自古代描绘天空的"科学"传统。其中星辰都被画作圈圈点点，有些还贯以直线以构成星座。虽然在画法上有粗细高下之分，这些图像在后来的贵族墓葬中变得极为普遍，并常与动物、人物的图像结合在一起。与五行（木、火、水、金、土）理论密切相关的四神是一个尤其重要的表现宇宙的象征系统。[73] 四神图像首先流行于西汉晚期和新朝的礼仪建筑和铜镜之上。与此同时，这些图像也在西安交大壁画墓的天文图中被糅入墓葬艺术。在后来的某些墓葬中，四神构成了一个独立的图像程序。这些巨大而矫健的形象象征了四方的延伸，将有限的墓室转化为无穷的宇宙空间。【图1-34】

描绘成人物和动物形状的天体图像往往来自耳熟能详的传说，一

[1-32] 陕西西安交通大学西汉壁画墓天象图,西汉晚期,公元前1世纪

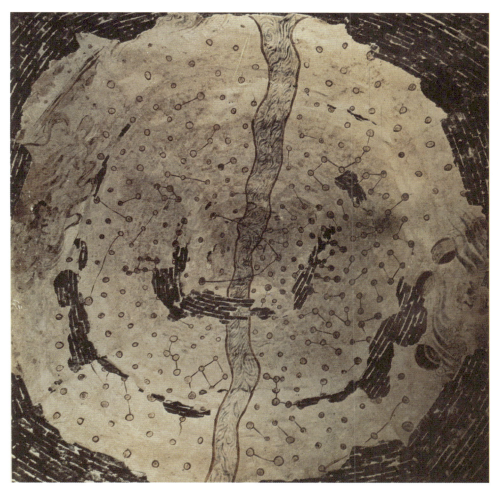

[1—33] 河南洛阳北魏元乂墓天文图，公元 526 年

[1-34] 山西太原焦化厂唐墓壁画,公元8世纪

个最著名的例子是牛郎织女(即河鼓与织女星)。据传说织女身为仙子,她的工作是织出天上的五彩云霞。在与凡人牛郎相爱之后,她以身相许并为他生了两个孩子。但当他们的情事被玉帝发觉后,灾难便降临到这个家庭的头上。结果织女被抓回天宫,痛心的牛郎带着他们的孩子追寻而去,最终抵达天上,但却不能越过天河(即银河)与妻子团聚。每年的农历七月初七,无数的喜鹊飞到天上,用翅膀架起一座跨越天河的桥梁,使得这对夫妇可以共度一晚。

这个传说的核心部分早在《诗经》中就已经出现。[74] 在汉代,这对夫妇的爱情和悲剧命运不仅刺激了艺术的想象,也启发了民歌的创作。一首大约写于2世纪的民歌生发了这样的联想:[75]

迢迢牵牛星,皎皎河汉女。
纤纤擢素手,札札弄机杼。
终日不成章,泣涕零如雨。
河汉清且浅,相去复几许?
盈盈一水间,脉脉不得语。[76]

牛郎织女的故事也以图像的方式在四川郫县出土的一件石棺棺盖上呈现。【图1-35】右方的织女一手拿着类似织梭样的东西。在她的左侧,牛郎牵着他的牛正跑过来,俨然是一个激情洋溢的年轻恋人。二人之间横布一大片空白空间,或许意在暗示诗中的银河——它一方面联系了这两位爱人,同时又无情地将他们隔绝。在这幅石刻中,文学描绘被美妙地转化为象征性的视觉表现。

[1-35] 四川郫县东汉石棺牛郎织女图，公元2世纪

最后，理应也被用来作为天的象征。这一描绘天象的传统植根于儒家的"天命"说。根据这一理论，天是一种有着目的、意志和智力的至高存在，呼应着人类的活动并通过祥瑞或灾异给以引导：它以祥瑞鼓励仁德，以灾异惩戒邪恶。[77] 与其他宗教中的造物神不同，儒家的"天"并非人形神祇。它全能而无形，只是通过具体的自然现象和物质形式——包括奇异的兽禽、草木和器物——来展示它的存在和意志。这是为什么祥瑞成为古代中国一种日益重要的艺术主题，以及为什么《瑞图》被纂集并在全国传布。[78] 虽然有时人们在死去官员的画像旁边描绘祥瑞，来表现他的世俗成就[79]，但如酒泉魏晋墓中的飞马和飞鹿所示，更多情形下它们出现在墓顶，成为天空构图的有机部分。(参见图1-17) 这一传统一直持续到中国王朝史的终结：陕西大荔的一组清代墓葬饰有丰富的祥瑞意象。但是创作于汉代以后两千年之久，这些图像已经失去了它们的具体政治内涵，而是成为有如吉祥语一样的一般象征。

3. 描绘仙境

死亡引起恐惧，对生命有限的意识唤起了延迟并最终逃脱死亡的欲望。如前文所述，汉代以前的方士、哲人和王侯们对成仙的追求并不在于克服死亡，而是希望无限地延长生命。如果他们的努力有效，则死亡将会被彻底摆脱。这种信仰或可称为"在有生之年成仙"，被认为可以通过内、外两种途径实现：要么通过自身成仙，要么通过抵达仙境。早在东周晚期，人们开始认为通过养生，比如虚一、闭谷和吐纳，修炼者可以最终去除肉身，唯剩精气。另一方面，在大约同时产生了对仙境的信仰，最著名的是东方的蓬莱仙岛和西方的昆仑。[80] 人们相信通过找到并抵达这些地方，人的生物钟就会自动停止运转，死亡将永不降临。

一旦理解了这一传统，我们就可以纠正现代学术界对早期中国宗教和艺术的一个混淆,即不加解释地把仙境等同于死后世界。实际上,汉代以前的升仙观念牢固地扎根于逃避死亡的愿望,对死后世界的想象则是基于另一种假设:死亡作为命中注定之事,标志着一个人在彼岸世界的绵延生命的开始。升仙和死后世界这两种信仰在汉代都得到继承和发展。一方面对蓬莱和昆仑的追寻仍在继续,一方面墓葬艺术也达到前所未有的繁荣。随着时间的推移,这两个信仰日益靠拢并最终融合,导致了"死后升仙"的观念以及墓葬艺术中的仙境图像。

在汉代以前,死后世界的最高的理想形式归根到底是死前生活的镜像。贵族的墓葬通常包含了舒适生活所必需的美食、美酒和各种奢侈品。这一身后的幸福家园进而由镇墓者加以守护,首先是殉葬的士兵【图1-36】,而后是雕刻和图绘的地下神祇。司马迁笔下的秦始皇陵仍然遵循这一传统方式,不仅因为其中置有秦始皇的大量财产,而且因为它的建筑、装饰程序以宇宙为原型。这个宇宙并不能被简单地视为"仙境",因为它所有的成分——河流、海洋和其他天地现象——都是自然的元素,而不是升仙的象征。过去三十年的秦陵考古发掘尚未发现任何仙境的图像,这类图像只是在汉代早期才开始成为墓葬装饰的固定成分,如公元前2世纪的马王堆一号墓所示。

[1-36] 河南安阳侯家庄1001号商代大墓殉人,约公元前1300年

这座墓的中椁室盛有紧密套合的四重棺木。最外一层棺完全被漆成黑色——这是死亡与地下的色彩。第二重棺的底色也是黑色,但上面的图像却描绘了彼岸世界里的生灵与神怪,在广漠空旷的冥界御风而行。绘于前挡下部的轪侯夫人——或她的灵魂——只露出上身,正在进入这个神秘世界。【图1-37a、b】第三重棺显示了色彩与图像的突然转换。【图1-38a、b】它通体赤红,表面绘有神怪动物和带翼仙人。作为构图中心的是三峰并峙的昆仑山——当时仙境的首要象征。第四层也即最内一层棺不带任何画像,而是以翠鸟羽毛构成的几何纹样模仿死者衣服上的绣花图案。

我们在这座汉墓中看到的因此是从死亡到重生的递进，从而构成升仙图像的框架。昆仑山在第三层棺上被描绘了两次，象征着灵魂在黄泉世界的永生。棺上明亮的朱红色指涉着阳气、南方、光明、生命和不死。在汉代人的思想中这种色彩确实是仙境的本质特征之一，正如《山海经》所述："南望昆仑，其光熊熊。"[81] 绘于埋葬在幽冥墓室里的棺木之上，马王堆一号墓中的昆仑山图像象征了一种新的成仙概念：成仙不再是长寿和不死的同义词，而可以在死后、在墓中实现。与此相应，死后世界的观念也发生了改变：它如今不再被动地模仿生活世界，而是在人们的想象中比凡间更优越，因为它为达到永生提供了新的希望。

马王堆一号墓上的昆仑图像的另一个意义在于它暗示了想象中的一个"地点"。尽管这一粗糙的仙山形象尚不过是三个山峰的剪影，它却具有无限的潜力，在以后的历史进程中吸纳各种人物、动物和植物母题以构成更丰富的仙境图像。在这个发展过程中，等级、对称和透视等一系列构图原则被相继发明，为充实仙山提供了各种表现手段。仙山图像的发展因此结合了两个平行的进程：一个是图像的不断丰富和构图的持续改进；另一个是表现手段的丰富和提高。这个发展在公元 1、2 世纪中出现了一个突破：西王母现身于墓葬装饰之中，为这一仙境图像提供了一个视觉中心和等级次序。[82] 端坐于昆仑山巅或龙虎座之上，她被刻画为一个正面的庄严图像，直视画外的观者而无视周围的人群。【图 1-39】观者的视线被引向构图的中央，直接与女神对视。这一构图因此不是"自足"的，因为它的意义依赖于外界的观者或崇拜者的存在。甚至在幽冥墓室之中，这一图像也假定了女神面前有一个观者或崇拜者。

一旦西王母在墓中出现，这一先例就为其他宗教偶像进入墓葬艺术铺垫了道路。这些偶像包括佛陀——他被汉代人想象为能飞行、变形和带来吉祥的西方仙人。[83] 在山东沂南的一座 2 世纪晚期的画像石墓中，佛陀模样的形象与西王母和东王公相伴出现于墓室中心的一根八角立柱上。【图 1-40】唐琪提出，由于这一立柱的中心地位和偶像性装饰，它体现了沟通天地的世界之轴（axis mundi）。[84]《神异经》中有一段文字支持这一解释："昆仑山有铜柱，其高入天，所谓天柱也。围三千里，圆回如削，下有仙人府。"[85] 并非偶然的是，沂南汉墓的石柱装饰着昆仑山、西王母和佛陀。立于墓中，这个通天柱使墓主或他的灵魂在死后

[1-37] a 长沙马王堆一号汉墓第二重漆棺；b 前挡板老妇升入神秘宇宙线描图

能够企及仙境。

其他源自佛教的图像，包括六牙白象、舍利和佛塔，也出现在汉代和汉代以后的墓葬之中。[86] 但是总的来说，这些图像的作用仅是丰富了本土对仙境的想象，而不是发展出墓葬艺术中的一个独立的佛教图像程序。[87] 与此类似，当道教的神祇系统在 2 世纪开始出现的时候，其中的神祇和符号也进入了墓葬，但是也从未构成墓葬装饰中的独立的道教图像系统。1988 年，考古学家在河南南阳麒麟岗的一座东汉画像石墓

[1-38] a 马王堆一号汉墓第三重漆棺；b 昆仑仙山线描图

[1-39] 成都东汉西王母画像砖，公元2世纪

的天顶上发现了一幅与众不同的石刻。[88] 这幅图像长 3.65 米、宽 1.53 米，由九块石板构成，在蜿蜒的云纹背景上刻有七个人物形象和两组星宿。【图 1-41】图像的中心是最主要的人物，正面端坐，头戴三峰的仙冠。学者把他判定为太一的意见或可得到其周围图像的支持——这些图像中首先是四神，然后是手托日月的伏羲和女娲。伏羲、女娲都做人身、虎腿、蛇尾。他们之外是北斗和南斗两组星辰，确定了画面的外缘。

值得注意的是，大约也就是在这个时候，在 2 世纪中晚期，太一成了正在兴起中的道教的主神。[89] 早期道教经典《太平经》训诫说，人若想得道，"乃上从天太一也，朝于中极"[90]。索安和其他早期道教史学家进而提出太一崇拜也进入了丧葬仪式，证据是墓葬中发现的"镇墓文"常召唤这一神祇来保护地下的死者。[91] 考虑到这一历史语境，麒麟岗的墓葬设计者之所以在墓顶描绘了这一显著的道教神祇，可能是以此来表达死后世界的安宁与不朽。[92] 但是这个墓葬也包括祥瑞、宴乐等很多流行图像，因此太一的形象仅仅是丰富了一个传统的装饰程序，而不能够说明墓葬艺术中一个道教传统的出现。

汉以后中国墓葬艺术的一个颇有意味的现象是佛教影响的减弱。除了吉林的长川一号墓中饰有佛像以外，中原和南方的墓葬中所见到的只是有限的佛教母题。形成鲜明对比的是，道教影响在5世纪后迅速增强。作为道教的首要象征符号，"龙"和"虎"的对称画像装饰了南北方很多贵族的墓葬和石棺，有时显现为把死者夫妇送入仙境。【图1-42】墓葬艺术中的道教影响在唐代到达了一个新高度，一个原因是唐代的奠基者把他们的世系追溯到相传为道教鼻祖的老子。然而，唐代墓葬艺术中的道教图像却并不表现老子和其他宗教偶像，而是强调"升仙"的观念。云中翱翔的白鹤成了墓内装饰概念的主要象征。这个形象与仙人王子乔（或作王子晋）的传说密切相关。据说王

[1-40] 山东沂南汉墓西王母、东王公和佛陀的画像石柱，公元2—3世纪

子乔是周代的王子，他放弃了世俗荣耀而追求宗教的超脱。根据刘向在公元前1世纪撰写的王子乔的传记，他早在青年时期已是吹箫的好手，他的箫声引来凤凰，随着音乐翩翩起舞。他以后去嵩山随一隐士修道，在修行了三十年后终于通知他的家人到洛阳的缑氏山与他相会。当家人抵达后，他们看见子乔驾白鹤于山顶之上。伸臂与家人诀别后，他驾鹤而去，消失在天际之中。[93]

这个故事在唐代广为流传。信奉者之一是女皇武则天（624—705）。在其漫长而艰辛的一生即将告终之时，武则天越来越心仪道教，并决定为王子乔在缑氏山上立一通巨型的"升仙太子碑"。在为石碑所撰的碑文中，她想象自己与王子乔一样驾鸾凤之车抵达玉都仙境，脱离死亡的幽都。不无讽刺的是，这座石碑在706年——也就是在武则天去世一年以后——才被竖立。

武则天死后，唐中宗（656—710）复辟，为遭到武则天迫害的若干

[1-41] 河南南阳麒麟岗画像石墓太一图，东汉，公元 2 世纪

[1-42] 北魏画像石棺龙虎升仙图，公元 6 世纪早期

[1-43] 陕西乾县永泰公主墓后甬道拱顶，唐，公元 705 年

唐代皇室成员修建了豪华的陵墓以示哀荣。其中至少有两座——懿德太子墓和永泰公主墓——在棺室外的甬道内绘有美妙的仙鹤图像。【图 1-43】画在这个特殊位置，这些仙禽仿佛刚从死亡世界中解脱，飞向墓外的世界。我们可以把这个图像和司马承祯（647—735）死后所出现的一个奇迹联系在一起。司马承祯是当时的著名道士，应皇帝之请在宫中讲道十五年之久。后来他隐居王屋山，建造了一座道观，并饰以自己的绘画和书法。唐代艺术史家张彦远在其《历代名画记》记载了司马承祯去世时的奇迹："白云从堂户出，双鹤绕坛而上。"[94]

在被赋予这层意义之后，白鹤遂成为不断出现于唐和五代时期墓葬艺术中的一个固定母题。它不仅装饰甬道，而且也开始装饰主墓室。[95]到了 13 世纪（也可能要早一些），这一装饰传统又发生了一个颇有意味的发展：云中白鹤的图像出现在券形墓门的门框上。[96]【图 1-44】这一看似无关紧要的布局变化实际上具有一个重要的含义：装饰于此处，这个图像把门内的空间定义为道教的"洞天"——通向不朽世界的神奇入口。据信无数这样的入口和世界，包括"十大洞天，三十六小洞天，七十二福地"，隐蔽在山中和地下，等待着道教笃行者们的探索。一旦进入这样的神秘空间，人们将遇到仙人并得以长寿不死。由于墓葬实为在地下建造的"秘穴"，不难想象洞天的观念很容易和墓葬发生关系。在更深的意义上，洞天和墓葬通过同一个想象互相联系：这两个地方虽然都位于此岸世界，却都在想象中从属于彼岸世界的特殊时空秩序。

河北宣化张氏家族辽墓群中的两座墓都使用了用白鹤和白云图像来装饰墓门或棺室门框（M9、M10）。沈雪曼在讨论宣化辽墓的图像程序和随葬器物的时候，认为棺室与道教静室的概念之间存在着内在联系。[97]她的证据包括张氏成员生前修行道

[1-44] 河北宣化张匡正墓室门框白鹤图，辽，公元 1093 年

[1–45] 山西大同冯道真墓山水壁画屏,元,公元 1265 年

教（及佛教）的记载。此外，张世卿墓中的一幅壁画描绘了一卷道经，他的墓志开篇也引用了《太清神仙中经要略》中的一段。[98]

然而，把墓葬与道教洞天观念连接起来的最令人信服的证据，是发现在山西北部大同附近的冯道真墓中。[99] 据墓志铭文，冯道真生活在元代（1206—1368），是一个受箓的道士。他首先在大同附近的七峰山玉龙洞中修行，后来成全真教龙翔万寿宫的创立者和宗主。他活了77岁，卒于1265年。在他的弟子所写的墓志中，他们用"升"这个字来表述他的死亡。这些弟子为他所建的墓葬也为我们提供了一个罕见的机会，来理解道教徒对死后世界的想象。在墓的后室中，围绕木棺的三面墙上皆绘有大幅壁画。右面的壁画描绘了一名男子正在山水之间休憩；左面壁画的主题是两人对谈，似乎是一位得道的隐士正接待一名访客。第三幅，也是最大一幅壁画，覆盖了棺床后的整个墙面，上以水墨风格绘出一幅全景山水图，或许就是七峰山——冯道真的生前修道之处。【图1–45】白鹤的图像在墓中无处不在，分布在入口两侧、棺盖及上方的墓顶，将幽冥墓室转化为宁谧的道教仙境。

§

死后理想世界的这三个界域——身后的幸福家园、天界和仙境——是如何被编织为墓中的动态整体？不同时代的建墓者对这个问题有着不同的回答,但雷德侯所说的"模件方法"(modular approach)——即"用有限的常备构件创造出变化无穷的单元"[100]——为不同回答提供了一个共同的基础。这一方法的较早范例仍是马王堆一号汉墓,堪称已知最早的融三个界域于一体的墓葬实例。这里,死者身后幸福家园的观念主要通过椁室的随葬器物来实现。(参见图 1-47)第三重红棺上的画像描绘了以昆仑山为中心的仙界景观。(参见图 1-38)放置在内棺上的帛画进而显示出包括一个日月、天神、天马和其他天上事物的天界。(参见图 2-37)如我在上文中谈到过的,设计者将死后世界设想成若干界域的拼合,这些界域在墓葬的不同部分以不同的图像与器物来表现。它们之间的关系并不清楚,我们也很难判定死者到底将会居住在哪一个界域中。似乎是墓葬设计者为了尽量表达他们的孝心和取悦死者,提供了他们所知道的所有有关彼岸世界的答案。

我们或可假设,这种对于死后世界观念的暧昧与矛盾可能会导致一个更为系统和完整的宗教学阐释。但是中国墓葬艺术却并没有走这条路。建墓者在接下来的两千年中采取了一个更为实用的和模式化的办法。在他们看来,既然死后世界中的每一界域——天界、仙境或黄泉中的幸福家园——都为死者提供了某种特殊的、有价值的东西,那么更重要的事情便成了如何以更统一的方法来表现这些界域,而不是为了追求某个统一理论来牺牲其中之一。因此,虽然严肃追问死后世界存在状态的企图在哲学和宗教文献中并不多见,墓葬装饰的模式却在不断变化和丰富。石棺这一葬具形式最早出现于公元前 1、2 世纪的山东和江苏,并在公元 2、3 世纪的四川重新流行[101],它显示了把多种界域综合为一个图像程序的早期尝试。

四川简阳鬼头山出土的一具石棺上的石刻与马王堆汉墓中的画像遥相呼应。但是该棺的设计者并没有使用多重的、历时性的序列来描绘死后世界的各个界域,而是把三个界域的图像综合在一个共时性的结构中。[102]【图 1-46】这里,一座阙门旁的铭文将其确认为"天门",即死者灵魂进入死后世界的入口。其他带有铭文的图像——包括伏羲、女娲、日月和四神等——把石函转化为一个微型宇宙。第三组母题是升仙的象征——包括两个带翼的下棋仙人(题铭"仙人博")和一个骑马仙人(题铭"仙人骑")。最后的第四组图像象征财产和兴旺。这里有一座为死者——以及石棺上描绘的所有人物和动物——提供无穷食物的"太仓"。"白雉"、"桂铢"和名叫"离利"的野兽则代表了禽、兽和草木界的三种基本祥瑞。采用了一种近乎图解的方式,这些石刻表达了理想的死后世界:在幽冥之地,日月仍然普照,阴阳和谐运转,死者的灵魂将永不挨饿。而且最重要的是,在穿越了死亡的凶险界限之后,死者将享受永恒的幸福。

尽管朴素而粗糙,鬼头山石棺画像的例子表明了墓葬装饰发展中的一种普遍的综合化倾向。回顾本章开头谈到的酒泉丁家闸十六国时期的墓葬,我们发现它的装饰模式遵循了同样的办法。(参见图 1-16) 但区别在于,在这个建于公元 4、5 世纪的墓中,图画装饰已经完全和墓室的建筑融合在一起,共同建构一个墓葬内部的神秘空间。山东宋山东汉小祠堂的一篇铭文描绘了这一空间。正如司马迁对秦始皇墓室的叙述,这篇文字的作者列举了装饰该祠堂内表的各个母题,并将整个装饰程序概括为"上"、"下"两个对应部分:

> 交龙委桄,猛虎延视。玄猿登高,师(狮)熊□戏,众禽群聚,万狩□布,台合(阁)参差,大兴舆驾,上有云气与仙人,下有孝友贤仁。

由于这类铭文中对画像内容的描述往往流于套话,它们对于"上"、"下"的强调揭示出其主要目的是阐明隐藏在墓葬装饰程序之后的空间结构。这种对墓葬空间逻辑的意识引导我们去思考与此密切相关的另一问题,即墓葬建造者对死者位置的建构。[103] 这里所说的"死者"指的不是棺室中的尸体:尸体象征的是死亡,但是在造墓者的想象中,死者的灵魂仍具有活力和感知能力,居住于为它所建构的图绘宇宙之中。

再现灵魂

当 3 世纪的陆机(261—303)在写下三首"挽歌"诗的时候,他所做的是完善一种固有的文学体裁。三首诗中的前两首诗描述了安送死者的"魂车"从家中出发,前往彼岸世界之居所的葬礼过程。在第三首诗

[1—46] 四川简阳鬼头山东汉石棺画像，公元 2 世纪

中，葬于墓中的死者重新获得了感知能力，看着、听着并以第一人称开始说话：

重阜何崔嵬，玄庐窜其间。

第一章 空间性 | 65

磅礴立四极，穹隆放苍天。

侧听阴沟涌，卧观天迸悬，圹宵何寥廓。[104]

　　这里，诗人想象着自己在封土下墓室（即"重阜"间的"玄庐"）中的感受，把墓中的内部空间表述为一个象征性的宇宙：上为天，下为地，周围是四极。虽然类似的景象也见于司马迁对秦始皇陵的概括，陆机为这种描述增添了一个"主体"的视角：他把自己当作死者的灵魂，在黄泉世界中仍保有知觉的能力和表达的冲动。换言之，陆机的诗显示了在想象墓葬和建构墓葬中的两种相辅相成的冲动。一种冲动是为墓主人创造出一个形而上学的"环境"——即对上文说讨论的三个界域的再现；另一个冲动则是在这个环境的中心为死者建构一个位置，重新给予他声音。目前为止我的讨论一直集中于第一个冲动。本节将会转向第二个冲动，探究墓主的"主体位置"（subject position）是如何通过建筑、装置和图像手段获得的。我们将发现特殊的空间和图像被创造出来以代表死者的存在——重构他的视觉、保留他的形象，展示他的社会等级和官阶、颂扬他的道德和精神成就。这些空间和图像的中心就是为死者准备的"灵座"。

1. 灵座

　　根据《汉旧仪》的记载，东汉首都洛阳的皇室宗庙中设有象征着主要受祭者汉高祖的空位，覆以锦绣帷帐，辅以几案和错金器物。每逢重要祭祀场合，酒食被奠于座前，当朝皇帝率领百官在座前跪拜，向汉代的创始人致敬。[105]

　　这类汉代地上礼制建筑早已消失，类似的"座"只见于众多的汉墓。但是这些座位在考古发掘报告中却常常被忽略了，主要的一个原因是由于它们大多是以个别器物组合而成，而这些器物在发掘过程中被拆散，归入发掘报告中的各种实物类别（诸如金属、木材或纺织品）中去介绍。但是这种空座是绝不应该被忽视的，因为它们在古代墓葬中具有极其重要的意义：称为"灵座"或"神位"，它们代表了墓主人的不可见的灵魂。[106] 为了辨识它的存在，我们需要仔细研究发掘报告提供的零碎信息，来重组这一空间。

甚至在室墓产生以前，此类空间已存在于某些椁墓之中，马王堆一号汉墓再一次给我们提供了这一设施的最佳案例。上文提到该墓椁室的中室被四个其他箱室所环绕（参见图1-9），东、西、南部的三个箱室中装满了随葬品，但是北部头箱却相对空疏，被布置成一个"舞台"。【图1-47】这里，椁室的墙上张挂着丝帷，地上覆盖着竹席，华丽的漆器陈列在一个设有厚垫并背靠画屏的座位之前。座位上没有偶像或肖像——它是为了一个看不见的角色而准备的坐处。【图1-48、1-49】我们可以从陈设在座位四周的器物意识到这个角色的身份。座位前放着两双丝履，旁边有一只手杖和两个装有化妆品的漆奁，这都是死者軑侯夫人的贴身之物（详细讨论见第三章）。学者也注意到在内棺上的帛画中，軑侯夫人被描绘为一个拄着拐杖的老妇人，所拄拐杖或与座位边发现的拐杖有关。与这些器物一起"界框"头箱中灵座的还有多个彩绘木俑，有的原来穿着丝质衣袍。其中八个舞俑在五个乐俑的伴奏下翩翩起舞。这一表演位于墓室的东端，与西端的灵座相对。我们可以很容易想象：无形的軑侯夫人灵魂一边享用着酒食，一边坐在空座上欣赏歌舞表演。

这座墓的设计因此显示了这位死去夫人的双重存在：彩绘的棺中盛放着精心保存的尸体，空空的灵座则表现了她无形魂魄的在场。我们可以再次回顾祖先崇拜在东周和西汉时期经历的深刻变化，以理解这种对死者的双重表现。如前文所述，祖先崇拜的中心在汉代最终从集合性的宗庙转移到个体性的墓葬。在新的灵魂观念中，人的两个灵魂——轻盈的魂和重浊的魄——最后都在坟墓中找到它们的合法归宿。传统宗庙中的很多建筑和礼仪成分被转入墓地。魂不再飞到宗庙中去接受供奉，而在地下找到了

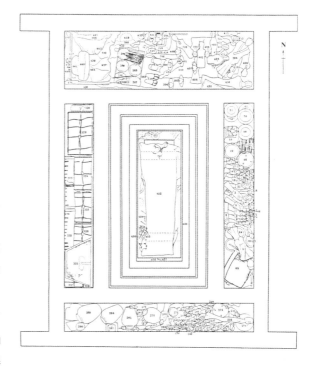

[1-47] 长沙马王堆一号汉墓平面图，西汉，公元前2世纪早期

[1-48] 长沙马王堆一号汉墓头箱空座附近漆器。西汉，公元前2世纪早期

它的安息之所。这些新的礼仪和宗教观念具体地体现在轪侯夫人的墓中。

随着室墓在公元前2世纪至公元1世纪的发明，灵座被赋予了更为显著的位置，常常出现墓内前室之中，定义出一个"祭祀空间"的存在。以金缕玉衣蜚声世界的刘胜的满城一号墓就是这种布局的一个上好例子。(参见图2-41)此墓建于公元前113年刘胜去世之前，位于今天河北的一座石山之内，其核心为被设置为祭堂的一个巨型洞室，原来设有两个由金属支架和丝织帷幕构成的空座(参见图1-13)在中央帐座之前和四周，器物和陶俑成行排列，模仿祭祀的情形。因为在相邻的刘胜夫人窦绾墓（满城二号墓）中并未发现此类帐座，我曾提出刘胜墓中的这两个座位可能是为这对夫妇的灵魂所设。[107] 换言之，尽管窦绾有一个单独的墓，她死后的灵魂可能随其丈夫接受配祭。这对夫妇的从属关系在这两个座位的位置上也可以获得进一步的说明：一个位于中轴线上，另一个在其侧旁稍后。这两个帐座的关系令人想起刘胜的同父异母兄弟汉武帝（公元前156—前87）的一段著名轶闻。据记载，汉武帝怀念他早逝的宠妃李夫人。方士少翁向皇帝许诺可为他召回李夫人的魂魄。《汉书》中载：

乃夜张灯烛，设帷帐，陈酒肉，而令上居他帐。遥望见好女，如李夫人之貌，还幄坐而步，又不得就视。上愈益相思悲感，为作诗曰："是邪，非邪？立而望之，偏何姗姗其来迟！"[108]

汉武帝还撰写了一篇长赋来寄托哀思。此赋载于《前汉书》，结尾几句是："去彼昭昭，就冥冥兮，既下新宫，不复故庭兮。呜呼哀哉，想魂灵兮！"[109]

我们可以把满城汉墓与这则历史轶闻联系在一起考虑：墓中的两个帐座似乎也暗示了中山王夫妇的死后之魂。考古证据也表明在墓中设置灵座和祭祀场所并非是贵族的专利，汉代及汉代以后的低级官员甚至平民均可使用。这一时期的中小型墓在前室之内常砌有特殊的祭台；奠于其上的祭器和陶模型围出了一个空间，构成墓主的灵座。例如洛阳七里河的一座公元2世纪的砖墓中，前室西部有一个凸起的平台【图1-50的C

[1-49] 长沙马王堆一号汉墓头箱空座后方漆画屏，西汉，公元前2世纪早期

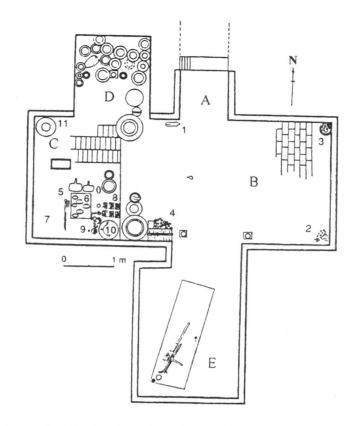

[1-50] 河南洛阳七里河砖室墓平面图，东汉，公元 2 世纪

区】，台上空位前陈列着盘、碟、耳杯以及筷子。桌案外的陶舞俑和杂技俑正在为一个无形的对象表演。这一设置使倪克鲁（Lukas Nickel）推论"这个空位为墓主坐处几乎无可置疑"[110]。相似的覆盖竹席的祭坛亦存在于敦煌附近佛爷庙湾的一座 3 世纪墓中。[111] 两个额外特点却将这一灵座区别于七里河的祭坛：首先，此座设于主室的一个壁龛之中；其次，这个壁龛的后壁上绘有帷帐。【图 1-51】虽然在帷帐前设有器物和灯盏，帐下却没有任何画像。又一次，这一"空"间成了无形之魂的替代。

2. 死后画像

我们不应该把这种以空无一物的灵座再现灵魂的方法和宗教艺术中的"非偶像"（aniconic）禁忌混为一谈。实际上，至少在东汉早期已经出现了另一种表现灵座的方式，即用死者画像标识这个象征位置，有时绘于低矮祭台后面的墙上。[112] 我称之为"另一种"，是因为它从未代替

[1-51] 敦煌佛爷庙湾133号墓神座,西晋,公元3世纪

更为传统的将死者表现为无形存在的方法。人们可以选择二者之一来描绘墓中死者。例如打虎亭一号汉墓的赞助人遵循传统的方式在主室右端安设了一个空石榻（如果我们假定面朝墓门的方向），石榻正面刻有装饰纹样，上面原设有帐和几。[113] 这座 2 世纪中期的墓葬与河北安平逯家庄壁画墓年代相同。但在安平墓中，死者的相貌被绘于连通主室的右侧室中（参见图 1–25），旁边的属吏正向已故的主公致敬。我们在望都一号墓中也看到类似的官吏画像，但在此墓中，他们向着墓中央的空位鞠躬（参见图 1–24）。

一旦这两种方式——具象的和非具象的再现——成了描绘死者灵魂的两种基本范式，它们的选择和流行不仅反映出个人爱好，也表现了墓葬艺术中的广泛地域传统和时代风格。考古证据表明"具象"模式在汉代以后的三个时期内的三个地区具有相对的普及性。这些时期和地区是：（1） 3 世纪末到 5 世纪初从西北的甘肃到东北的辽阳、高句丽的北方地区；（2） 6 世纪北齐和隋代统治下的北方地区；（3） 11 到 13 世纪宋、辽和金代统治下的中原、西北和西南地区。

在第一组的实例中，我们已经讨论了甘肃酒泉的丁家闸五号墓（参见图 1–18）。在辽东半岛，除了辽阳的几座汉代及汉代以后带有墓主画像的墓葬以外，[114] 朝阳袁台子壁画墓被断为 4 世纪前期。[115] 如同前面讨论的佛爷庙湾壁画墓（参见图 1–51），此墓在前部有一个专门用于祭拜的壁龛。然而画在这个空间中的不是无人的帷帐，而是一幅死者画像。【图 1–52a】龛前的漆案进而点明了该空间作为死者灵座的含义。漆案上方原来有一顶高约 0.8 米的微型帷帐，漆案上设置了盛放着各种酒食的漆器。【图 1–52b】

有的学者已经指出这幅画像与中国东北和朝鲜境内的其他高句丽墓中的画像之间的相似性，并指出这种相似性暗示了共同的图像模式。[116] 斯皮罗 (Audrey Spiro) 认为冬寿墓【图 1–53】和袁台子墓中的死者画像"事实上一模一样"并"完全可互换"："二者都两腿交叉，正面端坐于帷帐之下、背屏之前的坐榻上。二人的脸皆为鸭蛋形，上绘浓黑的眉毛、杏仁形的眼睛、长鼻子等等……袍子宽领博袖。每人右手手持一柄被考古报告定为麈尾的物件，向上举于右肩之前。"[117] 此外，二人皆蓄须，并头戴同样的冠。斯皮罗对这些相似性的解释是：所有这些所谓的肖像实际上都表现了墓主人所向往的一种理想官吏的形象。尽管不排除这一可

[1-52] 辽宁朝阳袁台子墓壁画及随葬器物。东晋，公元4世纪前半叶

a

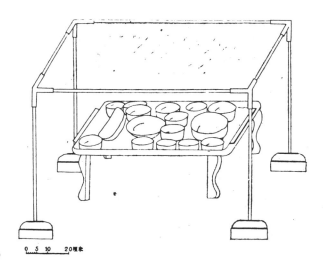

b

[1-53] 平壤高句丽安岳三号墓冬寿画像，公元357年

能性，但是这些画像个性的缺乏也可以从它们的基本礼仪功能中得到解释：藏匿于幽暗的墓室中，它们的意义在于标示死者灵魂的神位，而不是去唤醒活人对他们的记忆。

除了冬寿像，这组画像中还有两幅位于今天中国国境之外，均在位于朝鲜平壤附近德兴里的一座墓中发现。【图1-54a】其中一幅绘于前室，旁边的长篇铭文将死者确定为叫"镇"的一个高句丽大臣（卒于408年）。这幅画像再次显示了斯皮罗在袁台子和冬寿画像中发现的所有程式化特点。然而，镇的画像与前两例在灵座的构成形式上有所不同：它并非依附于壁龛或绘在侧室中，而是画在通向后方棺室的甬道一侧的平台之上。处于这个位置，镇面朝前室内的开敞空间，与室中的其他画像互相呼应。与之直接呼应的画像出现在相邻的西壁上：两列官员正在向镇致敬，在通事吏的引导下谦卑地向主公躬身。【图1-54b】根据这些官员身边的铭文，他们是镇所任之幽州刺史辖内的十三郡的太守。[118] 这些铭文遵循着统一的格式，或为"某郡太守来报镇时"，或为"某郡太守

[1-54] 平壤高句丽德兴里北室壁画。a 德兴里壁画墓前室镇的画像；b 十三郡太守拜见镇图。公元408年

第一章 空间性 | 75

来朝贺时"。这些图像和文字令人想起东汉初年明帝（57—75 年在位）所奠定的一个皇家丧葬仪式。在他的父亲、东汉王朝的创立者光武帝去世后，明帝把最重要的宫廷典礼"元会仪"转移到皇家陵园，命令全国各地的官员向死去皇帝的神座汇报所辖地区的行政情况。[119]

如洪知希所指出的，三个特征——包括镇的正面肖像、旁边的致敬场景和肖像前的石榻——在德兴里墓的前室中为镇构造了一个特殊的祭拜空间。[120] 然而这个墓葬最为特殊之处却是绘在后室后墙上的镇的第二幅画像。[121]（参见图1-54b）我将在本书第三章中讨论这幅画像在装饰位置上的特殊性以及与表现"死后旅行"的画像程序的关系。此处需要注意的是这幅画像无论在位置和图像内容上，都与后来的画在带长墓道的单室墓中的一类死者画像有关。【图1-55】这后一种墓流行于6世纪的中国北方，大部分属于北朝晚期特别是北齐（550—577）的胡人贵族。[122]

[1-55] 山西太原徐显秀墓平、剖面图，北齐，公元571年

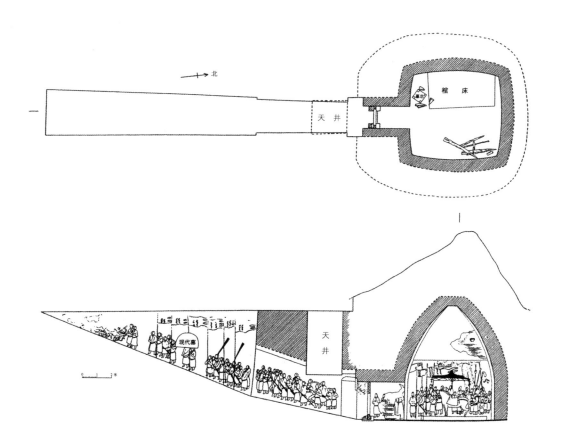

[1-56] 山西太原徐显秀墓徐显秀夫妇画像，北齐，公元571年

死者有的是男性，有的是女性，也有时是一对夫妇；他们的肖像绘于墓室的后墙上，在精美的帷帐中正面端坐，面对墓葬入口，在侍者的服侍下享用着酒食。【图1-56】

就绘画风格而言，这些6世纪的墓主画像明显地承袭了4、5世纪位于辽宁和朝鲜的壁画墓，并继而上溯至2世纪河北安平逯家庄壁画墓中的死者画像。(参见图1-25、52a、53、54a、56) 正如郑岩所论，这些人物大致相似的特征再一次表明它们是理想化的"丧葬偶像"，而非真实个体的写实肖像。[123] 然而有四个因素使它们区别于早先的墓葬画像，并使它们构成一个单独的传统。第一，它们都绘于墓室后墙之上并邻近棺床，而以前的画像大多出现在与尸体隔开的前室。这一新布局因而表明了死者魂、尸二元存在的观念逐步瓦解，这一发展持续到后来的唐宋时期。第二，大部分这类墓葬将棺置于一个背倚西墙的砖台上。[124] 后墙上的画像因此确定了礼仪空间的绝对中心。第三，此类画像中的有些例

子展示出一定程度的个性化特征。例如在新近发现的太原附近的徐显秀墓中，男性墓主身着一件白黑相间的狐腋裘，在其他墓葬画像中尚未见到过；夫妇之间的大盘子中盛有高高堆砌、冒着热气的食品，似乎并非汉族食物。(参见图 1–56) 最后，这类墓中的墓主画像被融入一个更大的图像程序，常常伴以左侧的牛车和右侧的鞍马。如我将在第三章中所论，处在这一图像程序中，后墙上墓主画像获得了附加的意义，成为死后成仙之旅的起点和主角。(参见图 3–51)

德兴里墓棺室中的画像是这类画像的先声。早于北齐一个半世纪，它已经出现于后墙之上并左右伴以牛车和鞍马。这一图像很可能被鲜卑在公元 5 世纪时传播到中国北方——发源于中国东北、源于突厥族的鲜卑在公元 386 至 534 年之间建立了北魏王朝。最近发现于北魏首都大同以南智家堡的一座石室墓，提供了这一历史联系的关键环节。[125] 通过比较此墓和附近云冈石窟中的花卉纹样，发掘者将其定为公元 5 世纪的 80 年代早期，恰好是德兴里壁画墓和北齐壁画墓的中点。此墓虽然规模中等，也不带长墓道，却在四面墙上都覆盖了绘画。后墙正中绘有一对身着鲜卑服饰的夫妇，坐在帷帐下的床榻之上，面向墓门。【图 1–57a】男女侍者立于二人旁边，两侧墙壁上绘有更多的侍者画像，再一次根据性别被划分为两组【图 1–57b、c】，上方是手持巾幡的飞仙。墓室入口两侧的石板上绘有牛车和鞍马，而荷花纹样则装饰了墓门和天顶。【图 1–57d】墓室内墙底部素面无文（甚至构成后壁边框的垂直朱砂线条也在距离地面约 30 厘米处戛然而止），暗示了现已腐朽的木质坐榻的曾经存在。所有这些特色，包括棺床后的正面画像、牛车和鞍马画像、侍从的性别分组、以及荷花纹样，都可以在德兴里壁画墓的后壁上觅得，因而表明了德兴里壁画墓的承前启后的历史位置：一方面，这个高句丽墓葬前室中的镇的画像持续了汉代再现死者的传统；另一方面，该墓后室中的画像开启了一个新的传统，最终流行于 6 世纪的中国北方。

北朝墓葬中描绘死者肖像的方式并未被同时代南朝的中国统治者们所采纳。后者继续偏好传统的非具象办法，从不在墓中描绘死者画像。当唐代在 7 世纪早期统一南北之后，唐代贵族墓葬继承了北朝墓葬的结构，但是废除了死者的有形肖像——这种画像几乎从高级唐墓中完全消失。[126] 而多扇屏风则成为流行的图像，绘于棺室之中来指涉祖先崇拜的对象。

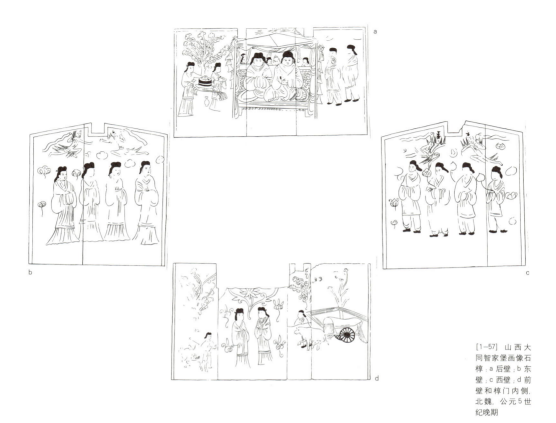

[1-57] 山西大同智家堡画像石椁。a 后壁；b 东壁；c 西壁；d 前壁和椁门内侧，北魏，公元5世纪晚期

[1-58] 陕西西安苏思勖墓壁画，唐，公元745年

第一章 空间性 | 79

在中国，屏风自古就承担了规定"主体位置"的特殊角色。在宫中它围绕御座，在家中它界定了主人会客的地方，在卧室内它掩护隐私。[127] 自从对墓主的表现成为建造和装饰墓葬的一个中心课题，这件家具也就成为墓葬不可或缺的部分：以屏风衬托死者而加强其中心性，成为从东汉到北齐墓室肖像的一个标准特征。(参见图 1–25、52a、53、54a、56、57a) 唐代墓葬的特殊之处在于省略了屏风图像前的人像，同时将屏风移至棺床周围。[128] 西安附近苏思勖墓是众多这种例子中耐人寻味的一个。[129] 苏思勖是卒于 745 年的一位唐代官员，同年葬于西安附近的一座单室墓中。他的棺原置于靠西壁的砖砌平台上，已经朽烂。平台之后绘有一架六扇屏风，标示出墓室中的主位。对面墙上则描绘了一幅乐舞场景。【图1-58】我们对这一并峙并不陌生：马王堆一号汉墓的设计者早在千年前就已经筹划了一个相似的表演和观看。(参见图 1–47) 但这两个例子之间也存在着一个关键区别：马王堆墓中的歌舞者在轪侯夫人无形的灵魂前表演，而唐墓中的表演则直接呈献给苏思勖殓在棺内的尸体（或尸体与灵魂的统一体）。

这个区别表明了关于死者灵魂的一种新概念：灵魂不再与死者的尸体分离，也不再要求墓内独立的祭拜场所。根据考古发掘我们可以把这个变化追溯到北朝时期，当时绘于墓室后壁的墓主画像已经与西壁前的棺床比邻。(参见图 1–55、56) 可能建造这些墓葬的胡人贵族对中国传统思想中的"双重灵魂"的观念不太理解，因此也认为对死者的双重再现实属多此一举。唐代继承了这一倾向，最后把死者的身体和灵魂消解为墓中的单一整体。

然而这一新传统在唐代灭亡之后失去了主导性。尽管墓葬在随后的五代时期显示了不同的布局和内部陈设，但是大型墓葬都恢复了多室墓的传统。相应而起的一个变化是在某些墓中重新确立了对死者的双重再现。例如，在该时期的壁画墓中，卒于 922 年的地方军阀王处直的墓葬是最为华丽的一例。[130] 此墓位于河北北部，发掘于 1995 年。它的后部是一个封闭的墓室，前部是一个带双耳室的"堂"。在堂的后壁上绘有一幅标示主位的山水屏风，前面是象征死者的墓志。【图1-59】堂内的其他图像包括墓顶的星图，以及侧壁上呈侍奉状的侍者。最使人惊诧的是镶在两侧墙中的两块大理石浮雕，每块 1.36 米长、0.82 米高，描绘了一

[1-59] 河北曲阳王处直墓主室，五代，公元924年

个女子乐队和一组手持酒食和日常用器的宫廷妇女的行进队列。【图1-60】这些优美的形象先以雕刻技法制成精美浮雕，然后敷以五彩。此墓的两个主要特征——棺室和祭拜空间的分隔，以及死者灵魂之神座和表演的并峙——可以一直上溯到公元前2世纪的满城一号汉墓和马王堆一号汉墓。但是另一方面，这座10世纪的墓葬也展示了一个新元素：前室左右的对称耳室象征着王处直及其夫人。这里的壁画仍然没有表现死者的相貌，这对夫妇的存在是通过绘于室内的两组对应器物暗示出来的。这些器物包括两件屏风，一件饰有山水画，另一件饰有花鸟，分别与男用和女用的帽、镜放在一起。【图1-61】因此，除了主室中的祭祀空间以外，这个墓中出现了为王处直灵魂而设的另一个场所，把他置于家庭的性别关系中。

这两种模式——唐代风格的尸/魂合一的单室墓和带有死者"双重再现"的双室墓——在辽、宋、金时期并行不悖。[131] 相伴随的一个重要现象是墓内肖像的复兴。河南白沙的一组北宋墓葬包含了这两种墓葬类型。这组墓葬中最大的墓葬——一号墓——是一座双室墓。棺木原本安置在六角形后室中的平台上。【图1-62】室内发现的石制买地券将墓的年代确定为1099年。一扇假门位于棺木背后的后壁正中，左门扇微启，一位砖雕的妇女似乎正启门而入。【图1-63】在墓室的其他几面墙壁上，

a

b

[1-60] 河北曲阳五代王处直墓彩绘大理石刻

a

b

[1-61] 河北曲阳五代王处直墓二耳室壁画线描图

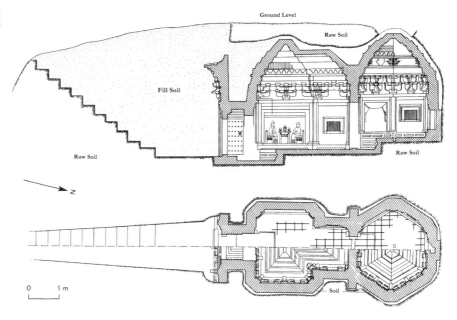

[1-62] 河南禹县白沙一号宋墓平面图,北宋,公元 1099 年

[1-63] 河南禹县白沙一号宋墓北壁下部壁画,北宋,公元 1099 年

84 | 黄泉下的美术

[1-64] 河南禹县白沙一号宋墓墓主人画像,北宋,公元1099年

假窗与描绘日常生活场景的壁画交织在一起。长方形的前室是一个"影堂"的再现,西壁上绘有背依屏风的死者夫妇。【图 1-64】他们正襟危坐于一张小型桌子的两侧,双手敛于袖中,外表端庄,相敬如宾。他们并不相互注视和交谈,而是把注意力集中在对面墙壁,那里描绘着一个舞者在十余位乐伎伴奏下翩翩起舞。宿白认为这两幅绘画一起构成了一种称作"开芳宴"的家居娱乐场景。这种宴乐在私人府邸中举行,以歌舞为特征,被视为夫妇和谐的象征。[132]

白沙宋墓中的另外两个墓(二号和三号)年代略晚,其主要特点是

[1-65] 有5个演员的微型戏台，山西侯马董明墓，金，公元1210年

把一号墓的双室结构压缩为单室和图像空间。这两个墓葬因此一方面复制了一号墓的六角形棺室，另一方面又在西南壁上展示了死者夫妇的画像。这类单室墓在1127年以后成为主流，同年女真人将其所建的金国版图扩展到整个中国北方。例如，山西南部发掘的属于这一时期的三十多座金墓大多为装饰着彩色壁画的单室墓，主要绘画主题为死者夫妇像和戏剧演出。[133]【图1-65】但是这两种渊源于宋代墓葬的图像母题如今和日益多样化的表现家居活动、历史故事、道德故事、家具和器皿、花卉以及大量建筑细节的图像结合在一起。其结果是微型的墓室被赋予想象死后世界的无穷潜力。（参见图I-5）这确乎是中国墓葬装饰的最后一个黄金时代，其特征是对建筑细节的视幻性表现和图绘丰富的题材。

虽然我们尚不完全清楚为什么死者肖像在这些宋金墓葬中得以复兴，但一些颇有影响的宋儒的著述提供了一些重要证据。例如司马光

[1–66] 江苏江宁徐的墓平面图，北宋，公元1045年

（1019—1086）和朱熹（1130—1200）都将这一形式斥为当时风行于民间的逾礼之举。司马光在《书仪》中强调在向死者致敬时，拜祭的对象应由覆以白色魂帛的灵座来象征。他认为只有不通礼法的俗人才会用肖像或其他具象形式："世俗或用冠帽衣屦装饰如人状，此尤鄙俚，不可从也。又世俗皆画影，置于魂帛之后。……此殊为非礼。"[134]

宋儒的这一表述寓意昭然：死者肖像的流行和他们眼中的某个"世俗"群体的视觉文化息息相关。有意思的是，考古证据支持这一解释。目前在已经发掘的该时期的墓葬中，根据墓中出土的"买地券"和其他文字材料，大部分带有死者肖像的墓属于内地的地主或商人阶层。与之相反，当时士大夫的墓葬（其仕途和教育背景被记录在他们的墓志中）通常不包括这些肖像，而且这些墓体积不大，结构也相当简单。[135] 1045年去世后葬于江苏江宁的徐的墓即属于这种类型。【图1–66】这个墓的墓穴长不过3.22米，宽不过0.88米，仅够容纳棺木。[136] 墓穴一端的浅龛中放有少量陶罐和陶器，两件铅制明器，以及漆盒中的一方砚台。墓中的最重要物品当属刻有1800字的墓志，记载了死者的仕宦生涯及成就。这类墓葬当系司马光和朱熹所倡导之"薄葬"。饶有意味的是，当徐的及其儒家同仁拒绝地主和商人的"鄙俚"、奢华的墓葬的时候，他们重新回归到椁墓的古老传统。这一复古转向再次受到司马光的首肯：他所推崇的墓葬类型是"穿地直下为圹，置柩以土实之者"。[137]

徐的墓提醒我们：椁墓到室墓的发展并不是一个不可逆转的进化过程。实际上，形制简单的竖穴墓从未在传统中国完全消失，而是被不断地重复和复兴。不无反讽的是，这一复古潮流最终决定了中国墓葬的归宿：随着宋儒对丧礼的重新规定在明清时期被经典化，他们对"薄葬"的倡导逐渐影响了一般的礼仪习俗和社会心理。似乎墓葬史步向了一个

完美的圆圈：装饰以豪华壁画的精美墓葬成为过去的记忆，相对简化的椁墓重新成为最有影响力的葬式。尽管皇帝和诸侯王仍为自己修建了大型的室墓，但他们再也无法唤回以往墓葬艺术中的创造力和想象力，而且他们的墓中也再不描绘死者的画像。因此，当考古学家打开北京附近的一座明代帝陵时，他们在一组石室之内发现的是为已故皇帝及其嫔妃所设的一排大理石空座。[138]【图 1-67】虽然这个墓葬的体积惊人、建筑质量无懈可击，但它的空空墙壁和结构死板的墓室却不复激起对死后世界的诱人想象。

[1-67] 北京明定陵万历皇帝神座，公元 16 世纪晚期

第二章　物质性

> 嗟乎！以北山石为椁，用纻絮斮陈，
> 蕠漆其间，岂可动哉！
>
> ——西汉文帝刘恒[1]

本章要讨论的是为何某些材料、媒质、尺度、形状和色彩被墓葬特殊选用，以及这些物质和视觉的元素如何被运用、转换和结合，以实现墓葬艺术的宗教和艺术目的。换言之，在把墓葬视为空间构成之后，我现在希望关注的是这些空间构成的物质存在形式，包括其中的"物件"或随葬器物。与传统的艺术鉴赏不同，本章中对器物的研究反对割裂地欣赏其历史和审美价值，而是意在表明丧葬器物的物质性与丧葬建筑以及丧葬装饰密不可分。这三种因素相互影响和补充，共同实现墓葬的功能和象征意义。

简单讨论一下位于中国北方的满城一号汉墓将有助于澄清这个方法论取向。如前所述，这座属于西汉中山靖王刘胜的崖墓建于公元前113年之前，是中国最早出现的室墓之一。【图 2-1】中的地形图显示了墓葬所在的陵山前有两座小山包，构成了一座天然的门阙，界定了东西向的"神道"。这一礼仪性通道构成了墓地的中轴线，延伸为山崖中长达20米的甬道。甬道的尽头是一系列彼此相连的墓室，其中原来建有一些独立建筑。两个耳室从门堂向两侧伸展，宛如两条长臂【图 2-2，并参见图 1-13】。右耳室储存了大量陶器和陶缸，内中盛放着王室家居所必需的各种饮食物品。左耳室中本有一木构建筑，里面发现了四辆马车和十一匹马的遗迹。显然这一建筑模仿了诸侯王的车库，而右耳室则是一个府库。

两耳室之前的门堂为另外两辆马车占据，车后是一个原本带有另一

[2-1] 河北满城一、二号汉墓墓址，西汉，公元前2世纪晚期

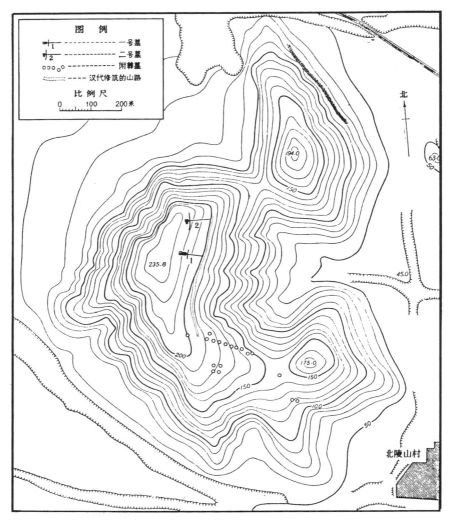

座瓦顶木构建筑的宏伟洞穴。如前章所述，这座木建筑内原来设有帷帐之下的两个空座。在中央帐座的前方和两侧陈列着容器、灯具、熏炉以及俑，显示出这是刘胜的灵座。帐座之后发现了一组微型明器和一辆偶车，把灵座和位于石门之后的封闭棺室连接起来。

这一石门表明了墓葬建筑材质的一个突变。并不使我们意外的是，石门之后的棺室以及与之相连的厕间也完全用石料建成。墓葬后部的材料因此与前部车库和祭堂中的木瓦结构形成强烈反差。这一反差肯定并

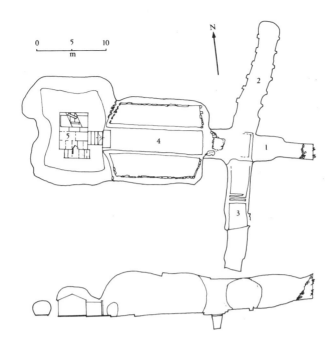

[2-2] 河北满城一号中山靖王刘胜墓平面图,西汉,公元前113年

非偶然:我们发现木构祭堂中的大部分俑都是陶制,而护卫石棺室的却是四个石俑。

刘胜的漆棺置于棺室的右侧(北侧),棺内储藏了大量玉器——不仅有著名的金缕玉衣,而且还有堵塞九窍的玉塞、若干玉璧和一件用白玉雕成的小俑(参见图2-47)。满城二号墓中窦绾棺的外壁镶有26个玉璧,内壁则嵌有一套惊人的玉衬。已故靖王夫妇的身体周围集聚如此多的玉器,表明了墓内材质的另一个变化——这次是从"石"到"玉"。

对满城汉墓的这一概览引出本章所要讨论的三组关键问题。第一,为什么此墓前部包含木构建筑而后室中是石构建筑?为什么与这些建筑相关的俑使用了不同的材料?是什么信仰将这些不同材质和墓葬不同部分的象征功能联系在一起?第二,为什么玉器被专门用于装饰尸体?它们仅是个人饰物还是服务于特殊的礼仪目的?第三,为什么陈列在中央帐座之前的是实用器物和真实马车,而微缩的明器和偶车却被放置在帐座之后与棺室相接之处?

沿循着这些问题我将考察墓葬物质性的三个方面,即(1)器物或随葬品;(2)墓俑及其媒质;(3)对死者尸体的处理。

第二章 物质性

明　器

　　汉语中的"明器"常被翻译为"spirit article"，这是研究随葬品的一个关键概念。一般而言，明器主要指专为死者设计、制造的器物和俑，都是可以移动的物件。制作这类物件的行为早在几千年前的史前时代就已经开始，但是对明器性质的哲学讨论则出现较晚。检索文献材料，我们发现在一些东周中晚期文献有意识地将明器定义为随葬品中的一个独立范畴。这些文献提到的另两类随葬器物是"生器"和"祭器"，二者都是墓主人原先拥有的器物。[2] 例如哲学家荀子（约公元前310—前237）使用"明器"和"生器"二词来表示两类随葬器物。[3] 同样的区别也见于《仪礼》中对"士"一级贵族葬礼的规定。根据这一礼经，在葬礼仪式上陈列的随葬器物包括用器、燕乐器、燕器和冠、杖、竹席之类的死者随身之物。[4] 汉代的权威注经家郑玄（127—200）进一步补充说：已故的更高级贵族不仅可以随葬明器和生器，而且可以随葬祭祀活动中使用的"祭器"。[5] 由于这类祭器本来是设置在家族宗庙之中的，具有界定社会生活中心的功能 [6]，因此《礼记》将其称为"人器"，以区别于"明器"或"鬼器"。[7]

　　但是，"鬼器"何以在形态上与实用器和祭器区别？东周的哲学家和礼学家也在寻求这个问题的答案；据说孔子给他的弟子作了以下这番讲解：

> 孔子曰："之死而致死之，不仁而不可为也；之死而致生之，不知而不可为也。是故，竹不成用，瓦不成味，木不成斫，琴瑟张而不平，竽笙备而不和，有钟磬而无簨虡。其曰明器，神明之也。"[8]

　　荀子用一句话概括了这番教诲的原则："明器貌而不用。"[9] 换言之，明器应该保持实用器的形式但是拒斥其可用性。在视觉再现的领域里，这一拒斥是通过操控器物的形状、色彩和装饰来实现的。

　　这个有关"明器"的传统界定对我们研究古代墓葬具有两层意义。首先，受到这一解释的启发，我们可以尝试把明器从墓葬中发掘的器物中辨认出来，研究它们的物质性和视觉属性，探究其风格变化和历史发展。沿循着这个方向我们可以发展出很多研究项目。例如，我们可以思考为什么古代墓葬中发现的很多陶器和青铜器具有独特的形式和制造标准？为什么大部分东周和汉墓中的漆器的色彩都与棺一样是黑红两色？为什么这类漆器中的一些——例如曾侯乙墓中出土的一个著名的高足豆——在极其繁复的外表下却只有浅而粗糙的内部？【图2-3】我们如何解释东周墓葬中出土的青铜兵器的锡含量高到使它们无法在实战中使用的程度？为什么很多唐代三彩俑的头部不挂釉和上色？【图2-4】——这一现象也可以在同时代的某些墓室壁画中见到。【图2-5】为什么宋墓中发现的一个奇异的瓷枕竟在下部塑造了一个精美的戏台？【图2-6】当我们把这些器物当作独立艺术品研究的时候，这些问题常常会被忽略。但是当我们开始思考其特殊的、与丧葬功能相关的创作意图时，这些问题就会自然地浮现出来。

　　古代关于"明器"的解释对我们研究古代墓葬的第二个启发是，应把"明器"和其他类型的随葬品放在一起进行综合分析，以探索随葬品

[2-3] 湖北随县曾侯乙墓出土漆豆，战国时期，公元前5世纪晚期

[2-4] 陕西西安王家坟村 90 号墓出土唐三彩女俑，头部未上色。公元 8 世纪早期

[2-5] 陕西乾县懿德太子墓宫女图,唐,公元706年

[2-6] 下刻"戏台"的宋代瓷枕,约公元11世纪

第二章 物质性 | 95

的内部系统。如古代文献所述，明器的独特形式和意义只是在和其他类型的随葬器物进行对比时才可被认知。尤其是《仪礼》及其注疏，一方面将"用器"专列一项，另一方面又把"明器"和"祭器"分开，所有这三类器物均可用作高级墓葬的随葬品。这类礼仪规范促使我们注意到随葬品的分类及其内部关系。以满城一号汉墓为例，以往研究的关注点常常是墓中的个别器物，特别是那些无价之宝（例如金缕玉衣或精致的博山炉等）。虽然这类研究有助于我们了解汉代的艺术成就和工艺技术，但本书所倡导的研究方法却是把墓中的器物放在一起，探讨彼此之间的关系。其理由是，如前所述，只有这样做我们才能理解这些器物不同的材料、形式、装饰、陈设和礼仪功能。

以上两方面的探讨都需要个案研究而非泛泛而论。但是短短的一章自然无法涵盖几千年来不同地区生产的大量丧葬器物，哪怕是极其微小的一部分。考虑到这种限制，本章将集中于明器的早期历史。上文简短地谈到明器的古代定义，以下的讨论将从文献转移到考古证据，考察其在实际礼仪活动中的起源和发展。

1. 陶制明器

中国最早的明器是为死者制造的特殊陶器，包括史前时代一些最精美的器皿。新石器时代晚期，在东部沿海的山东半岛，这种器物在两个相继的文化中达到了惊人的高度。从公元前4000年开始，大汶口文化的墓葬中便出现了耗费工时的陶器，展现出独特的审美品质。这类陶器总是单色的，带有极少的表面装饰，常常在下部有圈足、支柄或袋足。这种设计反映了对器物复杂轮廓的兴趣，为满足这种兴趣甚至舍弃器物的实用功能和体积感。例如兖州出土的一个高足杯带有细高的器足，器形纤长，边缘锐利。【图2-7】杯体与足部相比似乎比例失调，其浅平的内部只具有限的实用功能。人们不禁会问：用如此开敞的杯口饮酒如何能不让里面的液体洒出来？或者，这个杯子是否在盛满酒水的时候还能够站稳？

对器物厚度的减少进一步强化了精致而脆弱的印象。临沂出土的一个白色陶鬶，其形状堪称所有已知大汶口器物中之最复杂者。它有三个尖足、一个弧形把手，以及器口上方的附加部分。具有如此复杂的器形

（左）[2-7] 山东兖州大汶口文化高足陶杯，公元前4000年

（右）[2-8] 山东日照龙山文化黑陶杯，公元前3000—前2000年

和惊人的薄度，这件器物给人的印象好像是一件纸制品，而非黏土塑成的陶器。[10] 在随后的山东龙山文化中——其年代大约为公元前3000年到公元前2000年——这一特殊的陶艺传统臻于极致。杯壁或罐壁的厚度被削薄到2—3毫米的临界点，因此获得"蛋壳陶"名称。精密的计算突出了边缘线的微妙弧度，纯黑的颜色更加强了轮廓的清晰和锐利。【图2-8】

对现代中国学者吴汝祚来说，这些代表了史前中国"陶艺巅峰"的器物，实际上可以通过考古的证据断定为墓葬中的特殊礼器。【图2-9】这些证据包括：（1）这种器物仅在墓中出土，而非在居住遗址中发现。（2）它们仅在最大和最丰富的墓葬中出土，而非发现于小型甚至中型墓中。（3）在这些大型墓中，它们和日常陶器相区别，但是和其他象征社会地位和仪式性的物品放在一起。（4）由于它们独特的形状和惊人的薄度，它们不可能是日常生活中的实用品。[11] 他的结论得到其他考古学家的支持，其中于海光和文德安（Anne Underhill）根据新出的证据将新石器时代山东墓葬中出土的其他一些器形确认为早期明器。例如于海光注意到一些山东的蛋壳陶是不具有实际使用功能的微型器皿。[12] 文德安对这一地区史前墓葬的研究使她声称发现了"大量龙山遗址中为死者

[2-9] 山东新石器时代晚期龙山文化的典型陶器，公元前3000年

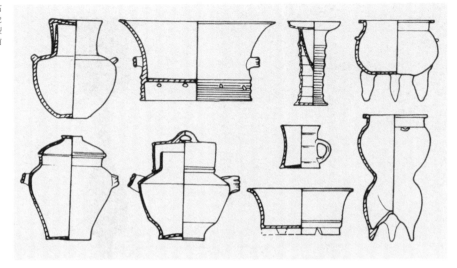

[2-10] 河北易县燕下都舞阳十六号墓出土彩绘陶明器，战国早期，公元前5世纪

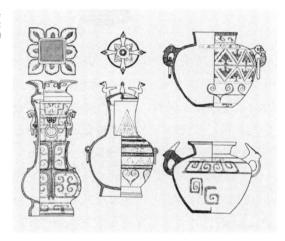

专门制造的，不同尺寸、品质和特征的器物"[13]。

文德安识别出的明器——低温烧制、制作粗糙的陶器——和那些优雅坚硬的蛋壳陶截然不同。虽然传统的看法认为前者是穷人墓中的廉价随葬品，但是真实的历史情形肯定要复杂得多：低温烧制的明器一直延续到商代和西周，从而显示出一个持续的礼仪传统。特别是在东周中晚期，最高级墓葬中也开始出现大规模的低温烧制的软陶组合。舞阳十六号墓——河北北部燕下都的十三个王室墓之一——便是如此。此墓筑于燕下都城墙之内，具有标志墓主特殊级别的高大坟丘和双斜坡墓道。[14] 然而陈列在围绕木椁四周平台上的却不是珍贵的青铜器，而是一组135件低温烧制的彩绘陶明器，包括一套编钟，用以代替一整套青铜礼乐器。[15]【图2-10】

类似的随葬明器在北京附近的昌平、河北的滦河镇发现的其他燕国墓葬内也有出土。[16] 而且，学者们也注意到大约在这个时期，即从公元前5世纪到公元前3世纪，不同级别墓葬中的大量随葬陶器基本上都属于低温烧制的软陶，与居住遗址中出土的实用陶器明显不同。区别不仅表现在质地与火候上，而且反映在视觉外观上，比如随葬陶器并不采用通行的陶器类型，而是常常模仿青铜礼器和仪式性乐器。[17] 但是如果把这些墓葬陶器仅仅看作是昂贵青铜器的替代则有误导之嫌。舞阳十六号墓中出土的那些陶明器具有复杂的形状和美观的装饰，其生产肯定需要大量的劳动力和特殊技能。在另一些情况下，陶明器和青铜明器构成了随葬品中的"平行器组"。

陶明器的生产一直持续到历史晚期。然而一个主要的变化在东周晚期和汉代发生了，这就是表现人物、动物、建筑和用具的墓葬雕塑的出现。这种新的明器类型被称为"俑"，其再现性的表现方式使之区别于器物类明器。我将在下文以单独一节讨论这种再现类明器。

2. 青铜明器

俑的兴起使我们更深刻地认识到"器"在三代视觉文化中的主导地位——这种主导性无论在一般的礼仪艺术还是在更具体的墓葬艺术中都有明确的体现。我将在第三章中谈及，并非所有出自墓中的青铜器都是专为墓葬制造的明器，其中一些是死者生前所用之物。但无论如何，明器构成了该时期，特别是从西周以来青铜礼器中的一个主要门类。[18] 制作者在设计这些器物时，面对着史前陶工们曾经面对的同样挑战：如何用明器（或称鬼器）传达"彼世界"的独特气质？和史前陶工一样，他们从视觉再现和物质形态中找到了答案。据我所知，商周青铜器从未带有"明器"二字的铭文，但是考古证据表明至少有六种方式可以显示明器的特殊之处。美国学者罗泰（Lothar von Falkenhausen）在讨论东周时期宗教思维和行为变化时，提出明器"强调了生死之间的区别和断裂"。[19] 考虑到"生器"和"祭器"都与此世界相联系，这一时期产生的青铜明器的各种制作方法所希望达到的实际上是以物质和艺术形式明确生死之别。

第一种方法是微缩。上文提到早在新石器时代，有些龙山墓葬已经随葬有微型陶器。这一传统持续到三代时期，微型的青铜明器被添加到贵族墓葬之中。此类器物在山西天马－曲村的晋侯墓地中已有发现。[20] 类似的青铜器也出现在河南三门峡虢国墓地，但是只有最大型的墓葬，包括 M2001、M2006 和 M2009，才包括这种器物。墓地中占总数一半以上的小墓则随葬相应的陶明器。[21] 考古发掘也使学者得以重构明器不断微缩化的过程。例如，冈村秀典和罗泰注意到在公元前 6 世纪到公元前 4 世纪的秦国，青铜器逐步缩小到原大小的三分之一，但仍然大致保持着原来的器形。[22]

第二种方法是改变普通青铜器的形式和结构，使之不能实际使用。例如，一些出自天马－曲村晋侯墓地的青铜明器将器盖和器身铸成一体，另一些器身上尚带有陶模。[23] 我们不应该把这些做法看成是偶然的错误，因为类似的现象在其他地方也有重复。一些战国秦墓中不仅随葬着这两类无实用功能的青铜器，甚至还随葬有无底的器物。

第三种实现明器特殊性的方法是故意降低其工艺标准，其结果类似未完成品或粗糙的模型。这种粗糙和貌似原始的器物在西周中期的墓葬中已经出现，例如一座河北公元前 10 世纪的元氏墓中出土的器物，具有铸造过程中遗留的痕迹和未加工的器表。[24] 东周墓葬中的很多器物显示了同样的特点。例如在包山二号墓所出的 59 件青铜礼器中，"多数器物是专为下葬用的明器，少数是实用器"。前者的特征包括："制造痕迹略加处理或不予处理，器表不光洁和气孔较多，器底气孔和空气洞不予补铸，器口和圈足上多残留有铸砂。"[25] 考古学家也注意到尽管一些东周早中期墓中的青铜器因其体型重大而被当作实用器，但它们似乎故意展示不完美的一面，与经过高度加工而且带有铭文的宗庙用器明显不同。[26] 有可能这些器物也是为丧葬而造。

第四，明器也可以通过省略或减少装饰，或以素面无纹的器表来显示其与其他器物的区别。有意思的是，出土这类青铜器的墓葬有时也同时出土富有装饰的器物，故而在这两组随葬品间形成一种对比关系。天马－曲村晋侯墓地的 M93 便是一例。此墓出土了两套器形相似但视觉效果迥异的青铜器，一组带有密集的纹饰，另一组则基本素面无纹。【图 2-11】我们还可以通过将这些器物和为生人制作的器物加以比较，从而辨认出随葬明器的特殊风格。例如山西上马晋国墓地与著名的侯马铸铜遗址毗邻。侯马出土的大量陶范显示了当时最先进的铸造技术和精美装饰母题的广泛应用,但上马墓地同时期的器物则似乎拒斥炫目的技术和艺术成就。它们单薄的器壁、粗糙的器表和简单的装饰,构成了对精细审美的反动——因而也成就了鬼器的"彼岸性"。

第五种体现明器性质的方法是将其与墓中的实用祭器相对应,如我们在天马-曲村 M93 中所见。这一做法最终导致在高级贵族墓葬中陪葬相互呼应的"平行器组"。包山二号墓提供了这种安排的一个例子。根据发掘报告,此墓中有两套青铜鼎,每套包括了七件形式相似的有盖鼎。[27] 其中六件构成了大小依次递减的三组,外加一件带有环耳的小鼎。两套器物在形式上非常相似,但在制作和功能上大相径庭。一套中的器物厚而重,底部有黑色的烟炱痕迹。而另一套则薄而轻,铸造简陋,而且没有使用痕迹。发掘者因此提出,这种呼应可能表现了一种特殊意图,以两种相似但又有区别的铜器来充实同一个墓葬。

最后,从西周晚期到东周早期,明器常常模仿或暗示过时的器形。前文讨论过的一些例子实际上已经反映了这一复古倾向。(参见图 2-11)例如天马-曲村 M93 出土的那八件微型铜器采用了西周早期以降基本不再

[2-11] 山西天马-曲村 93 号周墓出土两套青铜器,西周,公元前 8 世纪

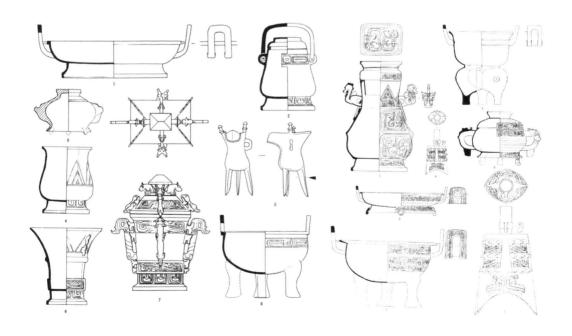

流行的七种器形，分别是鼎、簋、尊、爵、卮、盘和方彝。其他遗址，如三门峡虢国墓地和包山楚墓出土的明器也具有类似的古拙风格。[28]该倾向在"平行器组"的语境中变得尤其明显：有些墓中的这种器物组合展示出被考古学家称为"古式"和"今式"的两种艺术风格。然而我们也应该认识到，这一并置中的"古式"铜器绝非前代青铜器的忠实复制品，而是体现了对往旧形式的创造性解释，常常导致形式上的抽象。器形和装饰的简化似乎反映了一种企图，将标准的器形还原为它的"本质"。这种抽象而古拙的风格进而被明器的其他特征，诸如变形、粗糙化、微缩化和素朴化所强化。

§

很多青铜明器的特征在同时代的陶明器上也有体现。而且，尽管我在这里将这两种器物分别讨论，它们有时候也会构成高级墓葬中大型的"混合材质"器物组合。[29]例如湖北望山公元前4世纪的两座墓葬。[30]在这类并行器组中，陶器和铜器的器形并不完全重合。例如望山一号墓出土了14件陶鼎和9件青铜鼎。每一件青铜鼎都能在陶器组中找到对应，但后者还包括了不见于铜器组的平底、两侧有耳的精美鬴鼎【图2-12】。另外值得注意的是，人们似乎可以选择在墓中随葬青铜器或陶器。例如包山二号墓中陪葬了59件青铜礼器（包括青铜明器），而包山一号墓中的所有礼器都是仿铜陶器。[31]

在没有更充分文献证据的情况下，我们尚无法完全解释这些安排背后的意图和规则。但是上面对东周陶明器和铜明器的形式特征的讨论，确实显示了两种可被称为创造"死亡之视觉象征"的基本的取向和冲动。一个取向是通过切断其与世间的传统联系——包括日常可用性及其在庙祭中的宗教功能——来重新界定器物的意义。我们可以将这一倾向称为"反偶像"（uniconic），因为它通过否定、变形和取消诸种机制以实现它的目的。另一种取向将这一否定态度变换为对视觉形式和艺术风格的积极的再创造，赋予明器独立的审美价值。这第二种取向在明器设计和装饰中的"复古"倾向里找到了最好的例证。

在第三章中论及墓葬艺术的"时间性"时我将回到复古的问题。这

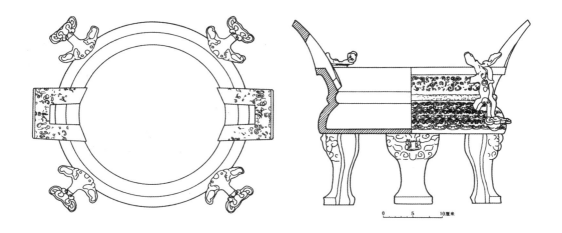

[2–12] 湖北江陵望山一号楚墓出土陶鬲鼎，战国时期，公元前4世纪

里需要提起注意的是这一倾向与明器话语中的一个新发展有关。这是东周晚期出现的把丧葬礼仪和随葬品进行"历史化"的一种尝试。《礼记》中的不少段落描述了不同朝代所使用的不同丧葬礼仪和流行的不同材质、色彩和类型的随葬品。这里是两个例子：

> 有虞氏瓦棺，夏后氏堲周，殷人棺椁，周人墙置翣。[32]

> 夏后氏殡于东阶之上……殷人殡于两楹之间……周人殡于西阶之上。[33]

这些历史记载为周代晚期的儒家礼学人士提供了实践礼仪活动的规范。[34] 兹举一例：据说在孔子去世之后，他的学生之一公孙赤为其主持葬礼，融合了三代的礼仪制度。[35] 新的考古证据表明这类记载并非完全出自杜撰。例如有的学者已经注意到舞阳十六号墓中出土的陶明器"表现了各个时期的器形，包括商、周初、西周晚期、春秋晚期和战国早期"。[36]（参见图2–10）另一个例子是位于河北平山的公元前4世纪末的中山王䁔墓。此墓所出器物属于用途和风格截然不同的三大类型：第一类包括宗庙中使用的青铜祭器，其中一些带有长篇纪念性铭文。【图2–13a】第二类是宫廷中的实用器具，包括灯、几和屏风，皆镶嵌繁复，展示了自然的或奇幻的形象。【图2–13b】属于第三类的器物——这是一些打磨光

[2-13] 河北平山中山王䰽墓出土器物：a 有铭铜鼎；b 人形金银宝石镶嵌铜灯；c 黑明器陶鼎，战国时期，公元前4世纪

洁、饰有线刻或刮纹的黑陶——传达出截然相反的肃穆感。【图2-13c】无论视觉上如何震撼，这最后一组器物事实上是低温烧制的软陶器，它们的黑色表面所唤起的是一种"幽灵般"的印象。[37] 非实用的造型进一步证明这组器物为明器。比如一件盉带有鸭喙状器嘴，无法用来倾倒水酒。一件盘的中央竖立着一个鸟形柱，明显模仿同墓中随葬的一件青铜礼器。这些陶器的高度磨光的黑色表面见证了龙山陶艺的复兴。（参见图2-8）似乎在千年之后，中国北方的陶工重新发现了龙山的明器传统并在东周墓葬艺术中予以复兴。

中山王墓中如此清晰地陪葬了这三类截然不同的器物，似乎直接受到当时新兴的丧礼制度的指导，即高级贵族墓葬不仅应该随葬"明器"和死者生前拥有的"生器"，而且应该随葬家族宗庙中的"祭器"。[38] 特别值得引起重视的是，这三组器物以不同的"时代风格"为特征：黑色明器复兴了龙山陶器的特征，祭器和奢侈品则从西周的宗庙彝器和异域器物中获得灵感。[39] 而且，当考古学家打开王䚷墓的时候，他们惊讶地发现墓葬内部具有复杂的色彩模式：墓壁被刷成白色，青铜器的表面覆以红颜料，而陶明器具有磨光的黑色表面。《礼记》中的一条记载提供了这一模式可能的出处："夏后氏尚黑……殷人尚白……周人尚赤。"[40]

墓俑及再现媒材

"俑"的基本定义是专为死者制作的再现类丧葬用品，特别是陶土或木质的人形雕塑。[41] 文献和考古证据都表明这类雕塑出现于东周中期。孔子在公元前6世纪时谈到俑时，把它当作一种新近的现象，并批评了他所说的"始作俑者"。[42] 他谴责俑的原因是由于它们模仿了人的形象，故而暗示了人殉。对艺术史研究者而言，这一批判因其与视觉问题直接有关而格外有意义：孔子所反对的并不是制作陪葬器物，而是制造人形的陪葬器物，他因此建议用非具象的"刍灵"来代替俑。[43] 尽管孔子的学说对中国古代的思想和伦理有着深刻影响，他有关俑的这一教导却基本上被大部分中国人所忽略。其结果是一个宏大的雕塑传统在以后的两千年内大为盛行，成就了无数人物和动物形象以及车辆和建筑的模型。

但是俑并不是一个封闭性的艺术传统：它的出现代替了人殉，它的发展进而启发了墓内壁画的出现。丰富的考古证据证实了孔子的最初说法：俑在开始的时候确实是为了代替活人殉葬而发明的。[44] 例如，在与孔子大约同时代的一座春秋晚期墓葬中，沿着东壁和南壁出土了三具人殉，而在西壁和北壁附近出土了四个俑。这七个"人"因此一起环绕和护卫着中央的墓主。[45] 一份从战国墓葬中发现的手写"遣册"——即记载陪葬物品的清单——把随葬的俑称为墓主人的"亡僮"。[46] 一座西汉早期墓中进而出土了一份手写的文书，其中提到墓主人是名叫燕的一个寡妇，当她向地下官员汇报时身边有两个男奴和一个女婢相伴。并非巧合的是，两个木俑被置于棺首之侧。[47]

后起的"志怪"文学反映了同样的观念：在一篇唐代传奇中，一位名叫独孤穆的青年在前往南方旅途中爱上了一个美丽的女鬼。应她的要求为她举行了一个隆重的再葬礼仪，将她的遗骸重新埋葬在位于洛阳的老家附近。当他们那天晚上重新相会的时候,他看到其情人的"车舆导从悉光赫于当时"。她指着车队感谢他说:"皆君之赐也",因此点明这都是随葬的俑所化。[48]在中古时期作家李昉编的类书《太平广记》(成书于978年)中,有两整卷包括了与此相似的有关俑的奇幻和转化的故事。[49]收在"精怪"类下,这些故事中的许多讲述了墓俑如何变成活物,或勾引年轻男子,或背叛其地下主人。其中最离奇的故事出自两个名叫"轻红"和"轻素"的俑之口。它们自称是由一个名叫孝忠的工匠所造,被埋葬在不幸夭亡的著名贵族诗人谢朓(464—499)的墓中。当谢朓与乐夫人在黄泉之下缔结连理,它们又成为这位新妇的私人奴婢。二俑对其经历的叙述以如下报道而告终:

> 时素圹中,方持汤与乐夫人濯足,闻外有持兵称敕声。夫人畏惧,跣足化为白蝼。少顷,二贼执炬至,尽掠财物。谢郎持舒瑟瑟环,亦为贼敲颐脱之。贼人照见轻红等曰:"二明器不恶,可与小儿为戏具。"遂持出,时天平二年也。自尔流落数家。[50]

这个故事可能受到一种我在下文将谈到的木偶形俑的启发。(参见图 2-31、2-32)这类俑最早发明于东周,以其对活人之姿态和动作的模拟能力而不断激发着后人的想象。

至少从西汉早期开始,绘画形象进入了墓葬艺术并开始"取代"雕刻的墓俑。这一变换的确凿证据来自公元前168年的马王堆三号墓。据墓内出土遣册,676个"男子明童"和180个"女子明童"将在地下世界服侍墓主人。但是墓中发现的木俑只有104个,其余的侍从很可能是由挂在棺室两壁的帛画所表现。[51]【图 2-14】

与雕刻的俑相比,绘画具有以大型构图描绘人的行动、叙事序列以及山水场景的优势。正如前章所述,一旦室墓在公元前1世纪以后开始流行,这一新的墓葬建筑形式强烈地激发了墓室壁画和浮雕的创作,艺术再现的题材扩展到历史故事、天象和仙境。然而绘画形式的出现和发展并未导致俑的衰落,而是为墓葬带来了不同艺术形式的互动。从公元前1世纪开始,绘画、雕塑以及实用器、明器和供品,相辅相成地充实了墓葬空间。它们的互动和转换构成了墓葬艺术的一个中心课题。这类

[2-14] 长沙马王堆三号汉墓出土帛画局部，西汉，公元前2世纪早期

互动和互换将贯穿下文中的讨论。本节的主要着眼点是俑在墓葬语境中的象征性和再现性，包括其作为人殉替代品的性质，其复杂的"场景"，其"框定"墓内特殊空间的功能，还有其微缩的形式和自然主义的艺术风格。

1. 角色（role）

"角色"在戏剧中既指剧中具体人物也指所扮的类型。在视觉艺术中，这个词除了关系到图像的叙事和象征语境之外，也关系到具象图像的功能和再现。一般说来，角色可以是一个单独的人物或一种类型化的社会范畴。但古代中国的俑很少或从来不曾再现有名有姓的个体；它们的目的是表现和死后世界息息相关的一般性"角色"。不同墓俑的道具，包括衣服、家具、工具以及其他随身之物，强化了这种象征功能。这些

[2-15] 河南信阳长台关一号楚墓平面图，战国时期，公元前4世纪

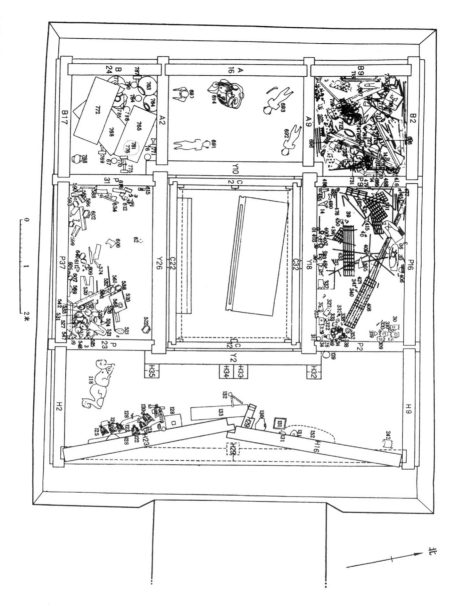

道具或为真实的器物或为特制的明器，辅助墓俑履行其被赋予的角色。

河南信阳长台关一号墓是一座东周时期的重要墓葬，为研究俑的这种性能提供了若干佳例。[52] 这座墓的长方形墓室宛如一个内部被分割成七个箱室的矩形木箱。【图2-15】中室内置双层套棺。围绕着中室的六个边箱中每个均包含有木俑。这些俑所表现的特殊角色通过其造型和随

[2-16] 陕西咸阳钢厂二号墓出土秦国彩绘骑马俑，战国晚期，公元前3世纪

同器物得到展示。横向的前室里随葬青铜器、乐器以及"侍从"俑，表现了举行正式礼仪活动的厅堂。棺室左侧的箱室安置车队，右侧箱室安置庖厨。左室中两个驭手俑应与两辆驾相关，厨房中则放置了两个庖厨俑，并配有炊具和真实的食物。位于"车室"之后的最左侧的箱室表现的是一个书房，其中随葬有一张床榻、一个文具盒以及若干竹简。两个制作精致的俑出自此室，可能表现了书吏。与之相对、位于右侧庖厨之后的则是一个储藏室，其中一个侍俑看护着瓶瓶罐罐。[53]

我们在这个墓中发现的，因此是围绕着各种家居角色所构造的一系列空间；而这些角色包括厨子、仆人、侍从、驭手和书吏。对这些角色的选择展现出为墓主人建造的一个具体而微的死后世界。但是由于不同地区、不同性别以及不同职业和社会阶层的人对死后世界具有不同想象，不同墓中的俑因此可能模拟不同的角色。有意思的是，长台关一号墓的俑群中不见乐舞俑，但是这种俑却是某些同时代墓葬中唯一的墓俑类型。[54] 陕西咸阳的一座战国秦墓（28057号墓）出土的两个已知的最早的骑马俑【图2-16】，体现了另一种俑型的开端。[55] 这种角色在后来的很多大型墓葬中——包括秦始皇的骊山陵园——变得极为重要。（参见图I-4）

秦始皇肯定对自己墓葬中的俑作出了明确的选择。目前在骊山陵园内发现的真人大小或近似真人的陶俑只是体现了有限的角色，包括军事人员、文官、宫廷乐师、杂技演员，还有皇家马厩和宠物的看护者。但如我在下文中将详细描述的，他最关切的墓俑角色是第二种类型中的成千上万的军官和士兵。他的榜样为汉初的"地下军阵"所追随，尽管这些军阵的规模已经大大缩小。[56] 其中一例发现于西安咸阳杨家湾两座大型墓葬的旁边，墓主被推断为历史上著名的汉初将领周勃、周亚夫父子。[57] 他们的官职可以解释其随葬墓俑的特殊军事内涵。

然而，西汉初年绝大部分墓俑所模拟的并非将军和士兵，而是各种家居角色，诸如侍者、仆人、护卫和艺伎。受到汉代王室先例的刺激，这些角色很快主导了全国各地的俑的生产。在南方，建于公元前168年之前的马王堆一号汉墓随葬了131个俑，其中126个表现了家居角色。[58] 在东方，徐州附近的北洞山大型崖墓由一条55米长的甬道和19个墓室构成。422个彩绘陶俑被置于墓内的不同部位，其中护卫俑驻守在甬道两侧的浅龛中，男女侍从俑侍奉于各个墓室中，乐舞俑则在一个被发掘者称作"乐舞厅"的房间里表演他们的技艺。[59] 汉代对家居角色的浓厚兴趣塑造出一些极其出色的艺术形象，它们堪称新时代的文化标志，其中一类舞女俑发现于北洞山和其他地方，表现了正在翩翩起舞的优美舞者。[60]【图2-17】她贴身的衣袍和款款长袖突出了其优雅的轮廓。她略屈上身，将右衣袖从一侧的肩膀甩到背后，同时娴雅地舒展左袖。正是这类"室内"角色，而非杨家湾的微缩兵马俑，最出色地体现了汉代俑的艺术成就。

以微缩形式再现乐舞表演的传统在历史中持续了很长时

[2–17] 西汉女舞俑，公元前2世纪早期

间,并产生出很多优雅的形象。与此同时,其他类型的俑被持续发明,构成一个新的墓俑系统。我们在 5 世纪末到 6 世纪初的北魏晚期大型墓葬中看到这一系统的早期迹象:俑的数量和子类型持续增加,同时一个"三合一"的分类组合暗示着一种更紧凑的墓俑系统。其中的三个基本因素是:(1)人形和怪兽形的镇墓俑;(2)礼仪行列,包括官员、士兵以及徒步和骑马的仪仗卫队;(3)家居形象,包括男女侍俑、徒役俑、乐舞俑、家畜俑和建筑模型。这些北朝墓俑多为模制,然后上彩或上釉,给人留下的突出印象并不是个性化的表现,而是其巨大的集合数量及丰富的类型。例如,东魏一位年轻公主的地下居所中随葬了 1064 个俑,而河北湾漳的一座北齐王室墓随葬了 1800 多个俑,发掘者将后一俑群划分为以下若干类型(括号中的数字表示每种类型的俑的数量):[61]

1. 镇墓俑
    - (1) 武士 [4]
    - (2) 镇墓兽 [4]
2. 礼仪俑
    - (1) 士兵 [914]
        - (a) 步兵 [785]
        - (b) 骑兵 [129]
    - (2) 仪仗俑 [649]
        - (a) 仪仗立俑 [615]
        - (b) 仪仗骑马俑 [34]
    - (3) 礼仪乐俑 [134]
        - (a) 立乐俑 [95]
        - (b) 骑马乐俑 [39]
3. 家居形象
    - (1) 侍从 [78]
    - (2) 仆人 [10]
    - (3) 舞俑 [16]
    - (4) 巫师 [1]
    - (5) 建筑模型 [21]
    - (6) 乐器 [54]
    - (7) 家畜 [55]

唐俑基本上仍然保持了这种三分法——尽管家居俑逐步超过了仪仗俑,而新出现的"神煞"俑也呈现出扩散蔓延之势。[62] 这一时期盛行

[2-18] 陕西西安鲜于庭诲墓出土唐三彩骆驼载胡人乐师俑。公元723年

的胡人俑是文化史学家津津乐道的一个特殊范畴。这些形象——包括非洲裔的牵马俑、穿着肥大突厥裤的仆人，以及马背和骆驼背上的粟特商人和音乐家——在7世纪中期以后频频出现于首都西安附近的贵族墓葬之中。【图2-18】这些生动有趣的形象无论是在造型上还是在色彩上都极为出众，其与众不同的相貌和服装必定给葬礼中的都市观众留下了深刻的印象。这一新角色的发明反映了当时的现实：7世纪后正是中国在中亚的军事威望和政治控制臻于极致的时期，长安也享受着国际贸易和文化交流带来的前所未有的奢侈和繁华。以外来因素丰富历史悠久的本土艺术传统，唐俑无论在类型的丰富上还是风格的敏感上都代表了这一艺术形式的顶峰。唐代灭亡之后，墓俑中新增加的唯一重要角色是在宋金墓中发现的微型戏班。【图2-19，并参见图1-65】这些演员的形象与墓主夫妇肖像遥相呼应，构成新的墓葬内部空间并标志着墓葬装饰中的一个"家居转向"。[63]

[2-19] 山西侯马董明墓杂剧砖雕，金，公元1210年

2. 场景（tableaux）

"场景"的含义是成组的墓俑和道具，被置入一个和谐的空间结构并受统一的比例支配。根据这个定义，尽管长台关一号墓中的俑和器物在每个箱室中形成组合，但它们却并不构成"场景"，因为这种组合缺乏和谐视觉展示所必需的统一比例。（参见图2-15）在长台关墓中，大约三分之一真人大小的俑和来自日常生活的原大器物被放在一起。而且这些器物中的一部分只是暗喻着其来源，如用马车的零件来代表整辆车；而"书房"中的床榻为利于下葬而被拆散放置。

"场景"的构成因此必然通过两个基本策略，一个是把道具的比例缩小到微型俑的大小，另一个是将墓俑放大到真人的比例。第一种策略的早期代表是东周时期的北方陶俑，最后成为中国墓葬艺术中的主导模式。第二种策略仅有一个例子：在整个中国艺术史中，只有秦始皇定制了真人大小的俑，以构成一个巨大的地下场景。

与南方发现的木俑不同，东周时期的北方墓俑大多是手工制作的陶俑，有时绘以鲜明的红色、黄色和褐色，有时则全为黑色。这类俑体型大都极小，比如山东临淄郎家庄一号墓中出土的俑只有10厘米高，类似大小的俑在山西的分水岭、河南的辉县和洛阳、陕西的凤翔和山东的其他几处也有发现。[64] 这些微型俑的脸部和身体常常做工简单率意，使之不同凡响的是它们所构成的大型阵容。一个重要的俑群于1990年出土于山东章丘的一座大型墓葬中，包括26个人物俑、5件乐器和8只鸟，共同构成了一个大型乐舞演出的组合。【图2-20】在人物俑中，10个是女舞俑，他们不同的服饰和姿态进而表明了更细致的分类。两个乐俑是鼓手，其他三个则在演奏钟磬和弹琴。另外有10个人拱手而立，这一姿势使得发掘者推断其身份为乐舞演出时的观众。

秦始皇兵马俑与其微型的前身形成了鲜明对比，从两个意义上表明了对"巨大"的追求。[65] 第一种意义是比较性的：每个秦兵马俑比东周的陶俑都要大出很多倍。【图2-21】第二种意义则是环境式的：兵马俑的观者发现自己被军阵所包围和吞没。(参见图I-4) 作为体积庞大的一个场景，始皇陵中的军阵包括了安置在四个地下空间中的俑组，每一组自身构成了一个独立的场景。学者们对这些俑组的身份有着不同意见，一种主导性的看法是这四个俑坑一起构成了在秦始皇直接指挥下的御林

[2-20] 山东章丘女郎山出土微型乐舞、观众俑，战国时期，公元前4世纪

军。根据这种看法，一号、二号俑坑以及未完成的四号俑坑代表了卫队的左、右、中三军，稍小但位于中央的三号俑坑则是全军的指挥部。【图2-22】[66] 从这些俑坑中共出土了8000余名真人大小的男性人物和战马塑像，堪称为人类历史上最庞大的雕塑舞台场景。

一号俑坑东西长210米，南北宽62米，是四个俑坑中最大的一个。[67] 这个巨大长方形的四周环绕着连贯的回廊，内部进而包含九条东西向的走廊，中间置有由6000名士兵和160匹战马组成的一个兵马俑军团。这个以步兵为主的军团与二号坑中的战车和骑兵军团形成互补。[68] 二号俑坑位于一号坑北侧20米，大致呈L形。其中的939个兵俑和472个马俑构成四个方阵，分别是东侧的跪射俑组，南半部的战车组，中部的战车和步兵俑组和北半部的骑兵俑组。

因为四号坑从未完成，其作为秦帝国禁卫军中央分队的性质仍然是一个假设。但是四个坑中最小的三号坑则十分清楚地复制了一个军事指挥所，其中驻扎着全军的司令员及其随从。[69] 他的战车被四匹陶马牵引，控制着这个呈不规则形状的地下俑坑的中心。【图2-23】华盖下的车身原本绘有丰富的漆画纹样，围绕以体格高大的将士，这些将士又进而被68名军官所拱卫。但是总指挥本人却并不在场——他在马车上的位置是一个空位。有些学者提出这位总指挥可能被埋在距俑坑西15米的一个中型墓中。但是另一个更大的可能性却是：这个缺席的总指挥就是秦始皇本人。"缺席"所含的观念是皇帝肖像的不可绘制性；他死后的存在只能用间接的"暗喻"方式来暗示。这个假设把我们引向俑的第三个功能，即"框定"墓中的特殊空间和象征死者的主位。

3. 框定（framing）

"静止"和"运动"是两种基本的"框定"方式，代表了死后灵魂

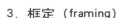

[2-21] 秦始皇兵俑与东周陶俑形体尺寸对比

[2-22] 陕西临潼秦始皇兵马俑坑平面图

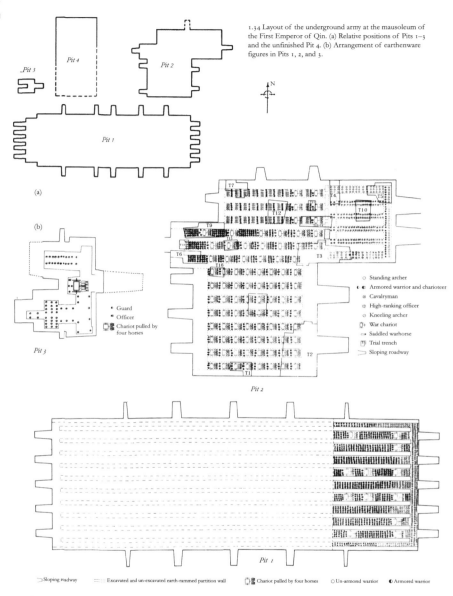

1.34 Layout of the underground army at the mausoleum of the First Emperor of Qin. (a) Relative positions of Pits 1–3 and the unfinished Pit 4. (b) Arrangement of earthenware figures in Pits 1, 2, and 3.

的两种不同存在状态。"静止"意味着构造灵魂在墓中的静态位置,在典型情况下以空座、空榻、画像或棺等道具为辅助。"运动"则意味着为灵魂制造一个移动的位置,在典型情况下以空车或鞍马为辅助。我将在第三章中用一整节来讨论"运动"这个问题,因为该章的主题是墓葬

[2-23] 陕西临潼秦始皇三号兵马俑坑，公元前3世纪早期

艺术中的时间性。本节所要讨论的是从"灵座"发展而来的几种早期的静止型的框定方式。

我已经用马王堆一号汉墓为例说明了灵座在汉墓中的设置：在这座墓的头箱中设置有一个空座，前面和四周是酒食和私人用品，对面的墓俑正在服侍和娱乐无形的死者灵魂。（参见图 1-47 ~ 1-49）类似的空间构成也见于很多其他的汉墓之中。但是当夫妇合葬变得流行以后，墓俑被赋予了构造"性别空间"的作用。这一现象在汉代以后的大型墓葬中尤其明显。郑如珀（Bonnie Cheng）对5、6世纪中国北方的几个重要墓葬进行了研究，为墓葬艺术的这一发展提供了新鲜的见解。[70] 通过

第二章 物质性 | **117**

仔细分析这些墓中出土的俑，她提出其设置的两条组织原则："组群"（clusters）着眼于几种特殊的陶俑类型在墓中不同部分的重复组合，而"陈列"（display）则是在一个空间内融合了多样的类型。"组群"常常表现诸如娱乐、宴饮等家居活动，因此与"静止"的概念联系。"陈列"则常常表示动态的、过渡性空间内的礼仪过程，因此与"运动"的概念相联系。她进一步探索了这两条原则如何起到在一个墓中协助构造多重礼仪空间的作用。例如在李希宗及其妻子崔氏的合葬墓中，一大组包括各种仪仗护卫的俑被布置在西侧，构成墓室空间的"男性"部分，簇拥着死去的丈夫。【图2–24】而布置在东部"女性"一侧的俑，不仅在数量上要少得多，而且也缺乏表明政治地位的特殊象征。[71] 这种对应的男性和女性空间，在10世纪王处直墓中以图像的形式表现。[72] 如前所述，在该墓的两个侧室中，两组男女用物，包括屏风、帽子、镜子和形状互补的盒子，象征了已故的丈夫和妻子。（参见图1–61）

与框定功能有关的是，唐宋时期出现了一个墓俑的等级系统，即根据死者级别规定随葬墓俑的数量、类型和空间布局。若干唐宋文献都记载了这类规定，[73] 但是对其最详细的描述保存在12世纪的风水术士张景文所撰的《大汉原陵秘葬经》中。[74]【图2–25】是该书"明器神象"一节中的四幅示意图，描绘了为从皇帝到庶民不同社会等级的人所设计的墓室。如图所示，墓俑在每一设计中的数量和类型都有所不同。例如皇帝的墓葬包括173种人形俑，代表了36种官职和5种等级的王室嫔妃。[75]【图2–25a】这些类型从未出现在庶民的墓葬设计中，后者包含的只是家畜

[2–24] 河北磁县李希宗夫妇合葬墓陶俑类型分布图，东魏，公元6世纪中期

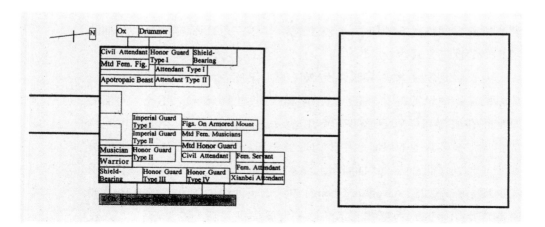

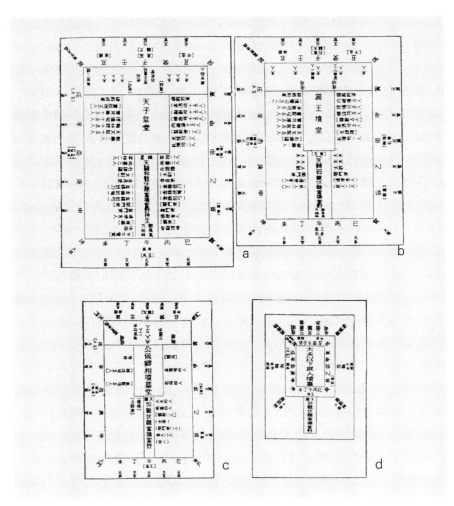

[2–25]《大汉原陵秘葬经》四种等级墓葬示意图

俑和镇墓俑。【图 2–25d】

这些示意图对每种俑的陈设地点都有精确的指示，说明了对"位置意义"（positional significance）的高度重视。实际上，作为半抽象的图示，这些图所显示的是还原为二维平面的标准空间结构。不同俑的类型为这个结构提供了模拟的和象征的含义。例如在皇家墓葬中，皇帝的梓宫被置于正中，棺后放置的是属于各种级别的宫廷女俑，从皇后一直到嫔妃和"待诏"。辅佐在梓宫两侧的俑是宫中各个"内府"的首领，而沿中轴线陈设的俑则代表文武百官，以此将棺前的空间定义为朝廷的象征性再现。意味深长的是，尽管庶人的墓葬缺乏这种宫廷形象，但寥寥几种俑的设置仍然见证了设计者构造死者象征空间时所采取的类似的"框定"策略。

4．微型化（miniaturalization）

"微型化"无疑是中国墓俑的基本特征之一。所有的东周俑都体量有限，北方的"场景"式陶乐舞俑尤其表明了制造者用微缩形式来再现复杂人类活动的兴趣。(参见图 2-20) 诚然，骊山陵园的地下军团代表了秦始皇对巨大的嗜好，但是汉初统治者立即摒弃了这种纪念碑性的追求，转而推崇一种更为适中的视觉展示。例如，尽管汉景帝（公元前156—前141年在位）的阳陵是汉初最大的陵园之一，其中的俑却大约只有秦俑的三分之一高。那些出自非皇室墓葬的俑则更小，大约只有秦俑的九分之一高。尽管这些汉俑仍比先秦的北方陶俑要大，它们可被视为"微型"的理由不仅来自与自然原型的比较，而且因为它们反映了有意识地将俑的比例加以急剧缩小。我们知道这是一个有意识的决定，是因为阳陵俑的制作上距秦俑的时间并不久远。秦代创作成千上万真人大小的塑像的壮举，一定仍然存在于咸阳—长安地区人们的记忆之中。

为什么汉代皇帝不追随秦始皇的榜样，用真人大小的雕塑来随葬呢？一些学者用汉初皇帝趋于简朴以及其他经济理由来解释这一决定，但是这很难解释为什么没有任何一个汉代皇帝采取秦代的做法，甚至在开国日久、积累了大量财富之后也从未使用与真人等大的墓俑。实际上，我们从阳陵的发掘意识到，这个陵园的设计在理念上可说是与骊山陵园一样雄心勃勃。各种各样的俑和随葬品被埋藏在环绕皇帝墓室周围的86个陪葬坑中，长度从4米到100米不等。[76] 这些坑紧密相邻，其规律性的朝向和平行的设置表明它们是作为一个完整的单元设计的，而且它们的内涵也确实反映了汉代皇室生活的各个方面。例如17号坑的南部填满了谷物，可以被确认为是一个地下粮仓。北部有70名陶兵俑跟随于两辆马车之后，可能是在保卫这一重要的粮源。近方形的21号坑中放置的是各种家畜俑，包括牛、狗、羊、猪和鸡等等，这些俑均被仔细地塑造和上彩，以期获得逼真的效果。坑中亦有灶台和炊具，旁有仆人照看。【图 2-26】该坑的第三个组成部分是装备着长短兵器的护卫俑，驻守在这座地下建筑的四角。

我们需要认识到，这些俑及其构成的场景并非仅仅是秦俑的缩小和精简版本，因为汉代的这种场景的基本目的在于为死者塑造一个微型世界。这一解释最强有力的证据，是此墓中的一切——不仅是人物和家畜，而且包括家居、马车、兵器、灶、罐、量器等等——均为实物的缩小版。我们惊叹于这种努力，也疑惑为什么阳陵的设计者如此费力地根据一种统一的微缩比例来制作这些微型模拟品。有的理论家正确地提出：微型再现的创作方法最自觉地制造出虚构世界中的内在空间和时间。[77] 秦始皇陵中与真人等大的陶俑形象使艺术和生活重合，而汉景帝的微型隐喻世界却扭曲了日常生活中的时空关系。其结果是，阳陵和其他汉墓中的微型人物和器物不仅"取代"了真实的人间，而且构造了一个不受人间法则束缚的世界，从而得以延续生命直至永恒。

虽然这一微型化的传统贯穿于墓俑的整个晚期历史，在不同时期它也根据人们的特殊需要而被加以修正或重新规范。例如当俑的"三分"系统在北朝和唐代被发展出来的时候，各种俑的类型不仅在图像上而且也在大小上被加以区分。在前文介绍过的北齐湾漳大墓中，第二和第三组中的所有标本——包括1800个礼仪俑和家居俑——都有统一的尺寸，

[2-26] 西安阳陵21号随葬坑，西汉，公元前2世纪

立俑的高度大约为 30 厘米或略矮。第一组中的镇墓俑则根据一种不同的比例而制：其中成对的武士和镇墓兽均接近 50 厘米高。令人吃惊的是，墓中最大的俑竟然是两名文官。尽管发掘者把它们归入礼仪行列的"文官"之中，它们实际上比别的礼仪俑要大出好几倍：高达 142 厘米以上，它们立在其他俑之间有如两个巨人鹤立鸡群，而且二俑的造型和色彩也反映了更高的雕塑技术和审美标准。【图 2-27】检视发掘报告，我们发现这两个俑本来的位置是在墓室内的墓门两侧。换言之，它们并不属于众多微缩俑所构成的礼仪场景，它们独特的高度取决于与墓室建筑的相互关系。

墓俑体量上的参差不齐在早期唐墓中变得更为突出，同一类型的俑也常被做成不同的大小。两个互相联系的因素可能刺激了这一倾向。第一个因素是不同的俑在死者身后世界中的重要性；第二个因素是俑在墓中的不同位置。这两个因素在长安东郊的一座初唐墓中都有所体现。

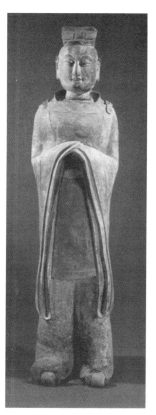

[2-27] 河北磁县湾漳墓文官吏俑，北齐，公元 560 年

根据出土墓志，可知墓主人为金乡县主夫妇。[78] 这个墓中所出的俑因其优雅的雕塑风格和传神的外形一直为人称道。但实际上这些俑在体量上差异很大，似乎属于不同的系列。雕塑家继承了北朝的传统，除了制作大型的面目狰狞的镇墓俑外，也制作了高大的成对文武官吏。然而一个新的现象是，这里礼仪俑和家居俑不再遵循单一的比例。例如 38 个"女立俑"具有三种不同体量，从 16—18 厘米到大约 50 厘米不等。类似的参差也是其他类型俑的特征，因此不可能是粗心大意的结果。考虑到死者的高贵地位和这些俑异乎寻常的艺术水平，这种差异应该是特殊设计的结果。仔细查阅发掘报告，我们发现大部分中小型女立俑都随葬于墓道两侧的小龛中，而所有的大型俑都立于墓室之内，靠近县主的棺椁。[79]

根据唐代官方规定，表现神灵的俑不能超过一尺（约 30 厘米）高，而仪仗俑、乐俑和侍从俑不得超过七寸（约 20 厘米）高。[80] 但是金乡县主和很多其他唐代贵族墓中出土的实物，证明这些规定在实际生活中即使不是被完全忽视，也是被严重地僭越了。也可能是为了抗拒这种僭越,礼学家在其有关丧葬礼仪的著作中不遗余力地推进"正确"的行为。这一动向在宋代臻于极致:一些儒家的领袖人物编纂了详细的礼仪手册,规定了俑的做法和用法。如朱熹在他影响极大的《家礼》中写道:"刻木为车马、仆从、仕女,各执奉养之物,象平生而小。"[81] 类似的陈述也见于司马光的《书仪》。[82] 这些教导在儒家理学成为官方教义的明清时期,更成了丧葬活动的基本指南。

5. 逼真(verisimilitude)

与其他任何传统艺术种类相比,俑与"逼真"的观念有着更强的联系。如前所述,孔子批评俑的理由在于其模仿性——这些人形雕塑作品使他想起人殉。但是俑在随后中国历史上的流行却恰恰也是源于同样的假定。就是说,这些人造的形象在人们的心目中应该能够取代真人——包括士兵、仆从和伎乐——以保护和陪伴地下的死者。然而"逼真"不仅要求形式上的类似,更需要想象力的支持。因此,俑的历史一方面确实体现了对自然主义风格的不断追求,但另一方面也并不要求以解剖学的精确来实现墓俑的象征角色。通常人们的想象力将单独设计或批量生产的墓俑"激活",使之成为活人的替身。在某些情形下,这种想象力激发作家创造出精彩的志怪小说,明初的《牡丹灯记》就是这样一个例子。这篇小说描写在一个灯会期间,某位乔公子遇到了一个年轻女子,由一个名叫金莲、手持一盏双头牡丹灯的丫鬟陪伴。醉心于这位女子的惊人美貌,乔公子邀她回家并与之发生情事。他的邻居怀疑这个女子的真实身份,怂恿乔公子前往她家寻访。他所寻到的是一座庙宇中的幽室,中间存放着一口棺材。"柩前悬一双头牡丹灯,灯下立一明器婢子,背上有二字,曰:'金莲。'"[83]

即使在俑刚刚产生的东周时期,它们的形式和制作方法已经表明了两种基本的模拟再现方式。第一种模式可以被称为"雕塑性的":艺术家的注意力集中在人物的外表,将对象的体型特征和服饰、武器、工具等塑造为三维立体形式,以表现出人物的性别、身份和社会角色。第二种模式可称为"偶人式的",属于这种类型的俑带有能够活动的四肢和可以穿脱的服装。对于这第二种俑,设计者的兴趣不仅在于人像的外部特征,而且也在于被衣服隐藏的身体和活动的潜能。第一种模式的最佳例子无疑是秦始皇骊山陵园中的兵马俑。对第二种俑的描述见于《礼记》："俑，偶人也。有面目机发，有似于生人。"[84] 这类作品的实例也出土于东周和西汉的墓中。

学者对骊山兵马俑的制作程序已有不少研究。总的来说，每件真人大小的雕像都由头、手和躯干三部分组装而成。躯干是手工制作的，而其他两个部分则是模制。【图2-28】但无论是手制还是模制，每一部分的粗坯都被覆以一层细腻的灰泥，然后在上面精雕出头发、胡须、眼睛、嘴巴和下巴、肌肉和筋腱、领口、衣褶和带扣、绑腿和铠甲。【图2-29】惊人的工夫花费在表现不同发型、甲胄薄片、线绳以及鞋底上数以百计的针眼之上。但是艺术表现的核心仍在于确认每个军士的身份和等级。因此，尽管每一形象投射出某种个性化的印象——尽管通过组装不同的身体部件并用手工完成面部特征，雕塑家得以赋予每个俑以独特的形象——但每种俑的基本功能仍然是再现一个固定的角色。其结果是：这些陶土战士一方面可以根据其服饰和装备被归入若干军事类型，但另一方面它们面部的微妙变化也在拒斥着僵化的分类。这些形象因此既非写实的个体肖像也非理想的类型，它们在再现世界的同时对世界进行分析和归纳。[85]

但最能反映秦代造型艺术成就的还不是这些地下兵俑，而是1999年在骊山陵园围墙内发现的一组真人大小的"杂技俑"。这些惊人写实的人像向一个传统观念作出有力的挑战：中国传统艺术并非像以前所说的那样回避对人体的写实描绘。以五号俑为例，它再现了一个强壮的男子，171厘米高，身穿短裙，赤足屹立。【图2-30】这一形象反映出雕塑家对解剖知识的精通及其表现人体的非凡技艺：他省略了冗余的细节，不仅描绘了比例准确的男性身躯，而且赋予其内在的力量。和大型阵容中整齐划一的兵俑不同，这些杂技俑各自为政，展示出相当不同的体型和姿势。所有这些特征确定了它们作

[2-28] 陕西临潼骊山秦始皇兵俑，公元前3世纪早期

| 黄泉下的美术

为个体人物而非类型再现的意义。

在东周时期,偶人型墓俑的范例主要出自南方的楚地。例如包山二号墓中出土的两个大型俑有着用细木制作的手臂。它们的耳、手和脚都是分别制成后再组装在一起,形成一个复杂的形状。【图 2-31】头和脸的造型微妙,绘画精良,还用真的毛发制作胡须和辫子。这些微型人像本来还穿着特制的丝袍,应该就是古代文献中所说的"桐人衣纨绨"[86]。这种俑在汉初变得越发精致。[87] 应当特别强调的是,由于这种穿衣俑是一种层累的构造,它们与彩画的泥塑俑在再现的本质和机制上大不一样。尽管它们的身体最终被覆盖,身体的先决性存在仍是其造型的本质因素。同时,此类俑的历史发展也确实体现了对隐蔽身体越来越多的重视。包山俑的身体仍然不过是个粗糙的木骨架,但是马王堆一号墓出土的一些穿衣俑则开始具有造型清晰的肩膀和宽臀的躯干。这一发展最后导致了公元前 2 世纪中期左右的一个关键变化,即大量"裸体"俑的生产。[88]【图 2-32】

[2-29] 陕西临潼骊山秦始皇兵俑面部

在这些裸体男女俑上,面部和身体之间在艺术处理上的差别消失了,整个俑具有统一和谐的造型。这在俑的发展史上可以说是独一无二的现象。艺术家没有模仿人物穿衣后的外形,而是从衣着之下的身体开始再造一个自然的人像。[89] 每个形象都经过仔细的制模和塑造,以表现男性胸部隆起的肌肉、微妙凸起的锁骨、浑圆的臀部以及常常被隐蔽的其他身体特征,诸如肚脐和性器官等等。身体的整个表面经过抛光,并覆以一层橙色的颜料来模仿肌肤的颜色。纺织品的痕迹残留在某些人像的表面,证明它们本来穿着衣服。

这些裸体俑向我们提出了一个有趣的问题:既然它们的身体注定要被覆盖,为何工匠们要如此煞费苦心地加以雕画?答案只可能是:对艺术家和赞助人而言,这些俑的身体和它们着装后的外形是同等重要的再现对象。身体的制作在先,衣服的穿着在后,因为这是真实生活中的情况。这些俑的制作因此体现了一种特殊的自然主义观念,这种自然主义

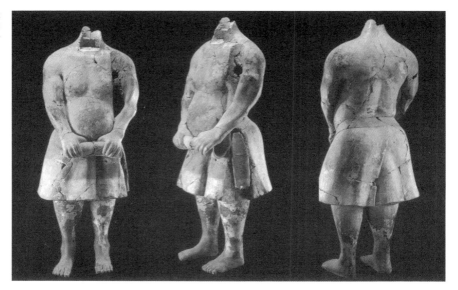

[2-30] 陕西临潼骊山秦始皇陵园陶"杂技师",公元前3世纪早期

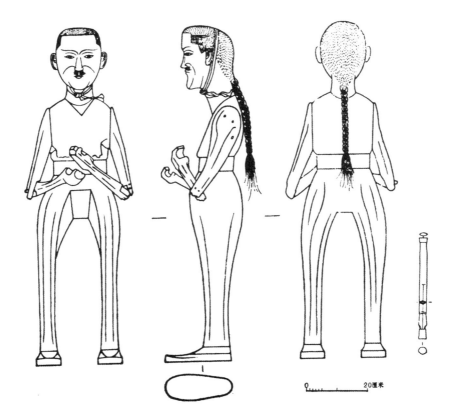

[2-31] 湖北荆门包山二号楚墓出土二木俑,战国时期,公元前4世纪

并非仅仅是要达到形式上的逼真，而且要对客观世界的创造过程进行模仿和复制。

有意思的是，正是在这一时期，中国产生了造人的神话。这一神话的中心人物是女娲，一位在东周晚期到汉代被赋予了"创世纪神祇"地位的古代女神。根据成书于公元2世纪的《风俗通》，她的主要成就之一就是创造了人类：

> 俗说：天地开辟，未有人民，女娲抟黄土作人，务剧力不暇供，乃引縆于泥中，举以为人。故富贵者黄土人也，贫贱者縆人也。[90]

[2-32] 西汉阳陵出土"裸体"俑，陶质彩绘，最初穿有丝织衣服，公元前2世纪

这一传说显然从同时代的艺术创造中获取了意象，在无名陶俑的制作和神灵造人的伟业之间建立了类比关系。

6. 巫术（magic）

一种不寻常的俑引起我们的特殊关注：它们并非用来替代死者的护卫、仆人和乐伎，而是被当作死者的"替身"（有时是死者在世亲人的替身），以免除其在地下世界的罪孽。为达到这个目的，这种俑由特殊的材质制成特殊的形式。此外与普通墓俑不同的一点是，这种俑只有通过特殊的仪式被专职宗教人员"激活"之后，才能实现其特殊功能。

这种作品中的一类是铅或锡制作的剪影式的人像，与之有关的铭文称之为"铅人"或"锡人"。出土实物中最早的一例出自一座西周墓，最晚一例出自459年的一座北凉墓。[91] 但大部分均发现于洛阳和长安

第二章 物质性 | **127**

附近公元 1、2 世纪的墓葬中。这一地区以及靠近西南的汉中在东汉时期逐渐成了道教的主要基地。仅陕西汉中的一座墓就随葬了十件这种俑，每件 10.5—10.7 厘米高。[92] 这种俑经常被置于陶罐之中，下葬时写在罐表的铭文昭示了它们的意义和礼仪功能。

例如，洛阳附近一座公元 2 世纪的墓中出土了的一件陶瓶，其中发现两件铅箔制成的裸体人像，每件大约 5 厘米高。[93] 它们纤细的身体具有夸张的长腿，并表现了男女的不同性别。【图 2-33】与同墓所出的写实性的陶制仆人俑和下棋俑相比，它们的形象简单而粗糙——这是所有人形符的既定特征。[94] 尽管盛放这两个铅俑的陶罐上的铭文已经涣漫不清，但是根据同墓出土的其他四件陶罐，我们可以知道它的内容。这四件陶罐上写有完全一样的字句："谨以铅人、金玉为死者解谪，生人除罪过。"

学者们把墓葬中出土的这类铭文称为"镇墓文"或"墓券"，由宗教专职人员撰写，用来确保死者在地下世界中安全并保护他在世的亲属。索安认为这些铭文反映的是东汉原始道教传统对死后世界的特殊观念。根据这种观念，新近去世者将接受地下神祇的裁决并可能在死后世界中遭到拘禁，他们受到的惩罚也可能会传递给他们尚在人间的亲属。因此术士的一个重要任务就是"为生人除殃，为死人解谪"——这是见于很多镇墓文中的习惯陈述。[95] 铅人可以扮演这一角色是因为它充当了死者或其亲属的替身。虽然这些简陋、原始的人像并不在形态意义上取代死者，它们被想象成能够承担地下判官施加给死者及其家庭成员身上的任何惩罚。

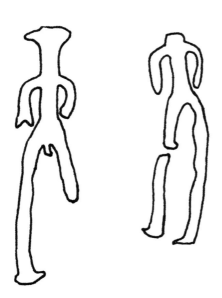

[2–33] 洛阳东汉墓出土铅人，公元 2 世纪，施杰绘

这一意义在长安北郊一座东汉墓里所出的一件镇墓文中得到最好的体现。[96] 此墓于公元 104 年首先由加氏所建，33 年后因葬入一个新亡的家庭成员——原墓主的女儿或媳妇——而得到扩建。新入葬者的小型墓室与原墓甬道相连，其中随葬了两个铅人和六个带有相同铭文的陶罐。这些铭

文记载了这个女子卒于 147 年，年仅 24 岁。可能她在一个不吉日子的夭亡被视为有罪的体现。为了将她从地下世界的惩罚中解救出来，她的亲属制作了一对铅人作为她的替身，并为她向地下主发出恳求："故以自代铅人：铅人池池，能舂能炊，上车能御，把笔能书。"

根据这种方术的性质，学者将之称为"解除俑"或"解注俑"。但是为什么它们的材料常常是铅和锡呢（中国古人常常把这两种金属相提并论）？铅在道教仪式和象征体系中起重要作用。任何对道教有所了解的人都知道，铅是道教修炼内丹和外丹时最基本的材质和象征之一。实际上，中古时期的道教修行者通常相信修炼的首要任务是找到能够互动并转换的"真铅"和"真汞"，修炼的结果是得到令人长寿的"金丹"。[97] 在这一修炼过程中，铅作为阴的化身，对应着水、西方和白虎。而汞作为阳的化身，对应着火、东方和青龙。[98] 这一理论解释了为何选择铅来制作"解除俑"——这种金属与"阴"的联系使之具有感应黄泉、代表死者的能力。

但是解除俑的材料不仅限于铅和锡，也包括松、柏、桃等特殊木料。[99] 这些看似混乱的选材实际上很有逻辑，所有这些木材都与铅有两个共同之处：第一个是与墓葬、地下的关系，第二个是在巫术转化中的特殊作用。早在西汉时期，人们就相信鬼物聚居于松柏的浓荫之下。[100] 一位方士将柏树称为树中之最，并将其与长寿和制作偶像联系在一起："盖丛柏之尊，天降灵气，秉植万年。人寿之贵，三元所领，九地之最，形比金玉，万灵所卫。……以柏木为相，秉天之秀气，受正万年，灵司称金木之体，地府贵生成之简。故古之为棺椁，柏木为之者，免三涂之役。"[101] 与之类似，松树和桃树也被认为具有超自然力，并因此而被普遍地用于制作道教的护符和其他巫术用具。

大约在晚唐或许更早的时候，一种新的被称为"石真"（即石制的"真身"）的雕像出现了。因为这种形象有替身功能，而且其功能也必须通过道教仪式加以激活，它可能来源于早先的解除俑。但它的作用并非是"为生人除殃，为死人解谪"，而是为了永远地延长人的生命。其基本的方法是为活人建造一座"生圹"，并把一件小型雕像——"石真"——放在里面。有时这件雕像刻有"石若烂，人来换"的铭文。[102] 很明显，这种雕像的目的是作为凡胎肉体的替身，将人从死亡中解脱出来。

目前已经发现若干这类雕像。其中一件制于1182年，安置在四川成都金鱼城某墓后室中特制的龛中。相伴的铭文读作：

大宋淳熙九年，岁次寅壬，十二月丁酉朔，初四日庚子。今有奉道弟子吕忠庆，行年四十六岁，九月十六日□，遂□此成都县延福乡福地，预造千年吉宅，百载寿堂。以此良辰，备□掩閟。所（祈）愿閟吉之后，四时无灾厄相侵，□节有吉祥之庆。今将石真替代，保命延长。绿水一瓶，用为信契。立此明文，永保清吉。[103]

为了具有想象中的魔力，石真在材质和造型上均与传统的解除俑有别：它用耐久的石材制成，因此永远不会"烂"；它的造型也反映了表现真实人物的模拟性意图。这两个特色或可解释古代中国的一件杰出雕像创作，就是卒于918年的后蜀皇帝王建的雕像。【图2-34】这个石雕像

[2-34] 成都前蜀王建（死于公元918年）石像，五代，公元10世纪早期

有96.5厘米高，描绘了王建正襟危坐的样子。它比金鱼城出土的人像早了差不多300年，但也是用纯石制成，置于墓室后部。年轻皇帝的脸和衣着以非常写实的风格雕成。他表情肃穆而平和，衣着没有装饰，雕刻家强调的是简洁的风格和线条的流畅。根据它的质料、雕刻风格和在墓中的位置，这件雕像应该被认为是王建的石真。值得注意的是，王建在位时把道教定为后蜀国教，并任用著名的道士如杜光庭（850—933）为其主要宗教顾问。

考古学家张勋燎对王建墓的营造过程提出了一个假设，认为此墓首先是作为这位皇帝在世时的"寿堂"而建，石像因此是王建的替身，放在里面来延长他的生命。当王建去世并被埋于墓的中室时，这个建筑才成为一个传统意义上

的"墓"。[104] 然而这尊雕像却未被移走。它被留在原地，注视着本应永恒不朽的身体。据我所知，并无道教文献记录这种情况——即把人的遗体和他的石真葬在一起，但是有一则有趣的故事似乎为这种妥协提供了可能。这个故事记录于1294年，与元代学者朱德润的高曾祖父所目击的一个奇迹相关。据说当朱德润的高曾祖母病重之时，家人为她在苏州之外的阳抱山建造了坟墓。当工人挖掘墓穴到五尺深的时候，他们发现了一块石头，上面刻有"此石烂，人来换"的铭文。随后发生的事情震惊了工人和朱德润的高曾祖父：这块石头在他们眼前当场朽烂了。震惊之余，他的高曾祖父让工人赶紧用土将墓穴填满，并让方士为其奄奄一息的妻子重新占卜一块墓地。[105] 这个故事的含义是：当一个人即将死去的时候，"石真"真的会瓦解，被将要到来的尸体所置换。

身体：保存和转化

汉语称死者的身体为"尸"。东汉学者班固解释道："尸之为言失也，陈也，失气亡神，形体独陈。"[106] 换言之，死亡带走了活人的精气和思想能力，将其转化为一个纯粹的物质存在。这一转换不仅唤起敬畏，也引起憎恶。据说孔子的弟子子游曾这样说过："人死，斯恶之矣，无能也，斯倍之矣。"[107] 从这个角度来看，礼书中所规定的繁复的葬礼礼节的首要目的，就是用严格组织的社会程序来克服这种本能的、生理的反应。这种社会程序把死亡这一悲剧事件重新定义成为表达活人忠诚、孝顺和贞洁等荣誉的场合。其结果是，死者的亲属将不再回避一具正在朽烂的尸体，而是把它当作一个仍然具有活人欲望和感觉的主体。他们清洗它，供奉酒食，并给它穿上多重的衣服——这种种活动构成一个最终导向入殓和下葬的冗长过程。尽管在葬礼的过程中生者反复表达失去亲人的悲痛，但是这些表达——主要是在规定的时刻号哭和踊跳——有若同步和协调的表演。

这种对死亡的反应构成了儒家伦理和礼学的一个重要部分，但是死亡也引起了中国古代另一种对这一自然事件的想象和期待。这种想象大多表现在神话、传说和志怪小说中，把死亡和神迹及显灵联系起来。换言之，在这种想象中，死亡不再是人的经验的终结，而是改变人的形态并将其转移入另一世界的必要机制。古代文献记载了某些重要人物在死后发生了形态变化，如人们说禹的父亲鲧在死后变成了一只黄熊或一只三足鳖。[108] 其他文献讲述了在一些传奇人物去世后，墓地上出现了大量禽兽和神灵守护他们的葬所。[109] 类似的信仰在以后的中国历史中一直存在，最后导致了汉代人"死后不朽"的信仰。"尸解"的观念早在公元前 2 世纪就开始流传。据说在汉武帝的宗教顾问李少君死后，武帝下令打开他的棺椁。李少君的尸体不见踪迹，唯有衣服留存墓中。汉武帝因此相信这位方士已经通过某些神奇的死后转化出离了凡间。[110] 另外司马迁也记载了汉武帝巡游至黄帝陵墓时的一件事情：当向这位古圣贤祭祀的时候，汉武帝问他的宗教顾问："吾闻黄帝不死，今有冢，何也？"顾问们告诉他黄帝确实成仙了，墓中只埋藏着他的衣服。[111] 由于人都会死，"尸解"的观念强烈地激励了人们——特别是那些有权有势的人们——通过促进尸体的转化以追求死后的永恒幸福。

在下文中，我将考察与这一宗教思想有关的不同观念和手段。我将首先介绍反映两种不同意图的文献和考古证据，一种期冀"保存"尸体，另一种则希望"转化"遗体。在结尾处，我将进而考察佛教的传入对处理尸体的影响。

1. 遗体和遗容的保存

根据《仪礼》和《礼记》，在人死后，先前停放在灵堂北部的尸体将被移到靠近南牖的床上。唐代的孔颖达（574—648）把这一位移解释为把死者从阴的位置（北、幽、死）移到阳的位置（南、明、生）。[112] 死者于是可以接受奠祭：仆人用角柶撑开死者的嘴，在其足下设置燕几；盛放酒肉的各种器皿被奠于死者身旁。[113] 随后，葬礼的主人，通常是死者的长子，向死者直系亲属以外的人们通报死讯。[114] 宾客和亲属赶来吊唁、赠送襚衣，有的用以覆盖死者，有的陈列于灵堂之中。具有不同技能的礼仪专家被招来清洗尸体、给它穿上层层新袍，并不断供奉新的牺牲。同时，一幅特殊的"铭旌"[115]被制成，上面写着："某某之柩。"[116] 铭旌的作用因此是确认包裹在襚服和尸衣中的尸体的身份。郑玄在他给《礼记》写的注中解释了这个意义："以死者为不可别已，故以其旗识之、爱之。"[117] 当各种礼仪活动继续在灵堂中举行，铭旌被挂在灵堂之前的竹杠上，然后卸下来覆盖在死者的神主（重）之上。

但是铭旌最主要的用途还是在随后进行的"殡"的仪式中。这时，礼仪的场所从灵堂内转移到室外，人们在堂前西阶上挖一个狭窄的坎，将棺放入坎内，再把尸体移入棺中。在棺盖封闭之后，铭旌被悬挂在这个临时墓穴之旁。[118] 更多的宾客将前来吊唁，家庭成员在接待这些宾客时倾诉其悲痛。这一吊唁与前边的活动不同的是：此时吊唁的对象不再是死者遗体，而是使活人"识之、爱之"的铭旌。

到此为止，这一系列礼仪活动包括了具有截然不同的目的和象征物的两个阶段。第一阶段在灵堂之内进行，死者经历了从死到生的象征性转换：他的身体从阴移到阳，从地上移到床上，被洗浴、穿衣、奠以酒食。接下来在室外进行的第二阶段，则象征了死者从此岸世界到彼岸世界的转换：清洁和着衣后的尸体被放入棺内，由死者的铭旌来表示。《礼记》中的一句话明确地表达了这两个礼仪过程之间的区别："在床曰尸，在棺曰柩。"[119] 有趣的是，尸和柩的古字表达了它们的不同含义。尸（𠂆）表现了死者"失气亡神，形体独陈"的状态，[120] 而柩（或匛）则表现了一个木箱，内中的"久"字传达了"永久"或"永恒"的含意。[121] 很重要的一点是：在汉代，不仅棺中的尸体叫做"柩"，内棺和铭旌也可以被叫做"柩"。[122] 这一共同名称表明了尸体、内棺和铭旌之间的内在关系和组合。

只有当我们理解了"柩"的这个意义，我们才能理解马王堆一号汉墓及其他类似的从东周晚期至汉代的墓葬结构。我们发现深藏在马王堆汉墓多重棺椁之中的，是容纳軚侯夫人尸体的一个"核心单元"，包括尸体、内棺和棺上放置的铭旌，与礼书中描述的"柩"的组合完全一致。軚侯夫人的遗体被仔细地装殓：她头戴假发，佩戴着三十多种发饰，双手各持香囊，脸上覆盖着两块丝帛；她的身上裹着二十层麻布和尸衣。【图2-35】所有这些准备工作都必须在尸体入棺之前就绪。

此墓含有四重棺木，但是只有最里面的一层内棺才可以被认作是陈列于殡礼中的"柩"。[123] 并非偶然，这重棺在材质和装饰上与其他三重都不同。三重外棺皆系漆绘，只有这层内棺覆以锦缎并进而用翠羽装饰上部和侧面。另外，与其他几重棺上彩绘的"再现类型"的动物和

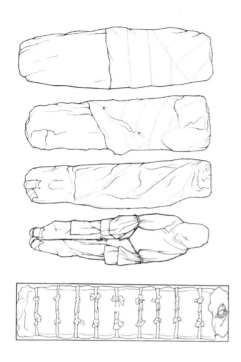

[2–35] 长沙马王堆一号汉墓装殓前尸体处理

人物形象有别，这重棺的装饰为纯几何纹样【图 2–36a】，和轪侯夫人衣着上的纹样相似【图 2–36b】。实际上，我们可以认为这层装饰隐藏了棺的木质材料，在概念上成为轪侯夫人的另一层着装。三重外棺并不捆扎，而内棺却用平行的带子固定，和包扎轪侯夫人尸体的方式类似。最后，位于内棺和其他三重外棺之间的帛画将二者明确地区别开来。

尽管学者多认为这幅帛画包含两个或三个部分，[124] 在我看来其垂直构图实际上被画面内的三个平行"水平面"分割为四部分，每一部分表现了一个不同的界域。[125]【图 2–37】所有的解释者都同意画面中心（从上往下第二层）的人物表现的是轪侯夫人本人，有些学者还指出这一画像代替了通常书写在铭旌上的死者的名字。[126] 因此，这个图像的功能和铭旌一样，是让活人能够辨识和敬爱如今藏于棺中的亡妇。

轪侯夫人的画像被置于一个宇宙语境之中：帛画的顶部和底部两部分明确地描绘了天上和地下的情景。两个门吏和一对豹子守护着天门，把天界和其他界域隔开，我们在屈原的诗中读到同样的景象。[127] 天界的中央是一个身份不明的主神，其两旁的日月暗示了阴、阳宇宙力的对立和平衡。[128] 帛画底部对地下世界的表现也不容置疑：其中的所有图像，包括两条巨鱼（水的象征）、立于鱼背上的中心人物（可能是土伯？）、蛇（地下生灵）和画面下角的一对"土羊"，都表明了这部分画面的主题。帛画顶部和底部因而使我们想起司马迁对秦始皇墓室的描述："上具天文，下具地理。"[129] 和秦始皇陵一样，马王堆帛画也将死者置于宇宙的微缩世界之中。

根据这两个画面的关系以及帛画中的其他场景，我将此画的构图原则归结为"相关性"（correlative）原理：在这种构图中，图像的组合是基于概念上的对应，由此把中国古代宇宙论中的基本的二元结构转化为视觉形式。[130] 分析画中图像，我们发现它们包含很多对称的组合：除了沿着中轴线安置的诸多"镜像"之外（包括双龙、天马、豹、天门守卫者、飞翔的生灵、龟、鸱鸮、鱼和"土羊"），日对应于月，天上对应于地下，这两个境界中的主神也彼此对应。

这幅绘画中最耐人寻味的一个画面出现于地下世界之上（从下往上数第二层），所表现的是一个人间的祭祀场景。前景中陈列着三个大鼎和两个壶，五人面对面排成两列，面向中间的一件东西谦从地抬起手臂。有些学者把这个东西——这是一个放置在矮床上，带有彩绘纹样的形体——认作是轪侯夫人的棺。[131] 但它明显不是一个棱角分明的方匣子，而是带有柔和轮廓的扁平物，在我看来更像是轪侯夫人的"尸"。如上文所述，按照礼法规定，死者的尸体被置于床上，覆以衣衫和尸衣，并奠以酒食。换言之，这幅图像表现的是轪侯夫人在灵堂中被祭祀的遗体，一如《礼记》所云："在床曰尸。"

与这个祭祀场景相对应的，是画面中央的轪侯夫人画像。如前所述，这一图像通过表现她生前的存在使人们在其死后"识之、爱之"。作为铭旌的替代品，此画首先用于葬礼，随后被置于最内一层棺上，接近于轪侯夫人墓的核心。在这个墓葬语境中，它构成了死者的"柩"的一个关键成分，与遗体平行陈列，相互呼应。这个活生生的肖像仍

[2-36] a 长沙马王堆一号汉墓最内重棺棺饰；b 轪侯夫人衣装上的图案

第二章 物质性 | **135**

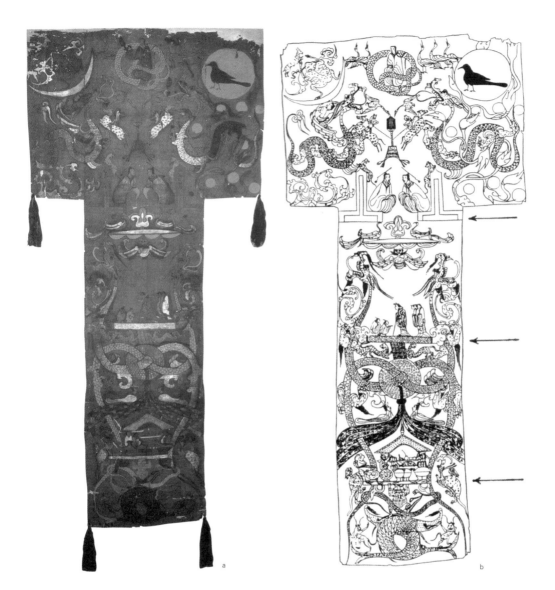

[2-37] a 长沙马王堆一号汉墓出土铭旌；b 三层"地平面"线描图

旧具有确认亡妇身份的初始意义——但是它的观众已从葬礼上的生人变成了主宰黄泉世界的地下神祇。[132]

2. 遗体的转化

据汉代文献记载，在皇帝和诸侯王死后，他们的尸体会被装殓于"玉匣"之内埋葬。[133] 这一丧葬设施的例子已有多起发现，并使得学者们把用玉随葬的习俗一直追溯到新石器时代的良渚文化。从 20 世纪 70 年代开始，尤其是在 80、90 年代，大量随葬丰富的良渚墓葬出土于浙江、江苏和安徽这三个相邻省份。[134]"玉殓葬"一词被发明，用于描述随葬大数玉器的墓葬。寺墩三号墓就是这样一个例子。这座小型长方形墓发掘于 1982 年，随葬了超过 100 件玉雕，包括 33 件围绕年轻男性墓主尸体的长短不一的玉琮。[135]（参见图 I-2）大型良渚墓地在 1986 到 1987 年被发现。反山墓地的 11 座墓葬出土了 1200 件玉器和玉器组合，而 700 多件玉器和玉器组合在不远的瑶山墓地的 12 座墓中发现。[136]尽管我们仍然不了解许多类型玉器的确切礼仪功能和象征意义，但是有一点是十分清楚的：对于良渚先民而言，玉的坚硬和美观使这一自然材质具有保护或转化死者的神奇魔力。

另一组近期的考古发现不但表明了周代贵族持续地使用丧玉，而且确证了在这个时期，人们制造了特殊的玉器将尸体转化为超自然的存在。从 1992 到 2000 年，中国考古学家在山西南部的天马－曲村发掘了晋侯墓地。在那里他们发现了分为九组的 19 个墓葬，其墓主人被认定为从公元前 11 世纪末到公元前 8 世纪若干代晋侯及其夫人。在出自这些墓中的无数器物里，一种特殊类型的玉饰总是在死者头部附近发现。每组由 40、50 或 80 片玉片构成，玉片背部和边缘的小孔表明它们原本是缝在布上以构成复合图像。[137]在复原之后，每一组玉饰形成一个面具。【图 2-38】发掘者根据文献中的记载，将其称为"覆面"，即覆盖于死者脸上的面罩。[138]

晋侯墓地出土的覆面在结构和精致程度上各有出入，但没有一件再现自然的人脸。其共同的风格是把一些几何形的玉片——有的是三角形，有的是长方形、弧形和梯形——组成半抽象的面像，令人联想到商周青铜器上的饕餮。有些玉片雕刻成单独微型动物，与商代和西周早期青铜器上构成复合饕餮面具的动物母题非常类似。除了山西，这种类型的丧玉还在陕西、河南和江苏等地发现，表明与这种面具有关的礼仪活动普及于晋国之外广大地区。[139]在丧葬仪式中将这种覆面盖于甫死之人的脸上，其目的明显不仅是遮蔽死者的面容，而更重要的是改变他的形象，将其转化为一个不同于凡人的神秘存在。

"玉衣"是对装殓汉代诸侯王遗体的"玉匣"的约定俗成的称呼，

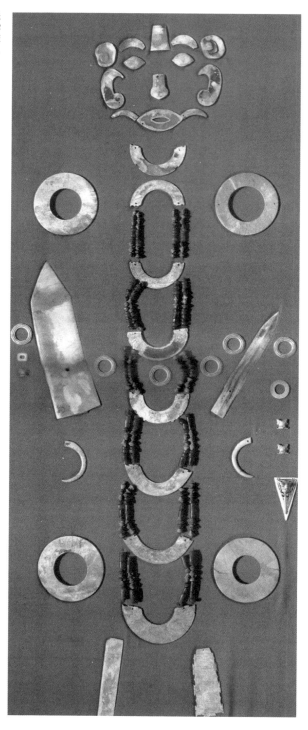

[2-38] 山西天马-曲村晋侯62号墓出土玉覆面，西周晚期，公元前8世纪

下文中我将说明它们其实是用玉制造的身体。至今为止不下十具完整的"玉人"已被发现，说明了丧玉发展的一个新阶段，[140] 也揭示出将死者转化为玉人所采用的三种方法。[141] 第一种是用玉片包裹和再现日常暴露在外的身体部位，其代表作是位于山东临沂的刘疵墓中出土的一套丧玉，包括带有凸起鼻子的头部，五指合拢的双手及双脚。虽然所转化的似乎只是裸露的身体局部，但是由于死者的躯干应被丝质的衣服覆盖，在视觉表现上仍是一具完整的玉人。[142]【图 2-39】第二种方法见于广州南越王墓。玉片不仅缀合成头部、手部和脚部，而且也组成死者的衣服。[143]【图 2-40】发掘者注意到玉人的各部分在用材、制造和构成方法上有着重大差异。如制作头部、双手和双脚的玉片切割精细，厚度平均而且经过抛光。四角钻透的小孔进而使得这些边缘光滑的玉片可以互相连接，构成精确的立体形式。反之，制作衣服——包括一件外套和一双裤腿——的玉片却常常是制作其他玉器剩下的下脚料。这些粗糙的玉片没有钻孔，打磨简单，以带子缚在内套之上。[144]

出自满城一、二号汉墓，象征刘胜和窦绾的玉人代表了第三种方法，即把尸体转化为一个完整的"玉体"。【图 2-41a、b】这两个玉人的头部具有基本的脸部特征：玉片经过特殊制作和组装用以表现一个大致的鼻子；窦绾具有一双玉耳【图 2-42】；两件玉人的脸上都开有三个狭窄的缝隙，表现双眼和嘴。有意思的是，尽管死者的眼睛被玉质"遮眼"盖住以保存身体内的精气，但二人玉体的眼前裂缝又使他们重见光明。【图 2-43】所示是公元 1 世纪的一位中山王的玉首，它甚至有着雕刻出来的眼和嘴。具备了这些身体特征，这个玉人似乎以一种永恒的表情凝视着面前的幽冥。

刘胜和窦绾的玉体不仅具有面部特征，而且其身体的制作也证明了艺术家对表现人体结构的注意。实际上我们所熟悉的"玉衣"是两个完全赤裸的玉人——这里衣服的概念消失殆尽。二者都具有浑圆的手臂，与双手平滑地连接起来。它们的手指用不同造型和尺寸的玉片精心制成。【图 2-44a】它们的腿模仿由粗变细的人腿，而不是表现筒状的裤腿。【图 2-44b】它们的身躯展现了微妙的曲线，腹部、腿部和圆臀的连接尤其造型微妙。【图 2-44c、d】这些所谓的"玉衣"没有纽扣或开襟，但刘胜的玉体却有玉质的生殖器以保存他的传宗接代的能力。

第二章　物质性

[2-39] 山东临沂刘疵"玉体",西汉,公元前2世纪早期

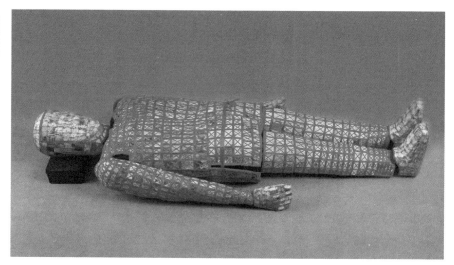

[2-40] 广州南越王赵眜"玉体",西汉,公元前2世纪早期

如此精心设计的玉人并不仅仅在于再现死者。对满城一号汉墓丧葬语境进行仔细考察,我们可以发现一个复杂的礼仪程序,已故的肉身侯王通过这个过程得以被转化为一个"玉"的侯王。这一转化发生于象征领域中,使用了"层累"(layering)的技术:一批批玉器被先后施加于尸体之上——插入、封闭、固定、覆盖和嵌合。在这个过程中,肉身的尸体逐步消失并被玉所取代。它越来越不是一具易于腐烂的血肉之躯,而逐渐成为一具不受时间和自然环境影响的不朽雕像。

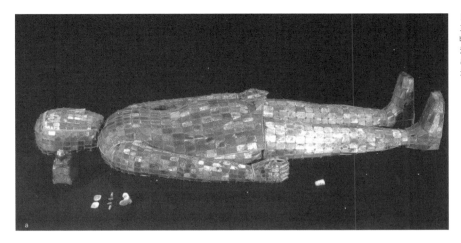

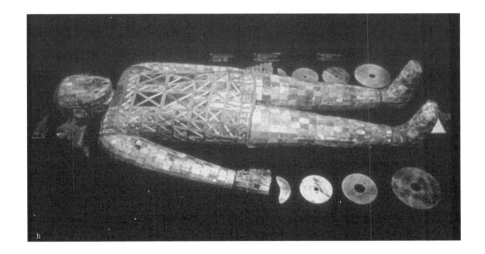

[2-41] a 中山靖王刘胜"玉体"；b 窦绾"玉体"，河北满城 1 号墓出土，西汉，公元前 2 世纪

[2-42] 窦绾"玉体"细部

[2-43] 河北定州中山简王刘焉"玉首"，东汉早期，公元 1 世纪

第二章　物质性　　141

[2-44] 刘胜"玉体"多侧面

　　刘胜和窦绾尸体上至少放置了四层丧玉。最内层是填充身体"九窍"的玉塞。【图2-45】中的七件包括一对眼罩、短小如管的耳塞和鼻塞，以及一件大型的嘴塞。图中没有显示的两个玉塞用于堵塞肛门和性器官。这一礼仪实践背后的观念后来被4世纪初的葛洪总结为："金玉在九窍，则死人为之不朽。"[145]

　　填塞九窍之后，尸体还要用大小不一的玉璧来保护。以刘胜为例，18块玉璧被用来围绕其尸体的上半身——3块大玉璧在胸部，5块在背下，身体两侧各5块。所有的玉璧在发现时都带有布的痕迹，因此发掘者认为它们本来是系在一起的，并附着于一块厚大的织物。[146]根据这个观察，这些在礼仪中使用的玉璧不应该被作为单独的器物来看待，而应该被看成是包裹尸体的一件"玉尸衣"的重要组成部分。这一装殓过程的最后一步，是将尸体连同上面的玉塞和玉尸衣一并装入"玉体"。

一些学者提出满城的全身类型的玉衣应该是源自临沂出土的局部类型的玉衣。[147] 但是这两个例子——实际上是两种玉人类型——反映的不仅仅是类型学的演变。如上文所说，临沂出土的玉件仅仅表现了穿衣者的暴露在外的身体局部。我们因此可以把这种再现看成是以局部代表整体的"转喻"（metonymic）表现方式。[148] 而由于满城玉人完全替换了尸体，它们可以被称作是"比喻"（metaphoric）的表现形式。[149] 回顾一下，我们意识到刘胜尸体上的前两层玉——玉塞和玉璧构成的玉尸衣——仅仅堵住了九窍并覆盖了胸部。它们保护并局部地转化了尸体，但是并未代替它。而"玉体"则实现了对身体的神奇的整体转化。这一转化了的身体随后被置转入棺中，并进而被其他玉器所围绕。窦绾的内棺在内壁上镶有由192块长方形玉片构成的玉衬套，26块玉璧进而镶嵌在棺的外部，令人想起附着在尸衣上的类似玉璧。

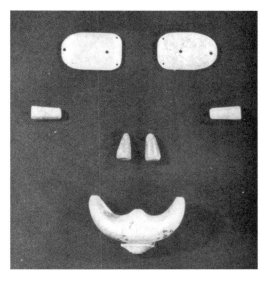

[2-45] 河北满城一号汉墓体窍玉塞件

与马王堆一号墓中对软侯夫人的尸体处理做一简单比较，将会加强我们对满城汉墓丧玉的认识。前文提到软侯夫人的遗体被煞费苦心地保存：老妇人的尸体被20层之多的衣服和尸衣层层包扎。（参见图2-35）然而，所有这些包扎措施都旨在装饰和保护尸体，而不是要转化它。过了2200年后，软侯夫人的尸体确实奇迹般地保存下来了。但是考古工作者在满城汉墓中所发现的却只是刘胜和窦绾的一些牙齿和碎骨——这两个墓中保存下来的是二人转化了的玉体。

此种不同进而解释了这两座著名西汉墓葬之间的另一个差异。在马王堆汉墓中，置于最内两层棺之间的铭旌展示了软侯夫人的肖像，站立在两条飞龙缠绕的一块巨大玉璧上方。刘胜墓中没有这类绘画，只有玉器被置于内外棺之间。其中最精致的一件大玉璧饰有华美的透雕双龙图案。【图2-46】和这块玉璧放在一起的是一个玉人像，表现的是一个正襟危坐、双手置于几上的男子。【图2-47】人像底部的刻铭称之为"古玉人"。

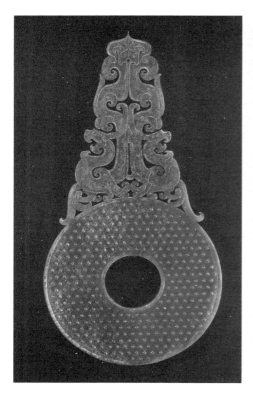 

[2-46] 刘胜棺内出土精美玉璧

[2-47] 刘胜棺内出土玉人

这一玉雕在内外棺之间的位置与马王堆轪侯夫人的画像相似，但它并未描绘刘胜真实而暂时的外貌，而是再一次肯定了他刚刚获得的永恒。[150]

满城汉墓出土的玉人像令人想起庄子对仙人的描述，在他看来这些长生不老之人已经不再受时间和自然规律的控制和影响："藐姑射之山，有神人居焉，肌肤若冰雪，绰约若处子。不食五谷，吸风饮露。"[151] 与这个神人类似，刘胜墓中的玉人也具有"若冰雪"的肌肤，同样"不食五谷"，而且脸上带着柔和的表情。在这两个例子中，仙人仍然保持着凡人的形状，但是其不同寻常的色彩和习性表明他们已超脱凡世。

从古文献中我们还知道，玉确实被一些人用作引导升仙的神奇药物。据说，刘胜的同父异母兄弟汉武帝定期服用一种混合了玉粉和甘露的仙药。后魏大将军李预效仿汉武帝，在致仕之后潜心于升仙的修炼。他在获得"古人餐玉之法"之后搜集了很多古玉。他把70块最好的古玉研成粉末，日日服食达数年之久。这当然没有导致长寿，但是作为一名真正的信徒，李预要求妻子在他死后观察尸体的奇迹："勿便速殡，令后人知餐服之妙。"他的妻子遵照他的指示在炎炎夏日中陈放他的尸体。几天之后它的色泽竟然丝毫不变。最后家人为他举行了葬礼。当他们试图把尸体殓入棺中的时候，却发现尸体沉重如石块。李预最后和他没有吃完的玉粉被一同葬在墓中。[152]

与满城汉墓同时代的汉代民歌表达了两种对死亡的看法。一首民歌唱道："人生非金石，岂能长寿考。"[153] 但是当整个坟墓被转化为石质，甚至尸体也被转化为美玉的时候，这个陈述的前提就被逆转了。其结果如另一首歌所唱的那样，是"卒得神仙道，上与天相扶"。[154] 在这种意义上，我们可以说刘胜和窦绾通过死亡以及炼金术般的墓葬象征艺术，确实企及了不朽。

3. 转化和复原

制作玉体的习俗在汉代之后消失无踪，但是新的方法被发展出来，它们出于不同的礼仪和宗教的目的来转化死者的尸体。值得注意的是，这些方法经常源自中国以外的文化和宗教传统。比如其中一种做法与粟特人有关，他们在6世纪中沿着丝绸之路建立了一系列定居点，直至洛阳和长安。遵循琐罗亚斯德教（祆教）的礼仪风俗，粟特人曝露死者的尸体，再把残骨收集到骨瓮罐中。[155] 很多粟特人在移居中国之后接受了中国文化习俗，将死者埋葬于地下的坟墓，但仍然保留了琐罗亚斯德教对尸体的处理方式。[156] 2000年在西安附近发现的一座墓葬中出土了一块墓志，说明墓主是当地粟特社团的首领、卒于579年的安伽。[157] 刻在墓室入口上方的一个醒目火坛图像清晰地表明了他的琐罗亚斯德教背景。墓中唯一的随葬品是一具雕有精美画面的石棺床，但床上却是空的，没有棺或尸体的任何痕迹。相反，安伽的遗骸——包括头骨和部分带有烧灼痕迹的大腿骨——却被发现于墓志之后的墓口附近。古文献记载和考古发掘都证明粟特葬礼中包括焚烧死者遗骨的仪式。安伽墓的发掘者认为：由于此墓从未被盗过，一个合理的推论是安伽的葬礼上也曾经使用了这样的仪式。[158] 类似的现象在其他北朝墓葬中也有发现。[159]

这种琐罗亚斯德教习俗的实行者很可能主要限于粟特移民，但是火葬——佛教徒对尸体的处理方法——却显示了相当不同的一种情况。这一来源于印度的葬法直到晚唐还主要局限于僧尼，但到了宋朝则在民众中大为流行。伊佩霞（Patricia Ebrey）注意到："从10世纪开始，很多人自然放弃了长期确立的棺葬习俗，而追随佛教僧侣们引进的火葬，要么把骨灰撒入水中，要么存放于地面上的骨灰瓮中，或把骨灰瓮埋入小型的墓穴中。尽管遭到国家政权以及儒家精英的强烈反对，在由汉人建立的宋朝和由蒙古征服者建立的元朝，火葬自始至终都大为盛行。"[160] 伊佩霞举出多种理由以解释这一葬俗的变化，其中最根本的一条是：当时佛教已普遍而深刻地渗透到社会之中，开始影响人们的基本生活方式。

然而我们需要注意到：火葬不仅在宋朝流行，而且这一佛教丧葬仪式和其他种类的礼仪和宗教传统交织在一起，在邻近的辽和金获得流行。尤可注意的是，宋朝火葬的实行者常以朴素的骨灰瓮盛放火化的骨灰，但是生活在辽代疆域里的汉人发明了一种更富有想象力的新方式，以转化和复原死者的身体。如下文将要谈到的，推动这一发明的是多种文化和宗教因素之间复杂的互动和协调——不仅在儒释道三教之间，而且也在契丹和汉族文化之间。

这一新葬俗的最佳案例是在河北宣化张氏墓地出土的一组像真人而略小的偶人。[161] 宣化位于长城以北，临近今日的内蒙古自治区。墓内发现的铭文将此墓地的建造可靠地确定在1093到1117年之间，在辽代于938年占领这个区域两个多世纪之后。张氏家族出身于当地的汉族乡绅，家族成员是虔诚的佛教徒。张世卿在朝中担任过一系列官职，他首先建立了这个家族墓地，并将其祖父母迁葬于此。张氏家族墓葬的精心设计和华丽装饰也说明了他和他的子孙在辽朝统治下所享有的富足生活。但是张氏家族成员对于他们的汉族身份仍然很清楚，并通过丧葬礼仪对这种身份来加以表达。它们所使用的火葬偶人就是一个证据：过去三十年的考古发掘说明，这种葬俗只是被辽代的汉族人使用。[162] 然而把这一丧葬实践称为"中国"习俗则不无谬误，因为它在宋朝并不存在。它所体现的是辽代地缘政治背景下的汉族身份。

宣化出土偶人中的两件是体内盛有火化骨灰的"稻草人"。它们并躺在七号墓的棺中，代表了张文藻夫妇。据发掘报告，这两个偶人分别为80和90厘米高，其头部"用帛类摹拟制成，估计甚至有可能做出眼、口、耳、鼻等"。它们头戴冠饰，穿着鞋袜和多层衣服，头下有枕，身上盖有被子。遗憾的是两个偶人一暴露于新鲜空气之中便灰飞烟灭了，但是发掘现场的照片仍然显示出用来构造它们的脆弱材质。[163]

与此相反,该墓地和一座临近墓中出土的木质偶人则保存较好,使我们得以研究其构造。当 1974 年考古学家打开张世卿的棺木时,他们看到一个用柏木制成的人像躺在里面。然而只有面具和一只脚较好地保存下来。该面具雕刻精良,表现了一个蓄须的老者。【图 2-48】其个性化特征和生动的表情使研究者们相信它确实是 74 岁时去世的张世卿的肖像。24 年之后,两个完整的木质偶人出土于张氏家族墓地附近的另一座墓中,每件偶人高 1.5 米,由 17 个部件构成。它们所表现的是一个契丹男子的两个汉族妻子,而这个男子穿着金属网状尸衣(这是一种契丹人的独特葬俗,下一节中将加以讨论)。每件偶人的头部和躯干用一整块柏木雕成,而四肢则具有活动的关节,因此可以被设置成各种姿势。偶人的腹部被掏空,内部填有裹以丝帛的骨灰。有可能这些形象原本穿着衣服:如发掘者所注意到的,它们的面部和手、脚雕刻得更为精湛,而其他部位则比较粗糙。[164] 出自内蒙古赤峰巴林左旗的一座僧人墓葬的例子进一步证实了这些偶人确实是作为死者的"肖像雕塑"来创造的,因为这个偶人它身穿僧袍,光头上点有戒痕。[165]【图 2-49】

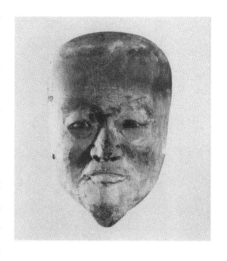

[2-48] 河北宣化辽墓出土张世卿覆面,公元 1116 年

在张氏家族墓中,偶人被置于木棺之中或砖砌的"棺床"之上。棺床绘有鲜明的装饰,而木棺则在顶部和两侧写有铭文。铭文完全是佛教内容,大部分以梵文写成,前有汉文标题。这些铭文抄写了陀罗尼咒和《心经》,表达了把死者解脱出因果报应的尘世的愿望。

沈雪曼在题为《重要的是身体:河北宣化辽墓中的偶人葬》的一篇优秀论文中,把用于设计、装饰和随葬这些墓葬的不同方法解释为追求死后不朽的互补途径:是一个希望超越死亡的家族尝试把不同宗教传统汇合为一的综合性互动。[166] 她的分析着眼于赞助人意向,我们则可以通过分析尸体处理的三个连续阶段进一步发展这个解释。值得注意的是,这三个阶段——火化、安装偶人和棺殓偶人——隐含源自不同宗教和礼仪传统的观念和方法,但是一起构成了一个新的、和谐的礼仪程序。

第二章 物质性 | **147**

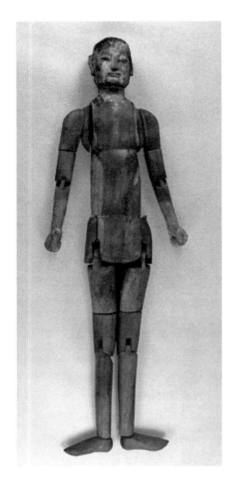

[2-49] 内蒙古巴林左旗出土辽代木偶人，公元11—12世纪

4．火化：身体的净化

宣化辽墓中的丧葬铭文明确把火葬定义为源自印度的佛教葬法。张世卿墓志这样写道："遗命依西天荼毗礼，毕，得头骨与舌，宛然不灭，盖一生积善之感也。"[167]

据说佛陀首创了火葬的仪式，以使自己一劳永逸地解脱肉身和尘世。[168] 与儒家试图保存肉身的葬仪相反，火化把身体转化为舍利。这一葬法的汉语名称——火化——鲜明地突出了它作为转化和净化手段的意义。南宋文人洪迈（1123—1202）注意到："自释氏火化之说起，于是死而焚尸者，所在皆然。固有炎暑之际，畏其秽泄，殓不终日，肉尚未寒而就燕者矣。"[169] 张世卿与洪迈之父洪皓是同代人。洪迈本人也曾作为宋朝使节于1163年旅行到北方，或许这个背景与他说这一葬法"所在皆然"有关。

（1）偶人：对身体的复原

如果火葬取消了肉身的文化和种族特性，将火化骨灰贮存在墓葬偶人中则是一个特殊种族集团在特殊社会政治语境中发展出来的一种文化行为。沈雪曼在她的论文中提出了一个富有见地的看法：这些偶人并不是在"表现"死者，而应该被看作是从死亡解脱了的死者本人。[170] 从礼仪的角度来看，偶人的作用因此是在更高的一个层次上"复原"被火化毁灭的身体。这个转化的概念基础不再是由佛教提供的，而是来自于儒家的身体观念和祖先崇拜。如前文所述，儒家礼书中规定了极其繁复的死后礼仪，包括为死者穿衣、喂饭和供祭。所有这些礼仪都围绕着死者的遗体进行。如果遗体不复存在，则这些礼仪可说是皮之不存，毛将焉附。尽管张氏家族成员是佛教信徒，但是通过制作盛放死者骨灰的偶人，他们仍可以实行儒家传统中的丧葬仪式。

他们给偶人穿衣，仿佛它们是真人一样。他们也以传统祖先崇拜的方式为它们提供祭祀的酒食。(参见图 C-4)

这一"复原"过程并未取消火化对身体的转化。恰恰相反，由于复原后的身体被视为对经过火化后的圣洁舍利的进一步"身体化"，它将身体的概念提高到一个更高的本体论层次。中古时期存在一种广泛的信念：宗教偶像——包括佛像和高僧像——因为安置了舍利而获得了神奇的力量。因此，当禅宗大师丹霞天然 (739—824) 发现一尊佛像中没有舍利的时候，他毫不怜惜地将它焚毁。[171]

宣化出土的丧葬偶人结合了佛教和儒家观念，是宗教混合体的产物，可以被定位为不同信仰系统的融合结果。考察这一丧葬设施的可能来源进一步证实了其文化综合的性质。尽管我们仍然无法重构这种偶人的确切发展过程，但已有足够的证据表明它从三个不同源泉中获取了灵感。第一个来源是唐以后佛教社团中颇为盛行的所谓高僧的"灰身"。这类塑像要么用混有火化骨灰（"香泥"）的泥土塑成，要么在掏空的塑像体内安放骨灰，其艺术表现常常具有相当惊人的写实风格。现存最早这类塑像的例子是 10 世纪前半叶敦煌佛教社团的僧统洪䇶的塑像。【图 2-50】这类塑像和宣化辽墓出土的偶人之间有很多相似处，包括与佛教火葬的联系、舍利的"身体化"，以及对死者肉身的模拟——这些共同因素使得一些学者将其视为辽代习俗的滥觞。[172] 实际上，某些辽墓甚至可能以死者的泥塑"灰身"作为偶人的替代方式，但是这些泥质形象很难保留下来。[173]

墓葬偶人的第二个来源可能是辽代统治集团的契丹葬俗。宋代文人温惟简在访问了北方之后相当详细地记载了这一习俗："惟契丹一种特有异焉。其富贵之家，人有亡者，以刃破腹，取其肠胃涤之，实以香药盐矾，五彩缝之，又以尖苇筒刺于皮肤，沥其膏血且尽；用金银为面具，铜丝络其手足。耶律德光之死，盖用此法。时人目为帝䄍。"[174]

这一描述已经被很多考古发现所证实，其中最豪华的一例是陈国公主及其丈夫的合葬墓。[175] 陈国公主是辽景宗（969—982 年在位）的孙女，于 1018 年在 16 岁的时候去世。这一座未经盗扰的辽代皇室墓位于内蒙古通辽青龙山，显示了令考古学界为之瞠目的前所未有的丰富葬饰。这一对皇室夫妇被并排葬在一张木棺床上，头枕镶金枕头。【图 2-51】两具尸体都穿着华贵的衣服，然后从头到脚被殓于银丝编织而成的尸衣

[2-50] 敦煌17号窟洪䛒塑像，五代，公元10世纪

[2–51] 内蒙古通辽青龙山三号陈国公主墓发掘现场,辽,公元1018年

之中。每人头戴金质覆面【图2-52】、华丽的头饰、耳环和带有镶金附件的腰带。在另一座位于内蒙古察右前旗豪欠营子的辽墓（编号为6号）中,考古学家发现了证明温惟简以上记录的另一证据:墓中女尸身穿契丹人的铜丝尸衣和镏金铜覆面,"下身发现大出血现象,右肩头和右胸上也有血迹"。发掘者认为可能源自放血的契丹葬俗。[176]

将契丹墓葬和宣化张氏家族墓葬做一比较,我们可以发现二者之间的很多相似性和不同点。首先,二者对尸体的处理都包括了两个连续

[2-52] 内蒙古通辽青龙山陈国公主金覆面

的步骤。第一个步骤是把尸体转化为"不朽之身"，要么通过火化，要么通过将其变换为无液体的干"耙"；第二个步骤意在将尸体复原，其手段是给死者提供人造的面容和躯干以及为其穿戴衣服、头饰和鞋子。李清泉进一步注意到张世卿的木质覆面（参见图2-48）和契丹的金属覆面（参见图2-52）具有类似的造型因素。[177] 然而，这些相似性也凸显了两种礼仪习俗之间的不同。如前所述，辽代汉人的墓葬只葬有木质和稻草做的偶人，而在契丹墓葬中，至少已经发现了24个金属覆面和18件金属丝尸衣。[178] 而且，根据火化的习俗我们可以将墓主人定位为佛教徒，而给尸体涂抹防腐涂料的做法则表明了死者的契丹渊源。这些相似和不同指示出多种族社会中的互相指涉的丧葬系统，说明该社会为其成员提供了足以展现其不同种族和宗教身份的渠道和方法。

　　复原身体时所用的不同材料进而提出了一个问题：为什么辽代的汉人用木材来制作丧葬偶人？——这种材质易于腐朽因此似乎和永恒的观念格格不入。[179] 尽管任何答案都只能是推测，这个问题使我们从中国传统丧葬文化中的道教习俗中发现丧葬偶人的第三个来源。一个重要的线索是宣化辽墓中发现的偶人皆用柏木制作。若干古文献记载了以柏人替代生人的故事，其中一个见于《世说新语》，讲述了东晋（317—420）大臣王导（276—339）请著名的数术家郭璞（276—324）为他占卜。郭璞断定王导很快将遭遇一场致命的飞来横祸，便给了他以下的建议："命驾西出数里，得一柏树，截断如公长，置床上常寝处，灾可消矣。"王导遵照了郭璞的指点。不久以后，果然一天雷电大作，击碎了柏人，[180] 但他却得以逃避灾难，全其天年。

　　然而还是考古的证据最明确地证明了宣化偶人和道教丧仪之间的关系。1973年，考古学家在江西省首府南昌北部发掘了一座唐墓，出土物品中有一件用完整柏木雕刻而成的立人像。它五官清晰，头戴玄冠，身着长袍。背部书写的长铭将其称为"柏人"，并明确说明它是为某位卒于890年、时年54岁的熊氏之墓葬而制作的。和前文讨论过的其他"解除俑"一样，这一雕像用以代替那位作古的妇人及其子孙和奴仆来答复"地中神呼"，保护他们避免冥界的凶险。[181]另一类似的"柏人"出自江西彭泽，纪年为1090年，证明这一传统一直持续到宋、辽时期。[182]

（2）陀罗尼棺：超越死亡

宣化张氏墓地出土的偶人——死者的复原之身——是盛放在长方形的棺木中的。棺盖四周呈覆斗形，四方斜坡中的三面之上写有铭文："陀罗尼棺，以其影覆之功，既济魂归之质，不闻地狱，永受天身，谅尘墨之良，因与乾坤而等。固谨记。"[183]

因其四面和顶部皆写有陀罗尼经，这种棺被称为"陀罗尼棺"。梵文"陀罗尼"的意思是在心中"保存"、"维护"和"持有"佛陀的教诲。这个词的各种汉语翻译——包括"总持"、"能持"、"能遮"等，均表示对大智慧的全面维持和对罪恶欲望的永久控制。由于中古时期佛教徒，尤其是密宗的信徒把陀罗尼视为一切法门的根本，陀罗尼渐渐地具有了对佛性根本觉悟的含义，修行陀罗尼也就如修行一切法门。

宣化陀罗尼棺上的陀罗尼经文以三种方式书写。第一种以梵文的陀罗尼秘咒覆盖棺的三面，每一则秘咒的末尾处标以该咒的汉语标题。第二种方式是在棺盖上书写汉文音译的陀罗尼秘咒。第三种方式是将一整篇《心经》——这是最重要的一种陀罗尼经文——抄写在棺的前挡上。以这三种方式书写的经文具有不同功用。梵文秘咒和汉语音译的陀罗尼对普通中国信徒而言并无直接文字意义。这些经文之所以未翻译，是因为其力量主要存在于不可解视觉和声音形象之中。如张保胜所指出的，这些异域的、不可解的符号构成了一个被称为"陀罗尼曼陀罗"的空间结构，[184]将死者笼罩在其"影中"并在佛法的世界拥抱其"归魂"。《佛顶尊胜陀罗尼经》中的一段话把这一观念展露无遗[185]：

> 佛告天帝，若人能书写此陀罗尼，安高幢上，或安高山，或安楼上，乃至安置窣堵波中。天帝，若有苾刍苾刍尼优婆塞优婆夷族姓男族性女于幢等上，或见或与相近，其影映身，或风吹陀罗尼幢等上尘落在身上。天帝，彼诸众生，所有罪业，应堕恶道地狱畜

生，阎罗王界，饿鬼界，阿修罗身恶道之苦，皆悉不受，亦不为罪垢染污。天帝，此等众生，为一切诸佛之所授记，皆得不退转于阿耨多罗三藐三菩提。[186]

值得注意的是，这段话所强调的不是"读"经，而是"观看"和"接触"经文的效果。根据这个道理，铭写于棺上陀罗尼经文与死者复原后的身体发生了密切关系，使"其影映身"。在其他辽墓中，陀罗尼经文被刻在墓中的石板、石柱和石墙上，把整座墓室变成一个佛法的境界。[187] 而最明确的是，内蒙古敖汉旗喇嘛沟墓葬中有一座墓在室顶上书有这样的文字："真言梵字觞尸骨，亡者即生净土中。"[188]

与梵文写经及转音汉字不同，《心经》以可读的汉字呈现于陀罗尼棺的前挡，不仅给棺注入了神秘力量，而且赋予其文学意义。《心经》是大乘佛教经典般若部中最短的一篇，通行的汉语译本只有260个汉字。[189] 但它被视为对佛教中"空"的教义的最精练阐释。以下是该经的核心部分：

> 是故空中无色，无受想行识，无眼耳鼻舌身意，无色声香味触法，无眼界，乃至无意识界，无无明，亦无无明尽，乃至无老死，亦无老死尽。无苦集灭道，无智亦无得。以无所得故。菩提萨埵，依般若波罗蜜多故，心无挂碍。无挂碍故，无有恐怖，远离颠倒梦想，究竟涅槃。三世诸佛，依般若波罗蜜多故，得阿耨多罗三藐三菩提。

我们不难理解为何《心经》被完整地抄写在宣化辽墓的陀罗尼棺上：一方面它许诺从现象世界的苦难中永远地解脱死者，另一方面其篇末附有一个强大的辟邪咒语，被称为"是大神咒、是大明咒、是无上咒、是无等等咒"。在宣化的一具陀罗尼棺上，《心经》之后又有一段供养铭文，明确地显示了此经在墓葬语境中的功能："愿以此功德普及于一切亡过与众生，皆共成佛。"

第三章　时间性

> 天地玄黄，宇宙洪荒。日月盈昃，辰宿列张。
> 寒来暑往，秋收冬藏。闰余成岁，律吕调阳。
>
> ——《千字文》[1]

　　南朝周兴嗣（卒于 521 年）撰写的这些诗句描绘了创世初始时的宇宙。并无一个外在创造者的意志和行动，时间和空间调整了自身的步调，无数天体显现于天空，开始围绕着一个神秘的轴心旋转。光明和黑暗、寒冷和暑热获得了运动的韵律，形成一年之中的日、月和四季。有意思的是，这一创世纪过程被复现于许多中国古代墓葬的建造和装饰中：日月和星宿被绘于墓顶，继而被四神所环绕——象征着围绕宇宙轴心不懈运转的能量。通过这种艺术创造，黄泉之下的一个无像空洞被转化为有机的微型宇宙。墓葬中的其他因素，包括传达不同时间概念的图像、器物和墓主人遗体，进一步丰富了这一宇宙模型。无论传达的是历史的、传记的还是心理上的时间，这些第二层次上的时间表现与墓主及建墓者的文化、观念和体验有着更密切的联系，它们习惯性地叠加于宏观宇宙秩序之上。因此，墓葬装饰从不拘泥于一种单一的时间性，而总是把多重时间性综合到一个复杂的互动之中。

　　这里所说的"时间性"，意味着把自在的时间秩序化和系统化为某种特定的性质和状态。哲学家已经撰写了大量著作来解释种种时间秩序和系统。比如保罗·利科在他的《时间与叙事》中讨论了不下二十种时间，包括宇宙时间、普遍时间、纪念性时间、神话时间、星空时间、共同时间、客观时间、历史时间、凡俗时间、经验时间、一般时间、礼仪时间、物理时间、心理时间、私人时间、公共时间、匿名时间，以及日历、编年和其他时间表述。[2] 然而贯穿其讨论的持续线索可说是内在的

"经验时间"和外在的"宇宙/神话时间"之间的互动。[3] 根据他的理论，这一既对立又结合的互动产生了历史叙事和虚构想象。有些令人吃惊的是，这一见地极为贴切地阐明了墓葬这一古代艺术和建筑传统的一个关键方面。

要理解经验时间和宇宙/神话时间在想象和构造古代墓葬中的互动关系，最直接的方法是回顾一下对这一礼仪空间的两种原始描述。司马迁对秦始皇陵地宫的描述将其内部的微型宇宙世界（上具天文，下具地理）与秦始皇本人历史存在的象征（宫殿、臣民及其所拥有的珍奇物品）并置在一起。而陆机的《挽歌诗》则从死者的角度描述了墓内的宇宙环境——正是诗人的声音表达了死者持续存在的感知。这两段描述因此揭示出潜藏在墓葬建筑和装饰之下的同一个"核心构成"，其特点是主体和客体、文本和语境、自我和环境的互动。

本书的前两章考察了墓葬空间和艺术媒介所显示的互动：我们看到明器和其他器物是如何定义墓中死后灵魂的存在，绘画和雕塑又是如何为死者构造象征性的宇宙和家居环境。本章将不仅仅把墓葬视为一个空间建构，而且是一个时间建构，以此来扩展对墓葬的解释。实际上，由于时间和空间从不割裂，很多前文讨论过的"空间性"再现同时也是"时间性"再现。下文中我将首先讨论表现宇宙/神话时间系统的绘画和雕塑。这个系统之所以既是宇宙的也是神话的，是因为它所表达的时间是无始无终的循环，将一个墓葬置于完美平衡与和谐的位置。由于这个原因，这种时间再现能够轻而易举地吸收任何与"不朽"相关的概念和符号，因此把对宇宙的科学知识和对仙境的想象融为一体。

本章的下一个着眼点是"生器"所表现的经验时间。生器指的是随葬品中原属于死者的私人物品，其与墓主之间的内在关系使它们成为具有多重含义的特殊符号。当举行葬礼时，它们陈列其中，这些物品使人们想起一个已故的家庭成员或朋友，勾起回忆并激起情绪反应。因此在这一阶段，它们指向往日或过去，与死者的遗体具有同一时间性。然而一旦被埋入墓中，它们又获得了一种新的意义，表示死者在一个不同时空中的"再生"。由于中国古人相信死者灵魂具有意识和活动能力而且"生活"在墓中，这类物品不再象征墓主的昔日生命，而是见证了处于黄泉之下的一个"当下的彼岸生活"。

在这个意义上，生器与传达"历史时间"的图像和文本——本章的第三个话题——有一个重要不同。这些图像和文本由古人形象、古风样式和死后传记组成，是以回顾式的眼光对历史的重构。如果生器在本质上是私人的和碎片式的，这些重构历史的图像和文本则把死者置于私人叙事之外，把他或她当作公共评价的对象。墓葬艺术中对历史时间的再现因此在本质上是社会性的和政治性的。

本章最后一节所讨论的是墓中所描绘的各种"旅行"。这些图像引导我们探讨墓葬艺术中的一种不同类型的时间性。前面讨论的三种时间秩序——宇宙/神话时间、经验时间和历史时间——中的每种都构成一个自给自足的再现系统，但是旅行的图像则模糊了这些系统之间的界限，并将它们连缀为不息的运动和转化。

宇宙/神话时间

本章起始处所引的《千字文》中的诗句展示出中古时期的一种宇宙意象：宇宙无所不包，涵盖天地万物，因此也就是一个绝对的"内部"——一个无所孑遗的闭合系统。无论是具体的天体或是概念性的元素，它们的运动都是这个闭合系统的有机组成成分，其运动所生发的度量规定了宇宙内部的节奏。这种无限的包容性和固有的时间性使得以写实方式描绘宇宙变得不可能。为了解决这个问题，中国古人很早就发展出两套视觉系统，一种用符号和图式来图解宇宙运动，另一种则把这一运动画成可见的天象。第一种传统启发了抽象化和图式化；第二种则引出了图像描述和隐喻。"图"和"画"这两个视觉传统并行不悖地发展了几千年，在这个过程中二者也不断地互动，产生出大量把宇宙/神话时间与概念性、描述性的符号结合在一起的综合性形象。

"图"之传统的最佳早期例子是位于洛阳附近金谷园的新莽壁画墓。[4]【图 3-1】造墓者使用了不同的图像来装饰前后两个墓室。前室的装饰简单而抽象，没有动物或人物的图像，唯一的装饰部分是墓室顶部。这里，五个圆点从穹顶顶部的卷云纹背景中脱颖而出，在这个神秘空间的中心构成了一个抽象的图案。【图 3-2】

1 世纪初的观者一定很熟悉这个图案，即刻就会把它视为对五行

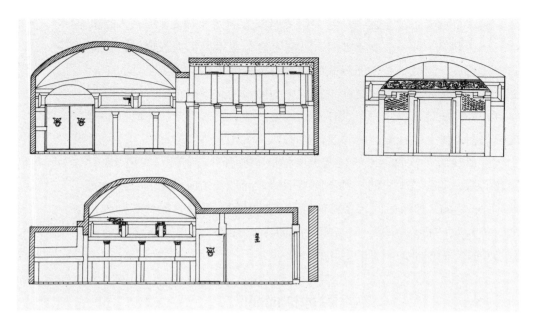

[3–1] 洛阳金谷园新莽壁画墓平面图，公元8—25年

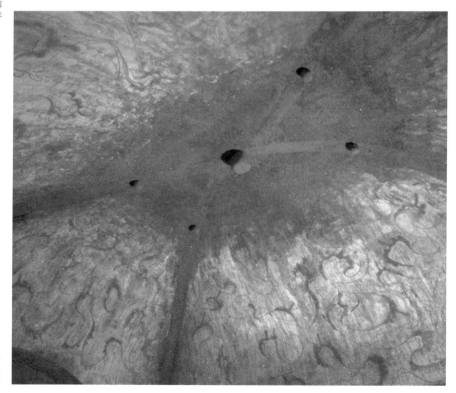

[3–2] 洛阳金谷园新莽墓前室顶部，公元8—25年

158 | 黄泉下的美术

（即木、火、土、金、水五种元素）的描绘，并会在脑海中把这些不相干的点连缀成激活宇宙的动态变化。的确，尽管这一图案非常简单，但它却概括了汉代宇宙论中所有以"五"为组合的自然和人类现象，如五方、五岳、五律、五色、五味、五感、五官、五脏、五指、五趾、五常、五德、五经等等。但是这一图案所指涉的还不仅是世界万物的分类，更重要的是其五种元素的空间位置暗示了宇宙的内在运动，在这个意义上它应该被看成是一个由"五个阶段"构成的连续转换过程。这一宇宙理论最精彩之处在于它隐含了"逆行"和"顺行"两种运动方式：五行可以沿着两个相反的方向发生联系，构成"相生"或"相克"的关系。【图3-3】在第一种序列中，木生火、火生土、土生金、金生水、水生木。在第二种运动里，木克土、土克水、水克火、火克金、金克木。

与前室中高度抽象的五行图案相对，金谷园汉墓的后室显示了多种动物和人物形象。然而其潜在的结构仍然是理性的和图式化的。一组十二个神祇和其他宇宙符号，包括勾芒、蓐收、祝融、蜚蠊和四神，围绕墓室构成了一个线性的行列。这些形象与《月令》中的各个月份相对应。《月令》描述了自然界的季节性变化，并为不同的月份规定了适当的人类活动。后室中的这些图像因此代表了一年十二个月的运转。发掘者进一步指出后室顶部的绘画描绘了日、月、五行（这一次以动物和人物形象表示），以及双龙穿璧的升天图。整体看来，顶部的图画综合了三种时间秩序——日月象征的一般性时间，五行象征的宇宙内部运动，

[3-3] 五行：a 相生图；b 相克图

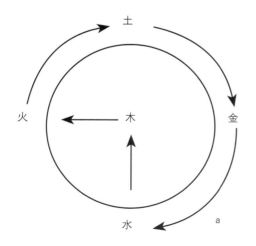
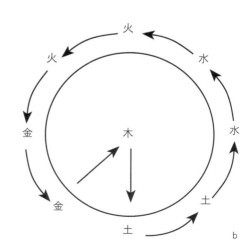

以及死者灵魂的旅行。

无论是以抽象还是具象方式出现，金谷园汉墓中的图像旨在展示宇宙的基本模式，而不是描绘经验的世界。正因如此，这些图像与西安出土的一座同时代的壁画墓有着根本区别，后者把宇宙/神话时间再现为清晰天界中的具体天体运动。[5] 尽管画家笔下的动物和人物仍然具有强烈的象征意义，但是这些图像所象征的不仅是抽象的观念，而且也是真实的天文现象。

考虑到这座墓的体积——墓室只有 1.83 米宽和 2.25 米高——这一圆形壁画显得异乎寻常地大。它的直径有 2.68—2.70 米，覆盖了整个券顶的跨度并伸展到侧壁上。实际上，只有当一个人躺在地上仰视才能看到整幅构图，这或许也正是这一壁画应该被观看的方式。从这一位置——也就是死者的位置——我们发现整幅绘画由两个很大的同心圆构成。外圈中绘满二十八宿符号和四宫，内圈中日月相对，鹤雁在浮云中展翅飞翔。【图 3-4，并参见图 1-32】

这幅壁画是目前保留的最早的"天图"之一，吸引了很多学者，尤其是科学史家的注意。这些学者将此画与古代天文学著作——特别是司

[3-4] 西安交通大学西汉壁画墓天象图外环，西汉晚期，公元前1世纪

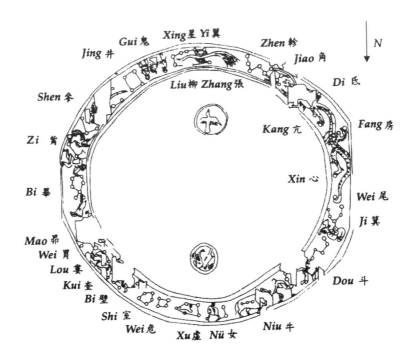

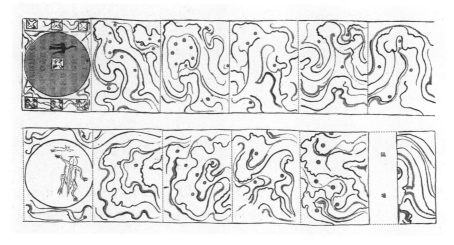

[3-5] 河南洛阳烧沟61号墓星象线描图，西汉，公元前1世纪

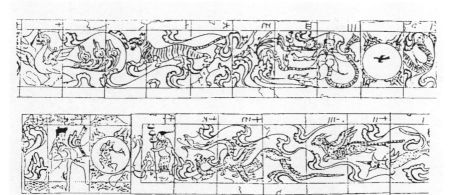

[3-6] 河南洛阳卜千秋墓墓顶壁画线描图，西汉，公元前1世纪

马迁《史记·天官书》——进行了对比，认为它对天空的描绘基本与汉代天文学理论中的"盖天说"相符。[6] 然而尚未被充分强调的是：这幅壁画所表现的并非一个静止的天空图像，而是传达出强烈的运动感。确实，如果我们把它与洛阳附近一座略早汉墓中的天文图作一比较，便会看到在图绘宇宙时间上的一个重要进步。这座洛阳汉墓的年代为公元前1世纪中期，在考古文献中被称为烧沟61号墓。它的上部有一个斜坡形的墓顶[7]（参见图1-3、1-10），斜坡之间的狭窄屋脊上是一幅天图，上绘点点星辰，散布在弥漫的云气之中。无论是星辰还是云气都没有表现出单向的运动感，位于两端的日月进一步增强了构图的稳定性。【图3-5】类似壁画亦见于同时代的卜千秋墓。【图3-6】与这种长条形的构图不同，西安

第三章 时间性 | **161**

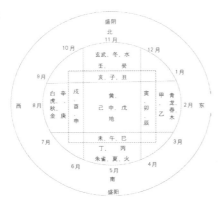

[3-7] 阴阳、五行理论示意图

壁画墓的画家不仅在圆形的带状区域中描绘了点点星辰和星宿，而且将这些符号、动物和人物形象结合在一起，表现了一个融合阴阳、五行和二十八宿的运行的线性进程。

在中国思想史中，从东周到汉代出现了一股将各种宇宙模式融合为一个综合性宇宙论的趋势。【图 3-7】中的示意图概括了据认为是哲学家邹衍（公元前 302—前 240）在公元前 3 世纪创立的一个宇宙理论，把阴阳转换和五行模式叠加在一起。

郑德坤在解释这幅示意图时说："环形区域被分为九个部分，中间为象征'土'的黄色方块。周围的四方为不同的颜色、神祇、季节、天干和地支以及相应元素所占据。阳气在东北生发，在南方茁壮；而阴气在西南生发，在北方茁壮。"[8] 另一个宇宙模式进一步把阴阳运行和划分天界的二十八宿相结合，时间通过天体的互动变得可以测度。如公元前 2 世纪的文献《淮南子》所言：

> 欲知天道，以日为主，六月当心，左周而行，分而为十二月，与日相当，天地重袭，后必无殃。星，正月建营室，二月建奎、娄，三月建胃，四月建毕，五月建东井，六月建张，七月建翼，八月建亢，九月建房，十月建尾，十一月建牵牛，十二月建虚。星分度，角十二，亢九，氐十五，房五，心五，尾十八，箕十一四分一，斗二十六，牵牛八，须女十二，虚十，危十七，营室十六，东壁九，奎十六，娄十二，胃十四，昴十一，毕十六，觜二，参九，东井三十三，舆鬼四，柳十五，星七，张、翼各十八，轸十七，凡二十八宿也。[9]

这一段文字对理解古代墓葬中的宇宙/神话时间相当重要，因为它把二十八宿和数字"十二"联系在一起。在很多汉代以后的墓葬中，二十八宿常常和十二地支相互对应。在中国古代天文学中，十二地支和十二辰——日、月、岁星穿行黄道时划分出的十二区域——息息相关。地支因此被用于标记一年中的月份，而辰也成为计时的标准。十二地支（子丑寅卯辰巳午未申酉戌亥）的另一常见用途是将它们与天干（甲乙丙丁戊己庚辛壬癸）依次配合来形成传统历法中往复循环的六十干支。

[3-8] 东汉铜镜，公元1—2世纪，直径16.5厘米，北京故宫博物院藏

在其对十二地支图像的出色研究中，Judy Chungwu Ho 将十二生肖形象的起源追溯至汉代的规矩纹铜镜【图3-8】，并对这些铜镜的丧葬意义做了如下推测：

> 规矩纹铜镜已是学者们深入考察的主题，被广泛地视为中国宇宙的陈规性图式。它中央的方块代表地，外围的圆圈代表天。方块的四边与四神（北方玄武、东方青龙、南方朱雀和西方白虎）所代表的四方相应。这四界也扩展到天界，表示四宫或星宿，[10] 与中央的隆起镜钮一起代表五行。面向外侧的地支被置于中央方块之上，从对应于北方玄武的子开始，沿顺时针方向顺次往后，清晰地表明了它们作为天地分界的功能。
>
> 镜上的T形符号与四边相接，L形符号与外圈的四角相接，代表了与式盘相类的对宇宙能量的理想排列。规矩纹铜镜以这种方式注入了占卜意义来确保好运，更好地在死后之旅中护卫死者。[11] 这种铜镜常常在外圈带有铭文，诸如"子孙备具居中央"或"长保二亲宜侯王，辟去凶恶追不羊（祥），乐未央兮。"[12] "居中央"也意味着处于从宇宙能量中收获最大福祉之位置。这些铜镜通常位于棺的附近，起到与曼陀罗类似的作用，使死者位于"神圣的中心"亦即处于与宇宙能量保持完美平衡和和谐的状态之中。[13]

规矩纹镜上的纹样和洛阳、西安墓室壁画之间有着醒目的相似性。（参见图1-32, 3-4）这三个例子年代相近，都将抽象符号和动物象征组织成

[3-9] 山西太原北齐娄睿墓墓顶十二地支壁画,公元6世纪晚期

圆形构图来表示宇宙能量的空间序列和运行时态。这一图绘宇宙/神话时间的传统延续到了后代。但一个关键性的发展则是十二生肖图像在墓葬装饰中的流行。已知最早的这类图像的例子见于6世纪末的娄睿墓。此墓穹顶上的残存壁画中有一头牛——"丑"的象征【图3-9】。由遒劲的墨线绘成,这头牛漫步天穹,穿行于其他神话动物之间。十二生肖图像随即发展为圆雕和浮雕;其形象逐渐从动物转变为半人【图3-10】以至完全的人形【图3-11】;其在墓中的位置也从棺的两侧逐步系统化到构成环绕地下墓室的和谐之圆。后一种设计的代表是五代吴越国马皇后康陵【图3-12】和王处直墓(参见图1-59),二者年代均为10世纪。十二地支在此二墓中被塑造成一系列天官形象,置于围绕主室的十二个壁龛之内。[14] 这一设计在12世纪的礼仪指南《大汉原陵秘葬经》中得到完全的系统化。这部书的主要关切点是使墓葬结构和宇宙图示完全符合。如前所述,该书中"明器神煞"一章中的四个示意图规定了从皇帝到庶民等不同社会地位的人的墓室设计。(参见图2-25)虽然每种设计的繁简差别很大,但是它们的时空程式却并无二致:四种布局都把棺置于由十二地

[3-10] 唐青铜鎏金十二生肖俑·牛，公元8世纪

[3-11] 晚唐全人形十二生肖俑·鸡，公元9世纪

[3-12] 浙江临安吴越王墓十二生肖俑龛，五代，公元939年

第三章　时间性 | **165**

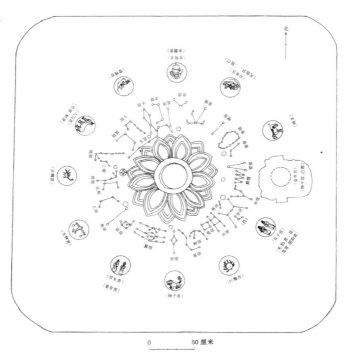

[3-13] 河北宣化张世卿墓（M1）墓顶壁画线描图，辽，公元1116年

支所构成的长方形框架结构的中央。

5世纪之后的壁画墓常在墓顶绘有天文图（astronomical drawing）或天象图（cosmograph）。这两类壁画虽具有类似的象征性，但其题材和图绘语言实属于两个系统。天文图——或称星图——意图按照当时的天文知识描绘具体天文现象，如日、月、星、星宿和银河，将穹顶转化为一个灿烂星空（当然，不少墓葬中的这种图完成得相当草率）。（参见图1-33）天象图则使用传统的象征系统来展现宇宙结构。这两类图像因此延续了汉代墓葬艺术中以"图"和"画"表现宇宙/神话时间的两个传统。但与汉代的情况类似，这两个图像系统间的差异从不是绝对的。特别是在一些唐代以后的墓葬中，对星和星宿的描绘常常屈从于程式化的布局，而天象图则常常包括了天体的图像。这两种情形在宣化张氏墓地中都有所体现。

当1974年该墓地被发现时，学者们立刻注意到该墓地中张世卿墓中的一个不同寻常的特点：其墓顶绘有中国历史上首次发现的经过汉化的一幅完整的巴比伦黄道十二宫图。[15]【图3-13】虽然随后的讨论主要集

[3–14] 河北宣化张文藻墓(M7)墓顶壁画线描图,辽,公元1093年

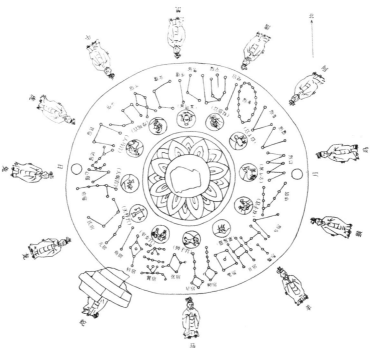

[3–15] 河北宣化张恭诱墓(M2)墓顶壁画线描图,辽,公元1117年

第三章 时间性 | **167**

中在东西方的文化交流，此画也促动了一些艺术史家从这座墓和其他张氏家族墓葬中寻找墓葬艺术中表现时间的证据。[16] 他们发现除了被破坏的九号墓外，该墓地中的其他八座墓墓顶上均绘有天文图或天象图；这些图像不仅显示了共同的元素，也展示了某些结构性的差异。对这些图像加以比较，我们能够发现三种基本构图模式，分别体现了对天界和宇宙时间的不同观念。

第一种构图见于张匡正墓(M10)、张文藻墓（M7）、张世本墓（M3）、韩师训墓（M4）和一座无法确认的张氏家族墓（M6）。这种构图的最大特点是它的简洁和程式化：一个广阔的蓝色环带围绕着绘于穹顶中心的莲花。[17]【图3-14】蓝色环带中绘有日、月、二十八宿以及散布的星星，显然表现圆形的天空。人们不难看到这一构图和公元前1世纪西汉壁画墓中天图之间的密切关系。(参见图3-4，亦参见图1-32) 与汉代原型一样，把天体罗列于环形区域之中暗示了宇宙内部的固有运动。

第二种构图见于 M2 和 M5，它以两种附加因素——十二地支和巴比伦黄道十二宫——丰富了第一种构图中的基本星图。张恭诱墓（M2）中的壁画保存完好，显示出整个构图是被两个同心圆分割成的三个环形。【图3-15】最内圈是一朵巨大的五彩莲花，原本悬挂在墓顶中心的一面铜镜构成了这朵莲花的莲心。随后的区域从里到外绘有三组天文系统和宇宙符号，依次是绘于一个个圆圈中的巴比伦黄道十二宫、点点星辰之间以直线相连的中国二十八宿以及东西对峙的日月。在这个区域之外，十二个身着汉式官服、以拘谨而一致的姿势站立的男性形象象征了十二地支。张世卿墓（M1）代表了第三种构图，它包括第二种构图的所有元素，但是描绘的顺序和形式却有所不同。最明显的区别是，此处的巴比伦黄道十二宫构成了壁画的外环，而用木雕表现的二十八宿则被安置于围绕墓室的一个个小龛里。

我们从这个分类可以得出三个看法。首先，第一种构图只描绘了天体而无动物和人物形象，它追随了可上溯至西汉的天文图传统。其次，由于张世卿墓以围绕墓壁的木雕表现十二地支，巴比伦黄道十二宫的图像在这个墓中获得了突出的呈现。[18] 很有可能这一选择反映了张世卿对外来知识系统的特殊兴趣。如前所述，他在辽代朝廷里担任过一系列职务，可能通过这个渠道接触到异域的文化和知识。

再者，M2 和 M5 的画家对张世卿墓壁画构图作了一些调整，以造就熔华夏和异域因素于一炉的综合性宇宙图景。他把巴比伦天文符号的体积缩小后移到内环，并把日月精确地排列在东西方。最明显的调整是：他使用象征十二地支这一本土观念的一组中国官吏来作为整个构图的新框架。这些调整具有双重效果：如今这一构图把不同来源的天文和天象符号熔铸为一个统一宇宙的图像模式，同时也赋予这个综合性宇宙以独特的华夏"外貌"。值得注意的是，这七座墓的年代指示出这三种构图的年代序列。具有第一种构图的墓葬都是在 1093 年建造的。张世卿在 23 年以后的 1116 年去世，他所下葬的墓中第一次出现了巴比伦黄道十二宫的异域图像。而饰有综合性构图的 M2 和 M5 都建于次年即 1117 年。似乎这最后两座墓的设计者使用了他所知的一切方式，来实现这一最富于"综合性"的对死者宇宙的描绘。

"生　器"

在 3 世纪的潘岳（247—300）以"悼亡"为标题写下一组怀念亡妻的诗歌后，这个标题便代表中国诗歌中的一个子类型。悼亡诗往往在开篇时感叹永恒宇宙中的短暂人生，随即表达诗人对逝者的思念，最后以生者在人世中的责任为结束。潘岳的第一首悼亡诗以如下诗句开篇：

> 荏苒冬春谢，寒暑忽流易。
> 之子归穷泉，重壤永幽隔。
> 私怀谁克从，淹留亦何益。
> 黾勉恭朝命，回心反初役。

虽然诗人准备返回他的世间义务，但是他的离去突然被阻住了：他的注意力被故居中亡妻的物品所吸引，这些物品将他引向记忆中的某个时空。他徘徊着，沉湎于这些带有亡妻可见或不可见痕迹的什物。作为昔日生活的残片，这些东西似乎在他眼前唤醒了她的在场。

> 望庐思其人，入室想所历。

帏屏无仿佛，翰墨有余迹。
流芳未及歇，遗挂犹在壁。
怅恍如或存，回遑忡惊惕。[19]

　　潘岳在此处描述的体验是普遍的：但凡一个人去世，他或她的东西便成了寄托感伤的遗物。这或许就是这些东西常常在葬礼上被陈列的原因。据《荀子》，葬礼上陈列的随葬品包括明器和生器。我们已经知道明器是专门为死者制作的代用品。生器则是从死者生前拥有物中挑选出来的物品，包括实用器和乐器、兵器和铠甲、艺术收藏和私人物品。[20] 确实，以生前用品随葬死者的做法肯定先于明器的发明，而且从未在历史中消失过。妇好墓的发掘——这是公元前 13 世纪一位显赫的商代王妃——表明商代王室墓中的许多青铜器应是属于生器的范畴。

　　在出自河南安阳的商代末代都城的甲骨文中，妇好这个名字屡屡出现。根据这些卜辞，她是商王武丁的配偶，也是商代军队的一位显赫统帅，曾经率领一万三千名士兵征服了某个邻国。她的墓葬，即殷墟五号墓，发现于 1976 年，是已知唯一未被盗掘的商代王室墓。[21] 此墓的一个醒目特点是有限容积和丰富随葬品之间的强烈反差。显然，在这个墓葬中，表现妇好特殊社会地位的不是墓葬的建筑形式，而是随葬物的内涵。在只有 5.6 米长、3.85 米宽的一个竖穴土坑墓中，考古学家发现了不下 1600 件器物。出土的 468 件青铜器包括 210 件大型青铜礼器（参见图 I-3），四面铜镜和 89 件铜戈。755 件出土的玉器中有一组来自龙山、良渚、红山和石家河文化的新石器玉器，或许是妇好在征战中聚敛起来的珍贵古董收藏。值得注意的是，109 件青铜礼器上铸有妇好的名字。因为商代贵族在死后被给予特殊的"庙号"，标志着他或她已成为祖先崇拜的对象，我们可以推断这 109 件器物是妇好生前所铸，很可能是属于她的私人所有物。墓中还出土了 7 件带有"母癸"和"母辛"铭文的铜礼器，这是两位先妣的庙号。发掘者判定此处的"母辛"即为妇好的庙号，但是吉德炜（David Keightley）认为这个母辛所指的实际上是另外一个人，而这些礼器之所以被葬于妇好墓中乃是因为"她（即妇好）在死后世界中将使用这些器物来祭祀某个母辛（或母癸）"。[22] 换言之，根据吉德炜的说法，殷墟五号墓中的"母辛"器物未必是在妇好死后特别制作的随葬器物,而很可能是她生前使用过的"生器"中的一部分。

这就又引发出一个更大的问题:为何西周墓中发现的不少铜器是实用的祭器而且带有"子子孙孙永宝用"的铭文?林巳奈夫相信这一做法暗示了一种当时的信仰,即贵族家庭的已故成员需要在死后世界中继续履行祖先崇拜的礼仪职责,这样他们也会为其子孙树立一个榜样。[23] 罗泰将这一阐释又推进了一步,他在前不久发表的一本书中写道:"刚刚形成的祖先神仍是社会的重要组成部分:通过其后代子孙绵绵不绝的崇拜,他或她似乎仍然活着——尽管是以一种不同的形式存在。"[24] 根据这个理论,在这种想象的祭祀系统中,作为一种特殊生器的随葬礼器把墓主人(或其灵魂)与他的祖先和子孙联为一体。

这一阐释虽然有道理,却缺乏来自西周文献的直接支持。只是在数百年后,东周哲学家荀子才公开解释了把私人用品埋入墓葬的意义:

> 具生器以适墓,象徙道也。略而不尽,貌而不功,……是皆所以重哀也。故生器文而不功,明器貌而不用。[25]

据法国学者杜德兰(Alain Thote)的说法,战国时期楚墓中随葬的私人物品包括梳子、镜子、带钩、随身武器、乐器、竹箱、席子、枕头、扇子和酒食用具等等,构成了陪葬品中的一个新的门类。[26] 从这些器物的类型和同时代的文献来判断,此时生器的意义和礼仪功能已经与商代和西周时期有了重要变化。一个可能的原因是这些器物之所以被埋入东周墓葬中,是为了满足死者的死后旅行之需。[27] 但是前文所引荀子之文也强调了生器的另一个倾向,即在从实用器向葬礼过程中礼仪符号的转变。与从来未属于人间的明器不同,生器通过位移和重建语境而实现其礼仪功能。这就是为什么荀子特别强调它们作为消亡整体之遗存的含义。换言之,为了象征死亡——在这个过程中活人变成功能全失之尸体——生器也必须抹去其昔日的实用性。清代学者王先谦(1842—1917)对荀子提出的"徙道"观念做了进一步解释:"器当在家,今已适墓。以象人行,不从常行之道,更徙它道也。"[28] 而另一个清代学者郝懿行(1757—1825)则认为可以从哀悼者的角度去理解随葬生器的做法:"谓如将移居然耳,亦不忍死其亲之意。"[29]

郝懿行的评语点出了这些解释中的一个本质论点，即生器在墓中的意义和有效性赖于其唤醒记忆和激起情绪反应的能力。可能和这个论点有关，长沙仰天湖的一座东周墓中出土的遣册提供了一个有趣的证据，其中一支竹简（第15号简）写着："一新智绺（履），一旧智绺（履）。"[30] 虽然和新履一起在葬礼上陈列，旧履肯定更能在悼亡者脑中唤起死去亲人的昔日存在。然而对于死者而言，私人物品的意义只能基于它们和自己的亲密关系。发现于敦煌藏经洞、现存大英博物馆的一篇非常有意思的遗嘱准确地表达了这第二种情况。这篇以诗文形式书写的遗嘱是10世纪前后的某位康氏留给她的丈夫的。其与众不同的内容和朴素的文字风格证实了它的真实性：

> 日落西山昏，孤男流（留）一群。
> 剪刀并柳尺，贱妾□随身。
> 盒令残妆粉，流（留）且与后人。
> 有情怜男女，无情亦任君。
> 黄钱无用时，徒劳作微尘。

君但努力，康大娘遗书一道。吾闻时光运转，春秋有生煞之斯（期）；人命无常，夭老（有）鬼死亡之路。[31]

平民出身的康氏仅仅把自己的剪刀和尺子带到地下世界。但对有钱有势者来说，他们更珍视的常常是珍稀古玩和艺术品。例如，数种古文献记载了有关汉武帝的一则轶事：在所有来自邻国的贡品中，他最珍爱的是西胡王馈赠的一个玉盒和一支瑶杖，因而在去世的时候"入梓宫中"。[32] 这类故事中最脍炙人口的一个涉及唐太宗（627—649年在位）以及王羲之（321—379）的书法杰作《兰亭序》的命运。据说，本人也是书法家的唐太宗对王羲之的书作极为倾心，对任何献上王羲之书作的人都给予丰厚的赏赐。这一鼓励颇为奏效，几年之内他竟然收到了多达3600件号称为王羲之的作品。但是王羲之的书法明珠《兰亭序》却仍保存在一个名叫辨才的僧人手中。辨才从他的师父、王羲之七世孙智永大师手中继承了这件宝物。智永在圆寂前把《兰亭序》托付给爱徒辨才，后者遂将其匿于寺院的隐秘之处。唐太宗执意得到这件杰作，就派了一个名叫萧义的机智大臣装扮成一个热诚的学者,去往庙中和辨才谈诗论字,骗取了后者的信任。萧义在发现了《兰亭序》的隐藏之处后,终于设法将它盗了出来。唐太宗在获得了这件作品之后与之形影不离,将其置于御座之侧,临摹再三,有时候在深夜之中。在他去世时,这件作品作为他的陪葬,永远留在他的身旁。另据《旧五代史》,在10世纪的战乱中,一个名叫温韬的军阀获得了这个宝物:"唐诸陵在境者悉发之,取所藏金宝,而昭陵最固,悉藏前世图书,钟、王纸墨,笔迹如新。"[33] 但也正是因为温韬的野蛮行径,《兰亭序》才得以重返人间并成为书法研究的典范。

§

这类文献材料引导艺术史家着手辨认墓中随葬的生器——已故艺术爱好者的绘画和玉器收藏、学者的私人藏书和手稿、地方官员汇集的法律文书、佛教和道教徒生前使用的法器、士大夫的冠和剑,或贵族妇女的化妆品和丝履。这些器物在宏观意义上可被视为"遗迹"(trace)之一种。利科认为遗迹具有两种不同但互相联系的功能。一方面,作为残迹和记号,它们是在此时此刻的可见之物;但另一方面它们又承载了已逝者的经历。[34] 一般说来,生器作为遗迹的意义是因为它们保存了一个消失的过去,通过自身的残存以使往昔不被彻底抹去。

康氏的遗嘱使我们回想起马王堆一号汉墓中出土的一些私人器物——这些器物已经帮助我们复原了轪侯夫人在北椁箱里的神座。(参见图1-47) 它们的核心是两件精美的漆奁【图3-16】和一支手杖。手杖在该墓出土的帛画中被表现为轪侯夫人手拄之物,此处则放置在神座旁边。(参见图2-37) 漆奁由昂贵的丝织物精心包裹,置于神座之上以暗示轪侯夫人的存在。奁中有许多显然属于女性的物品,包括盛放化妆品的小盒子、人发制成的假发、丝带、手绢、铜镜和铜镜磨光器、手套、用过的针线盒、两把梳子,等等。一个小盒里放着一枚印章,上面是轪侯夫人的私名辛追,证实了这些器物都是她生前所用之物。

沿着这条思路,我们可以进而研究马王堆三号汉墓中的生器,并将其与马王堆一号墓中所出同类器物进行比较(属于轪侯的二号墓在发掘

第三章 时间性 | **173**

[3-16] 长沙马王堆一号汉墓軑侯夫人漆奁盒,公元前2世纪早期

前被盗,因此无法用于比较性研究)。学者们一致认为位于一号墓正南的三号墓属于軑侯的一个儿子。[35] 根据墓中的兵器和两幅军用地图,发掘者进一步提出他在生前可能是一名高级军官。[36] 一号墓和三号墓的建筑结构相同,也具有类似的随葬品,包括大量实用器和墓俑、丰富的食物以及死者的画像。二者的一个主要区别在于母子二人的私人所有物。与一号墓一样,三号墓的北椁箱被设计为死者的私寝。三个奁盒放置在立屏前的空座上,其中没有女性物品,如化妆品和针线,但却放置了一顶士人的冠帽【图3-17】和其他属于男性的物品。座席周围摆放的物品,包括琴、棋、骰子以及随身武器,也符合墓主的男性身份。此外,东椁箱内出土的一件长方形漆盒内盛放了不下40篇有关哲学、军事、医学和方技的帛书,很像是公元前2世纪一位博学之士的微型图书馆。[37]【图3-18】

考古发掘也证明了随葬艺术品的文献记载。有关这种活动的最早证据来自妇好墓。上文说到妇好生活在公元前13世纪,在商王武丁时期拥有显赫的权力。商王室的甲骨文卜辞中记载有很多她的活动,包括指挥大型针对邻国的军事征伐。也如前文所述,1976年发现于安阳小屯

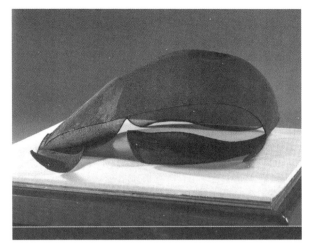 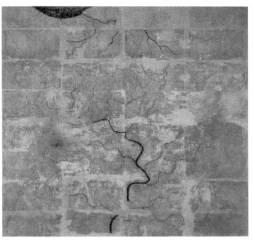

[3–17] 长沙马王堆三号汉墓男式冠,公元前2世纪早期

[3–18] 长沙马王堆三号汉墓中发现的一张画在丝帛上的地图,公元前2世纪早期

的妇好墓——即殷墟五号墓——是唯一未被盗掘的商代王室墓。其中发现了不下1600件器物,包括468件青铜器、560件骨器和象牙器、755件精美的玉器以及6000件以上的货贝。有意思的是,发掘出的玉器中有一组来自不同地区的史前玉器。[38] 有些学者提出妇好可能在其军事征战中收集了这些"古董"器物,并随她一起被带入死后世界。[39]

　　随葬收藏品的传统在此后的整个三代时期都在延续。1983年,一座公元前7世纪的墓葬在河南光山一座砖厂的修建过程中被发现。随后的考古发掘将墓主确认为黄国的国君孟及其夫人。[40] 与大部分同时代的墓葬有别,这座墓在单一的墓圹内放置了两个并排的木椁,似乎证实了这一时期出现的"同穴而葬"的说法,以表达男女之间至死不渝的爱情。《诗经》中的一首感人诗歌描述了一个女子对一位君子的单恋。诗结尾处是出自第一人称口吻的一个苦涩誓言:

　　　　榖则异室,死则同穴。
　　　　谓予不信,有如皦日![41]

　　我们在光山合葬墓中还可以找到显示黄国国君夫妇亲密关系的其他证据。根据木椁垫木的叠压关系可知黄君夫人先逝,她的椁室应该是在丈夫的监督下修建的。[42] 这解释了为什么她有着惊人丰富的随葬品——实际上较丈夫本人的还有过之而无不及。比如她伴随有22件青铜器，内中 14 件带有同样铭文："黄子作黄甫（夫）人行器，则永宝。"而丈夫的椁内只有 14 件青铜器，内中 10 件是他为自己所造的"行器"。[43] 两墓中都随葬了大量玉器，其不同凡响的数量和精美品质表明了黄君夫妇对这种艺术形式的热衷。[44] 但是妻子的所有同样超过丈夫：她棺中出土的精美玉器多达 131 件，几乎是丈夫棺中所出的两倍。在黄君夫人的玉器中，有些发现于她的头部附近，有些在胸前，还有些环绕于腰际，应该是她的私人配饰。在这些私人用玉中有一件是来自史前时期的古玉，作带珥人头形状。【图 3-19a】有意思的是，在属于黄君的玉器中，有一对玉饰以当时的东周风格"复制"了这个古代玉雕【图 3-19b】。这两组玉器——原件和复制品——似乎有意地彼此呼应，被赋予了感情的价值。但即使没有这层意义，那件古玉也毫无疑问是属于黄君夫人的一件生器，在她死后继续装饰她的身体。

　　大约 500 年后，刘胜和他的妻子窦绾在公元前 2 世纪晚期被分别葬于满城一号和二号汉墓中。在这两座墓中发现的私人所有物中，有一件鎏金青铜灯可说是汉代雕塑艺术的最杰出范例之一。【图 3-20】这件灯出于窦绾的棺室，上面所刻的九条铭文表明了它在汉王室不同成员手中流传的历史。根据这些铭文，这个铜灯最初是由阳信夷侯刘揭或其子中意所造，但当中意于公元前 151 年"有罪国除"后被没收充公，进入了窦太后的长信宫，归尚浴府使用。窦太后是汉景帝的母亲，是一位强势的政治人物。这位太后不仅是刘胜的祖母，也可能是刘胜之妻窦绾的亲属（这从她们的同姓可以见到）。可能她将这个铜灯赠给了本家中也嫁入王室的窦绾，而窦绾去世时把它带入墓中。[45]

[3-19] 河南光山东周黄君孟夫妇墓出土玉器：a 史前微雕头像，b 玉牌饰，春秋时期，公元前 7 世纪

[3-20] 河北满城二号窦绾墓出土鎏金青铜灯，西汉，公元前104年

第三章 时间性 | 177

由于绘画和书法的脆弱性，这些作品在地下墓室中保存下来的概率微乎其微。上述唐太宗在昭陵之中随葬《兰亭序》的故事，直到1970年之前还只是一个未经证明的孤例。在这一年，山东邹县的一座明朝藩王的墓葬被打开。[46] 其墓主为鲁王朱檀（1370—1389），是明太祖的26个儿子之一。建于石山之中的这座墓由前、后两个墓室构成。前室的焦点是一座涂成红色的祭坛，上面放着这位藩王的官印。祭坛之前的木俑组成了一个庞大的礼仪行列。朱檀的棺木位于后室，两侧摆放着他的私人用物。东边是他的帽子、靴子、腰带和梳洗用具；西边是一批绘画和珍稀书籍——这是目前唯一通过考古发掘获得的保持原有组合的明代私人的翰墨收藏。这些器物中的一部分因为不良的地下环境已经损坏，但是保存下来的部分仍然体现了一个明代藩王的品味。其中有宋高宗（1107—1187）题诗的南宋宫廷扇面画，元代著名画家钱选（1239—1301）的一件精美的花卉【图3-21】，以及一把极其珍贵的唐琴，上面的铭文"天风海涛"形容其声音的不同凡响。这一收藏还包括一批元版图书和一套围棋。如学者所释，所有这些器物应该都属于鲁王内府的收藏。

马王堆、满城和朱檀墓中的生器也反映出这种器物殉葬时的两个通常位置，一是靠近尸体，二是围绕死者的灵座。放在这两个位置的生器具有不同的意义：当与尸体放在一起的时候，这种器物指涉的是死者过去的存在；当用来围绕灵座的时候，它们则象征着持续存在的死者灵魂。生器在墓中的这种双重意义与前文所作的一个判断有关，即这些器

[3-21] 山东邹县朱檀墓出土的元代钱选作品，明，公元1389年

物在下葬的时候发生了功能和含义上的变化。简而言之，如荀子在公元前3世纪所说，之所以在葬礼上陈列生器，是因为这些器物最有效地象征了生死之间的连续。[47]但一旦埋入墓内，墓门关闭，这些器物就不再为生人所见，也就不再传递生人对死者的记忆；它们此时的功能是定义和连接死者的不同的时间性，构成死亡和再生之间的桥梁。在古代思想中，死者虽已逝去，但他们离开肉体的灵魂仍被想象为"活"在其地下家园中。墓中生器的意义因此既存在于其"过去性"又存在于其"现在性"之中：它们的源头在过去，但是在墓里它们也象征着一个永恒的现在。

历史叙事

1. 回顾性传记

生器带有死者生前经验的痕迹，墓内志石上所铭刻的传记则从回顾的角度概括和评价了墓主的一生。学者提出了不同的理论来解释这种墓葬铭文的起源，[48]但是大部分人都同意它与3到4世纪魏晋时期的一个政府法令有关——这个法令禁止在墓地中竖立石碑。为了回应这一禁令，人们将石碑转移到地下，将其和死者一起埋在墓中。[49]或许因为"阅读"已经不再是这一新环境中的主要因素，竖立的石碑逐渐转化为平躺在地的墓志。大约在5世纪中期，一块厚重的志盖进一步将志石隐藏起来。[50]【图3-22】这类有盖的墓志由两块互相拼合的方形石板组

[3-22] 典型石墓志

[3-23] 江苏邗江南唐王氏夫人墓志拓片,五代,公元 946 年

成,其设计有如储存死者传记的一个实心的石盒。墓志铭以正式书体刻写,志盖上则刻着死者的名字和头衔,环以各种宇宙符号或装饰花纹。【图 3-23】

一旦被发明,这种形式的墓志很快就取代了以前的类型,成为以后 1500 年中贵族墓葬的一个标准组成部分。墓志铭所记载的死者传记遵循着一种严格的文学规范。在大部分情况下,它在开篇时追溯死者的家族历史,常常溯源到远古人物。根据死者的不同性别和社会地位,这部分铭文可占全篇三分之一之多。志文随后叙述墓主人的生平,主要聚焦于他的仕途生涯和公共形象。撰文者按照年代顺序回顾他就任过的所有职位,以华丽的骈体文称颂他的品德和成就。全文通常以一篇押韵的诔文结束,概述死者的一生及其功德,并表达生者的哀思。

对墓志铭的简单介绍显示出"死后传记"作为历史叙事的三个基本特征。第一个特征是它具有一个基本的年代学结构,不仅按照时间顺序叙述死者的生平,而且把死者概念化为家族前代和后代的连接环节,赋予死者一种"过去与当下之间"的特殊时间性。这种时间观念并不局限于墓志,而是可以在很多祖先崇拜的场合中见到。例如,商代占卜者把王室祖先分为"近亲"和"远祖",二者拥有不同程度的神性和灵验程

度。后世儒家把逝者视为生和死之间的一种存在。正是基于这一观念，孔子提出了关于明器的著名理论："之死而致死之，不仁而不可为也；之死而致生之，不知而不可为也。"通过赋予死者介于过去和现在之间的一个居中时间性，墓志将这一逻辑内化为其叙事结构。

墓葬传记的第二个特征关系到叙事者的身份和叙事角度。顾名思义，这种纪念性文字必然是回顾性的，因为它总是在人死后写成和埋葬。篇末的韵文最明确地体现了这一角度：活着的哀悼者在这里直接站出来说话，对死者表达拳拳之心。有时诔文之后还附有一个完整的名单，列出在世家庭成员和门生故吏的姓名。这便引出了墓志的第三个特征，即它为死者构建"公共形象"的功能。一般认为墓志铭是对逝者的"盖棺论定"——是对其一生的客观的、历史的评价。因此其目的与角度与官修的朝代史相似，特别是因为朝代史也多由当今王朝为前朝所修。墓志铭与朝代史在文体上也多有相似之处。出自专业撰者之手，其写作风格倾向于正式而保守，只是在很偶然的情形下才能窥见私密和纯真的情绪表达。墓志铭在唐代以后变得越来越程式化和规范化，虽然所纪念的人物不同但语句几乎一模一样，有时整篇都是基于现成的范文。尽管宋代的墓志铭加入了更多的私人信息并相应变长，但是其基本的文体结构并没有重大变化。

墓志盖上的雕刻可简可繁，但大多数情形下由两个基本元素构成：一是各种宇宙符号，二是被这些符号围绕的死者的姓名和头衔。【图 3–23】中所示属于最复杂的一种，中心处所刻的铭文把死者确定为死于 946 年的江苏东海王氏。死者的名字被四层符号所环绕，从内向外依次是八卦、十二生肖、二十八宿和四神。其他例子中显示了较少的符号，多为四神或十二生肖，或二者之综合。

科学史研究者常用这类墓志盖的设计去证明中国古代宇宙论和天文学中的一般原则。然而我们应该意识到，这些设计是为了墓葬制作并被埋于地下，它们的目的是将死者置于一个象征性的宇宙中心。换言之，这些宇宙符号簇拥着死者的名字，因此把一种特殊的历史存在叠加在一般性的宇宙时空程序之上。当墓志的两部分被组合在一起——当下部的传记和志盖上的图案被放在一起——这一"叠加"造成的是历史性和宇宙性的重合。在原有的墓葬中，墓志的两块石板是用坚固的金属条固定在一起的。学者们正确地指出通过把这两部分合在一起,这种墓志把整个墓葬的象征性结构浓缩为一件特殊的人造物件。[51] 根据这个解释,我们甚至可以把墓志看成是墓中所建构的一个象征性坟墓:在墓葬中,死者的尸体被封存于棺中,置于画有满天星斗的墓顶之下;在墓志里,死者的传记被封存在石匣中,置于刻有宇宙符号的志盖之下——我们在这里看到的是一个统一的逻辑。还值得注意的是,在很多情况下,墓志被放在墓室的前部,与位于后部的棺内尸体相对。在这个对应关系中,墓志代表的是回顾性的历史建构,表现的是死者的公众形象;而以生器伴随的尸体则属于一个私密和个人化的空间。

死者的公共形象有时也可以通过图绘传记来实现——内蒙古和林格尔的一座大型东汉墓即是一例。[52] 此墓由六个墓室组成,其中三个较大的墓室位于中轴线上。彩色壁画覆盖了几乎每一寸墙壁,围绕着 250 条榜题描绘了 57 个题材。进入第一个墓室,一个假想的观者将会看到绵延的骑者围绕穹顶的下半部分驰骋。【图 3–24】一系列马车从西边开始沿着逆时针方向行进,表现了死者仕宦生涯的不同阶段——从孝廉到郎、西河长史、行上郡属国都尉事、繁阳令,最后是使持节护乌桓校尉。中室的壁画进一步展现墓主在各个任所上的活动,或接见下属,或察看胜仗后的献俘场面。与这些传记性壁画相伴的是古代圣贤、忠臣、孝子和祥瑞的图像——这都是对死者功绩和道德的含蓄赞扬。这些图画的叙事结构因此与墓志中用来构建死者公共形象的叙事结构同属一类。

在一些特殊情况下,一个墓里会同时存有死者的文字和图像再现。一个可能的例子是宁懋的墓葬,墓主宁懋在北魏朝廷中担任了一个中等的职务。在他于 501 年去世之后,他的后代为他造了一块墓志【图 3–25】和一件很可能铭刻了其肖像的精美房形石棺。[53] 根据墓志铭的一般写作惯例,其传记的第一段追述他的祖先,第二段聚焦于他的性格、修养和仕宦:

> 君讳懋,字阿〔念〕,济阴人也。其先五世属延溱汉之际,英豪竞起,遂家离邦,遥寓西凉。既至皇魏,佑之遐方□外。父兴,以西域辛陋,心恋本乡。有意东迁,即便还国,居在恒代,定隆洪业。

[3—24] 内蒙古和林格尔壁画墓前室墓顶壁画线描图，东汉，公元 2 世纪晚期

前室西壁出行图

前室南壁出行图

前室东壁出行图

前室北壁出行图

第三章 时间性 | 183

[3-25] 河南洛阳宁懋墓志,北魏,公元501年

[3-26] 河南洛阳北魏宁懋石棺,公元501年

君志性澄静,湛若水镜,少习三坟,长崇典,孔氏百家,睹而尤练。年卅五,蒙授起部曹□事郎。在任虔恭,朝野祇肃,至太和十三年,圣上珍德,转补山陵军将。抚导恤民,威而不猛,弥贪惠下,黎庶择心。至太和十七年,高祖孝迁都中京,定鼎伊洛,营构台殿,以康永祀。复简使右营戍极军主。官房既就,泛除横野将军甄官主簿。天不报善,歼此懿。春秋卅有八,景明二年遇疾如丧。[54]

宁懋石棺现存波士顿美术馆,形同一座汉代祠堂。【图3-26,参见图I-1】使之与汉代祠堂相区别的是它的功能、位置和装饰,尤其是外壁上的线刻。[55]【图3-27】在石棺后壁上,纤细的线条描绘出一个三间的木构建筑,每间中是一个男子肖像。这三人身着相似的士大夫服装,每人都有一个女性相伴,他们之间的主要区别在于其不同的年龄。右侧是一个年轻的男子,面容丰满,身材壮硕。左侧的中年人胡须浓密,面庞瘦削,身材修长。这两个人物都表现为四分之三侧面像,但处于中间的第三个人却是一个面朝内的弱不禁风的老者。他略微有些驼背,低着头,沉思地观看着手中的一朵莲花,正往石棺的内部空间隐退。随着佛教在6世纪中国文士中的迅速传播,莲花成为纯洁和智慧的一般性象征。这个中心人物似乎迷失在冥想之中,正准备迈入木构建筑,把此岸世界以及观者抛在身后。

黄明兰对这一构图提出了一个有趣的解释,认为所有三个画像都描

[3-27] 河南洛阳宁懋石棺外部后壁，北魏，公元501年

绘了宁懋，叙述了从他精力充沛的年轻时代到最后精神觉悟的一生。[56] 宁懋的墓志铭似乎支持这一解释。其中的传记部分突出了宁懋一生中三个有年代的事件，从 35 岁时的初次仕宦到太和十三年被提升为山陵军将，再到四年之后随孝文帝迁至洛阳，负责新都城的建设。尽管这些画像并不必须是对这些事件的具体表现，但它们的确勾勒出墓志所述宁懋一生的一般轮廓。最值得注意的一点是，在表扬了宁懋的德行和成就之后，墓志突然转变了语调，哀悼其英年早逝。生死之间的冲突是南北朝时期哲学和宗教写作的流行主题，也是这三幅肖像的主要含义：当中央的人物向内回转，正要穿入石头表面、进入石棺的一瞬，生活的体验被画上了一个句号。

2. 往日的回响

宁懋在北魏迁都洛阳后所担任的职务——"营构台殿，以康永祀"——解释了其石棺上异常精美的石刻。[57] 除了后壁上的三幅画像，侧壁上的复杂场景描绘了四个古代孝子的故事。这些历史画构成了另一种时间性，把宁懋和他自己的"孝子"与中国文化中的某种永恒价值联系起来。[58] 右墙上表现的两个模范人物是上古的舜和东汉的丁兰。舜在中古时期被普遍地视为中国道德文化之奠基者。传说在舜的母亲亡故之后，其父续娶了一个狡诈和邪恶的女人。舜天性孝顺，但是他的隐忍

顺从仍无法取悦父母。他的父母伙同其子象企图用各种方法谋害舜。有一次他们让舜去修理一个仓廪，然后把这个仓廪付之一炬。另一次他们让他挖井，当他在井下干活的时候把石头扔到井里。如有神助，舜奇迹般地从每次灾祸中安然脱险，而且对其父母和异母兄弟以德报怨，愈加恭顺。结果他成了全国著名的具有无比美德之人。当时的统治者尧把自己的两个女儿嫁给他，并最终把帝位也禅让给了他。对孔子而言，舜代表了以德治国的圣王。他因此说道："舜其大孝也欤！德为圣人，尊为天子，富有四海之内。宗庙享之，子孙保之。"[59]

与舜对人类的无条件的同情心不同，绘于同一面墙上的另一个孝子丁兰因为杀死了一个胆敢冒犯其母容像的人而触犯了法律。[60] 据说他在其母死后为之刻了一个像，像侍奉生母一样侍奉它。当邻居想要借东西的时候，他总是先征询雕像的意见。有一个邻居因为遭到拒绝，勃然大怒而用刀砍像，雕像竟然流出血来。丁兰回家目睹此事后痛哭不已。为了报仇他杀死了那个邻人。当官府前来抓捕他的时候，他向雕像最后辞别，而木母望着他掉下了眼泪。这个奇迹被上报给了朝廷，结果皇帝表彰了丁兰的大孝并授予他官职。

舜、丁兰以及绘在左壁上的另两个孝子董永和董偃生活在不同的时代，但是他们共有的美德超越了其历史特殊性。换言之，尽管每一个图绘故事发生在一个特定的时间和地点，这四个故事一起代表了超时间、超地点的一个永恒原则。这个原则见于儒家经典《孝经》——这本书在汉代以后变得极为流行。《孝经》的中心思想是："夫孝，德之本也，教之所由生也"；"夫孝，天之经也，地之义也，民之行也。"[61] 宁懋石棺上的图绘故事因此是对这种超历史道德原则的历史性呈现。这一意义在洛阳出土的一个同时代石棺上反映得更为清晰，因为它把这类儒家历史故事和超历史的道教仙境纳入一个图像程序中加以对比。

这第二件洛阳石棺也制于 6 世纪初。与房形的宁懋石棺不同，它采纳了传统的木棺形式，以券形棺盖覆盖长方形、盒状的底部。[62] 棺身的两侧雕刻着丰富的绘画与装饰纹样。【图 3-28】在每一长方形构图的下部，一条蜿蜒的山峦构成了一个连续性的前景，并沿着画面的垂直边沿向纵深伸展。高大的树木进而把这个 U 形的画面分割成若干空间单元，以描绘不同历史时期的孝子故事。学者们惊讶于这些叙事场景的写实风

[3-28] 洛阳北魏石棺两侧面，公元6世纪早期

格[63]：比例匀称的人物——一组著名的中国古代孝子——或坐或跪于向纵深退却的地面或平台之上。他们之后是一带远山和浮云，其高度缩小的尺寸暗示着距离的遥远。

和宁懋石棺上的石刻类似，这组画面将来自不同时代和地域的历史人物组合成一个共时性的语境。如前所述，这一综合的基础在于所有人物都具有同样的美德，而且他们的生命也显示出一致的轮廓。图像的自然主义风格进一步起到消除历史特殊性的作用。这些人物既不属于过去也不属于现在，而是作为历史和人伦之抽象，作为儒家永恒孝道的化身出现。

描绘在长方形画面下部的山林之间，这些孝子明显属于人间，通过自身的历史存在体现了儒家的道德准则，其画像的自然主义风格证实了这些人物的真实性和可信度。他们的这种意义也可以由其自然主义风格在石棺上部的缺失而得到证明。这里我们看到的是奇异的、或许是道教的图像：巨大的龙凤并驾齐驱；美丽的仙女或驾云气，或乘神鸟；凶神恶煞逆风咆哮。这些奇幻的形象不具有统一的山水背景，也没有远近透视，而是被用以勾画它们的生动线条融为一体。人们或许会认为这些流动的线条本身就是宇宙生命力的隐喻，而这种生命力又孕育出所有的这些奇幻的图像，包括天花、祥禽、神兽和仙女。这些线刻图像飘忽不定，似乎在二维的画面上恣意变幻形状，但却从不向纵深处深入。

作为历史的再现和孝道之图解，北魏石棺上的叙事画有效地把死者及其子孙与儒家道德传统联系起来。被装殓在这样的一个"孝子石棺"之中，死者似乎也成为不同时代贤人中的一员。而当这种石棺在葬礼上公开陈列的时候，图绘的孝子故事也影射了死者自己的"孝子"——他们的

[3-29] 南京西善桥出土南朝竹林七贤和荣启期砖雕

责任是主持葬礼仪式。这一双重含义解释了为何孝子成了室墓装饰中最流行的历史人物主题。北魏的这类图像复活了东汉墓葬艺术中的孝子图。当儒家礼教在宋代以后主宰社会生活,这一艺术传统也达到了顶点。

孝子图像持久的生命力证实了儒家伦理在中国社会中的主导性。但是当道教在六朝时期变得时髦的时候,另一种文化英雄被引进了墓葬艺术。他们就是著名的竹林七贤——3 世纪时的一群逃避世俗、在自然中寻求解脱的隐逸之士。在一些重要的 4、5 世纪的贵族墓葬中,竹林七贤的图像和一个更早的名叫荣启期的人物一起出现。【图 3-29】据说荣启期是一个古代的仙人;这一非历史的组合因此表明了竹林七贤逐渐从特定的历史人物转变为一般的类型和象征。这类图像进而被泛称为"隐逸"。类似于竹林七贤的人物在墓葬中屡屡出现。他们不再伴以姓名,因此也就不复表现历史的特殊性。他们已经变成了一组沉浸于自然之中的无名士人,在山水之间弹琴遐想。这些形象装饰着一些不同寻常的 6 世纪墓葬,反映了在对死后世界的想象中,道教美学和士人文化起着越来越大的影响。【图 3-30】

[3-30] 山东临朐崔芬墓壁画，北齐，公元 557 年

在中国墓葬艺术里，孝子和隐士构成了历史绘画的两个持久的传统。以此为背景，我们可以发现另外的"不寻常的"图像。由于这些图像的稀少甚至难得一见，我们可以假设它们是为了特殊目的而定制和设计的。属于这类而有明确记载的一个例子与 2 世纪的士人赵岐有关，他在自己尚在世的时候就设计建造了自己的墓葬。根据《后汉书》中他的传记，赵岐在墓中画了四个前代的儒家典范，包括三位历史上的贤相和以对故友笃信而闻名的季札："图季札、子产、晏婴、叔向四像居宾位，又自画其像居主位。"[64] 赵岐之墓在 6 世纪初仍然存在，著名的地理学家郦道元（约 470—527）拜访和记载了它。郦道元在结束他的记载时写道：通过绘制这些墓葬壁画，赵岐得以"叙其宿尚矣"。[65] 检阅赵岐传，我们发现他在始于公元 158 年的"党锢之祸"中被迫潜藏。他的家属宗亲或被抓或被杀，他自己变更姓名，四处浪迹，以卖烧饼为生。一天他在市场上被一个名叫孙嵩的正直之士认了出来。孙嵩把赵岐带回家藏在壁中。一直到党锢之祸结束以后，赵岐才离开这个生活了几年的活

第三章 时间性 | **189**

[3-31] 山东沂南汉墓仓颉、神农和其他历史人物，东汉晚期，公元2—3世纪

坟墓。他最终受到儒士同仁的推重并升任要职。在这个历史语境中理解，他所画的前三位政治名人影射了他的政治抱负，画在自己旁边的季札像则可能表达了他对挚友孙嵩的感激之情。

不幸的是，在已经发掘的众多汉墓中，还没有一座可以确认是表现了赞助人的特殊意向。我们没有发现有关墓葬设计过程的文字记载，但是一些大墓中不寻常的图像透露出这类意向之存在。如前文介绍的河南麒麟岗一座2世纪墓葬中的一套精彩画像石，并把其中不寻常的太一画像与此地区的一个道教分支联系起来。（参见图1-41）很有可能该墓墓主就是这个宗教教派中的一个重要人物。另一个例子是位于山东沂南的一座著名的画像石墓。此墓建于2世纪末或3世纪初，在中室里图绘了一系列传说和历史人物。[66]这些图像以飘逸的线条刻在一块块纵向的石板上，构成一对对肖像。这里有发明文字的仓颉和草创农业的神农【图3-31】；五帝中的颛顼和黄帝；西周的周公和成王；东周时期的诸侯、名将和刺客；还有秦汉之际"鸿门宴"中的出场人物。据我所知，这是唯一一座装饰了这么多历史人物的汉墓。（另一个可以与之媲美的例子是公元151年建造的武梁祠，但后者是一个地上的纪念性建筑，而非地下墓葬。）但是由于我们对沂南汉墓的墓主一无所知，也因为该墓中很多图像未题榜题或标以错误的榜题，任何对这些石刻的解释都不可能是结论性的。一个值得注意的现象是，此墓画像对历史人物的选择似乎反映出一种特殊意图，涵盖从文明伊始到当朝汉代的广阔历史时段。这个时段具有和司马迁撰写的第一部中国通史《史记》相似的覆盖面。

本节中最后要讨论的、也是最不同凡响的两幅历史绘画见于一座发掘于1996年的辽墓。这座被命名为宝山二号墓、年代为930年的墓葬位于内蒙古赤峰宝山一个辽代贵族家族墓地之内。[67]自从这两幅大型壁画被发现以来，它们已经作为辽代仕女画的代表而被广为复制和宣传。但是要想真正地理解这些异常成熟的图像，我们必须首先把它们和

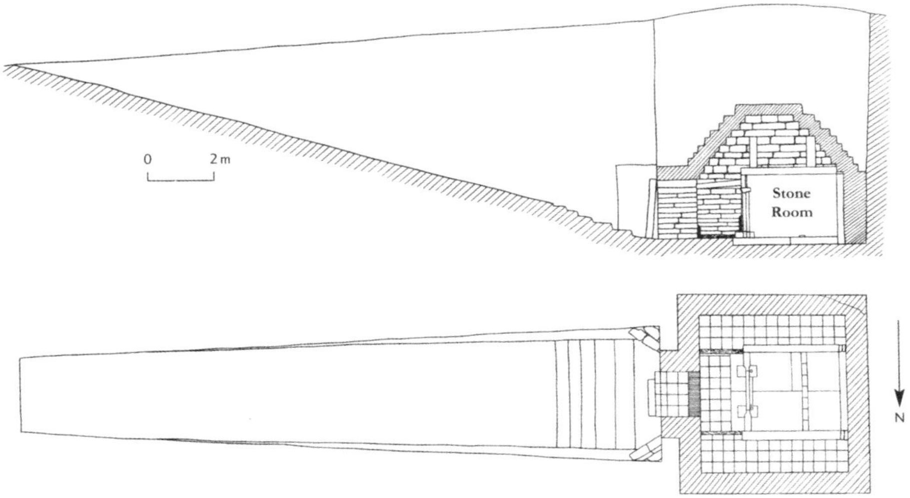

[3-32] 内蒙古赤峰宝山二号墓截面、平面图，辽，公元930年

该墓的墓主人联系起来。

根据发掘报告，这座砖室墓的内部建有一座 2.97 米宽、3.2 米深的石室。【图 3-32】石室内靠后壁有一座砖砌的棺床，上面发现了一位成年女性的尸骨遗存。这一石室因此可以被视为与宁懋石室类似的"房形椁"。（参见图 3-26）也和宁懋石室相似，它原本在内外壁上都有画像装饰，但只有内壁上的图画保存完好。这些图画绘于一层石灰之上，色彩鲜艳，把石室内部转化为一个特殊的"女性空间"。[68] 两个侍女的画像分立在门的两侧。巨大的牡丹花束覆盖着棺床上方的后壁，构成了女性墓主尸身的后衬。装饰左右壁的是上文提到的那两幅绘画。根据吴玉贵的释读，画面的中心人物是两位历史上著名的女性，一个是 4 世纪的诗人苏蕙（字若兰），另一个是 8 世纪的著名美女杨贵妃（也称作杨玉环或杨太真）。北壁绘画的右上方有一首诗：

雪衣丹觜（嘴）陇山禽，每受宫闱指教深。
不向人前出凡语，声声皆是念经音。

这首诗的主题是一个著名的唐代故事：唐玄宗（712—756 年在位）及其宠妃杨玉环爱上了来自南方的一只奇异的白鹦鹉，给它起了个名字叫"雪衣娘"。一天这只鹦鹉飞到杨贵妃前，用人语说它昨晚的一个噩

第三章 时间性 | 191

梦,在梦中它被一只恶鹰捕获和咬死。为了避免梦中预言的灾难,玄宗让杨贵妃教鹦鹉念《心经》,直到它能流利地背诵。但当杨贵妃把鹦鹉带到行宫中游玩之时,一只鹰突然从空中扑下来咬死了它。玄宗和杨贵妃悲伤地将它埋在御花园中,并把这个坟墓称作"鹦鹉冢"。[69]

壁画中的杨贵妃坐在一张狭长的书案之后,身后是一株茂盛的柳树。【图3-33】桌上展开的手卷应该就是故事中的《心经》。画中异域的棕榈树和精致的太湖石表明这是在御花园中。二侍女站在杨贵妃身后,一人擎扇,一人持杯。另两个侍女站在杨贵妃前,专注地看着她。贵妃似乎完全被手卷吸引,显然正在全心地教授鹦鹉背诵佛经。而"雪衣娘"站在经卷旁的桌上,专注地注视着老师,似乎正在努力记忆贵妃口中吐出的每一个字。

苏蕙的故事有好几种版本。据《晋书》所载,她的丈夫窦滔被前秦的开国皇帝苻坚(357—385年在位)流放到边疆。为了表达自己对丈夫的思念,苏蕙发明了一种可以用正、反和其他多种方式阅读的回文诗。无论怎么读,这些诗总是传达出她哀伤的情愫。她用五彩丝线把诗织成

[3-33] 内蒙古赤峰宝山二号墓壁画:杨贵妃教鹦鹉诵经图

[3-34] 内蒙古赤峰宝山二号墓壁画：苏蕙寄夫织锦图

一段锦并把它寄给窦滔。当这件作品落入苻坚手中时，据说这位残暴无情的统帅被苏蕙的诚心打动而赦免了窦滔，让这对夫妇重新团聚。[70]但是这个故事的另一个版本却有一个悲剧性的结局：苻坚的兄弟苻融为了占有苏蕙，伪称窦滔已经死于边疆。心碎的苏蕙在窦滔回家之前自杀身亡。

宝山墓南壁上的绘画描绘了苏蕙正遣使向她丈夫送信的场景。【图3-34】被五个女性同伴或侍女所簇拥，她的脸上洋溢着希冀的表情。她左手持着彩锦，右手指着信使，好像正在告诉他此物的重要。信使是一个身着行装的年轻人，微屈上身并把双手合拢于胸前——这是一种表示忠实的姿态。一个女伴正在递给他一个小卷轴，或许是写给窦滔的一封信。

这两幅画所根据的故事具有不同的主题和含义。苏蕙事迹所表达的是女性的爱情与忠贞，而"雪衣娘"的传说则属于志怪文学。那么为什么这两个故事会被选取，用来装饰一个辽代贵妇的墓葬呢？我的假设是，这一选择是基于当时对这两个故事的绘画表现，而非根据故事本身。古代书画著录表明这两个故事都是唐宋绘画中的流行题材,尤其被张萱和周昉系统的画家们所钟爱。[71] 很有可能描绘这两个故事的图画遵循了当时仕女画的某些程式,而使用这两幅画装饰宝山二号墓的决定是根据这些程式作出的。这个假设把我们的注意力引向两幅构图的共同因素,这些共同因素可能隐含着壁画与墓主的关系。

沿着这个思路,我们首先注意到两幅壁画中心人物之间的相似性:二者都被描绘成最高社会阶层的贵妇。这与原来的故事并不一致,因为苏蕙的地位要比杨贵妃低很多。但是在绘画中,她被表现成一个装饰华丽的贵族女子,为若干女伴或侍女簇拥。发掘者根据宝山一号墓中的铭文,推测这个墓地属于辽代王族的一支,甚至有可能就是辽太祖耶律阿保机的家族墓地。[72] 如果这个推测不误的话,那么宝山二号墓的墓主应该也具有王室身份。壁画的中心人物被描绘成贵族女性是与墓主的社会身份一致的。换一种方式说,这两幅绘画描绘的是与墓主对应的想象中的历史女性形象。

再者,两幅画都强调了女性和书卷的关系:杨贵妃正在聚精会神地读经,而苏蕙手持刚刚作好的回文诗。但是壁画所关注的真的是绘画和文本的关系吗?答案是否定的,因为画面并未显示《心经》和回文诗中的文字:杨贵妃手卷上的潦草笔迹难以识读,苏蕙的织锦上只画出了彩色的图案。因此壁画所描绘的并不是文本的特定内容,而是读或写的动作。中国艺术史学者对明清绘画中众多"读书女性"的图像熟稔于胸,这些图画表现的是优雅的女性手持内页空白的书籍,陷于冥想或沉思之中。宝山壁画允许我们把这一绘画传统追溯到 10 世纪甚至更早。

最后,两幅绘画都描绘了时尚女性和她们的神奇世界。我们很少在墓葬中看到如此美丽诱人的女性形象。壁画中的贵妇仿佛自己就是珍贵的艺术品:她们有着精致的眉毛和樱桃小口,高耸的云髻上装点着花钿和金珠,堆成复杂的雕塑。图中没有两个女子穿着雷同的衣服,每人都在展示不同的色彩和图案的组合。伴随和穿插于这些宫廷女性之间的是一些令人瞩目的珍稀植物。多数植物——包括棕榈、芭蕉和竹子——都生长在南方,宝山壁画墓的契丹赞助人或许从未见过它们。但这也可能恰恰是为什么这些植物被画在这个墓里,而且是以如此夸张、偶像式的手法画在这里。

我们可以在这些观察的基础上得到以下结论：宝山二号墓中的这两幅历史性壁画属于为已故的辽代王室女子构建的一个特殊的女性空间。这一空间反映了当时的宫廷趣味，糅合了时尚、奢侈、阅读和浪漫幻想等各种成分。这个浪漫的女性空间——而非孝子烈女的图像——构成了埋葬于此墓中的契丹女子的永恒家园。

3. 复 古

重新访问一下宁懋石室（参见图3-26）可以提供本节的契机。我曾经在一篇论文中追溯了这类房形石棺的历史，推测在其5、6世纪的复兴源于当时人以古代模型重造丧葬建筑的努力。[73] 特别是宁懋石棺——它模仿了三四百年前东汉的墓上祠堂。如郑岩首先提出的，尽管北魏房形石棺和东汉墓上祠堂有着不同的礼仪功能，但是它们在建筑风格和装饰模式上具有惊人的相似性。将宁懋石棺和朱鲔祠堂【图3-35，并参见图I-1】作一比较可以支持这一论断：这两个建筑都用竖条石板建成并饰有线刻画像；其画像也都表现木构建筑框架之间的人物活动。文献材料进一步解释了北魏人是如何知晓这种古代建筑形式的：一些汉代祠堂在5、6世纪时仍然矗立在地面上，因各种原因为人们所造访。这些访客之一是北魏的

[3-35] 山东金乡"朱鲔"祠堂，东汉，公元2世纪

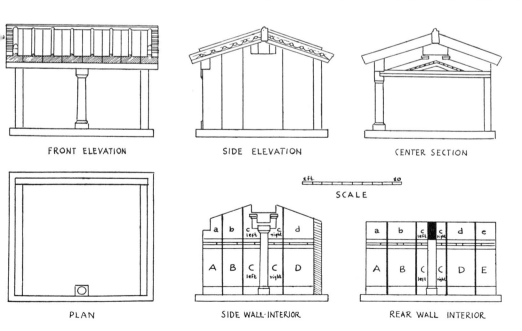

著名地理学家郦道元,他在其《水经注》中记载了若干汉代祠堂。其他人则把这些建筑当作古代孝子的纪念堂,在上面题写铭文。[74]

这里我们看到的是中国古代墓葬艺术中无数这类例子中的一个,这些例子共同见证了一个"复古"的持续潮流。[75]这一潮流的概念和知觉框架包括三个基本元素。一是从当下投射出去的回顾性视线。二是把往昔历史化,确定回归的着眼点。三是把当下和这个特定往昔分隔开的心理上的鸿沟。与绘画、建筑和雕塑等艺术形式中的古风潮流类似,墓葬艺术中的复古目的在于穿越年代的隔膜,以重新拥抱古人、体现他们的价值和品位并与之为伍。这种跨年代的沟通已经是三代时期祖先崇拜的核心:《礼记》中反复强调祖先崇拜的根本功能是让人们"反本修古,不忘其初者也"。[76]这类文字产生于东周末年,但是它们所传达的观点则应该远为古老。作为一个证据,商代和西周的宗庙颂诗尚保存在《诗经·大雅》之中,无一例外地将特定宗族的历史上溯到生自天人交汇之处的一些神话英雄人物。[77]

复古作为中国古代礼仪艺术中的一个总体趋势,有助于解释为死者而制作的明器的一个重要特征。当在第二章中讨论这类器物时,我辨认了明器的若干形式和技术特征,其中之一是模仿和影射不再流行的古风样式。对这些器物的定制者和观者而言,这些器物的特殊风格和样式使之成为"古人之象"——这是传世本《尚书·益稷》中的用语。这篇文献记载了舜的一番话,教导禹——未来夏朝的肇始者——如何成为一个贤君。其中说到他希望能够见到"古人之象",用鲜艳色彩将它们重新描绘在礼服之上。[78]

这段文字大约写于东周末年,可以被看成是当时复古意愿的文字证据。与同时代墓葬中出土的明器(参见图2-11)一起,它见证了东周墓葬艺术里的一个重要现象,即复古为器物制作提供了一个基本逻辑。与这一古风潮流相关的是将丧葬礼仪和随葬器物"历史化"的企图——本书第二章中讨论过的一个题目。通过追溯古代的葬仪,周代晚期的礼家得以确定筹划礼仪活动时的标准和参考。[79]他们所反对的礼仪被说成是"非古"。根据自己对古代礼仪的重构,这些儒生进而为特定的场合和对象选择特定的古礼。据说在孔子去世之后,他的弟子公西赤担任布置葬礼的任务。他遵照夏代礼仪设计了一面装点着白绸和长练的旌旗,也遵照商代礼仪竖起了一面带有锯齿边缘的旗子，并进一步按照周礼，用帷幕、类似扇子的翣和绳子来装饰棺材。[80] 唐代孔颖达解释说，通过把三代的礼制融为一体，公西赤得以表达孔门弟子对老师的高度尊崇。[81] 我们应该认真对待这些东周文献，因为它们显示了墓葬艺术中复古趋势的几个新方向。第一，它们表明这一趋势现在被一群具有历史意识的礼家所推动，并牢固地与儒家思想和礼仪传统联系起来。第二，这些礼家对古代的怀念和复原不再受制于祖先崇拜的宗教行为，而开始构建礼仪和礼器的专门历史。第三，这一历史采用了朝代的框架，体现为线性的演进，由被赋予不同政治、道德和艺术价值的自足、相接的时间单元组成。第四——这或许是最重要的一点——这些礼家对古代礼制的采纳并不意味着对从前习俗的直接搬用。相反，正如公西赤使用三代的不同礼仪来设计孔子的葬礼，他们通过修订古礼来适应当下的环境。一千多年以后，当宋代的理学大师朱熹在撰写新的家庭礼仪指南的时候，他被同样的原则所指引：一边重新发现古代礼制，一边不断更新这些礼制。正如他在该书的序言中所说：

> 三代之际，礼经备矣，然其存于今者，宫庐器服之制，出入起居之节，皆已不宜于世，世之君子虽或酌以古今之变，更为一时之法，然亦或详或略，无所折中，至或遗其本而务其末，缓于实而急于文，自有志好礼之士，犹或不能举其要而因，于贫窭者，尤患其终不能有以及于礼也。[82]

虽然《朱子家礼》的基础仍然是《礼记》和《仪礼》中的规定，但是朱熹毫不迟疑地根据"今"的需要来加以解释和修正。例如在讨论墓葬类型的时候，他追随的不是经典，而是另一个宋代儒家大师司马光的观点：

> 司马公曰："今人葬有二法，有穿地直下为圹而悬棺以窆者，有凿隧道旁穿土室而撺柩于其中者。按古者唯天子得为隧道，其他皆直下为圹，而悬棺以窆。今当以此为法，其穿地宜狭而深。狭则不崩损，深则盗难近也。"[83]

[3-36] 河南洛阳赛因赤达呼墓出土古风样式陶祭器，元，公元1365年

司马光说的两种葬法明显是本书中称为椁墓和室墓的两种墓葬类型。在这里，司马光和朱熹并没有沿循自西汉以来便成为主要丧葬形式的室墓传统，而是建议他们的同代人返回到椁墓。为了支持这个复古主张，他们赋予椁墓以更加极端的形式。他们所提倡的形式并非完全基于古代的现实：我们从考古发掘知道大部分汉代以前和汉代的椁墓带有斜坡墓道以便于下葬、设置随葬品和复土。(参见图1-4) 司马光对椁墓的描述实际上是对一种古代的礼仪传统进行了理想化和理性化。为了把椁墓和室墓的差异（或者"古礼"和"今礼"的不同）绝对化，他去除了椁墓的任何横向因素，仅用"狭而深"来概括这个结构。

也是从宋代开始，对古物和铭文的研究发展成为一个新的学术领域；收集古物成为广泛的知识探求和商业活动。一种新的复古模式开始出现，其特点是不同社会领域和文化团体之间的持续性对话。对往昔的重新发现和塑造不再被朝廷或学者们垄断，而是成为一个普遍的文化现象甚至影响到大众流行文化，产生出另类的复古形式。"遵循古制"成了官方文件说到造墓和随葬时的一句套话。宋代的复古青铜器也为制作新的明器类型提供了典范。[84]【图3-36】很多宋代和宋以后的士大夫受到司马光和朱熹教诲的影响，为自己建造了简朴的竖穴墓。[85] (参见图1-66) 然而内陆地区的地主和商人们似乎以他们自己的独特方式来吸纳古风潮流，使用汉代墓葬艺术中的母题来装饰他们的华丽室墓。以往的孝子故事和引起悬念的妇人启门图像再次成为流行的墓葬装饰。[86] (参见图1-63) 这些现象见证了复古风的更为复杂的呈现：如今这个风潮在各种社会层面上和在不同文化语境中运作，不断通过再造往昔以重塑墓葬艺术的现实。

旅　行

以上讨论的三种时间性再现——宇宙的、经验的和历史的——都是独立、自足的视觉和空间系统，它们所表现的时间性不可以彼此转换。这些系统在墓葬建筑和装饰程序中以两种方式互相联系，要么通过并置，要么通过叙事性联系。我们已经讨论了许多并置手法的例子，如棺椁和灵座、生器和墓志、天文图和历史叙事的对称和互补。本节将要讨论的是第二种方式，其目的是把以上这些独立系统纳入一个大型的叙事程序。与静态、二元式的并置不同，这一手段在缔造连续的转化过程中重新定义独立的存在状态。"旅行"是中国墓葬艺术中的这种连续性的最常见的视觉隐喻。

我们不知道旅行的观念是从什么时候开始与墓葬发生关系的。但是考古发现使我们把这个关系至少追溯到公元前 5000 年：一件仰韶文化的陶瓮棺在棺壁上钻了一个圆孔，以使灵魂得以出入。[87]（参见图 1-1）有关灵魂死后不灭的信念一定延续到了公元前 5 世纪，为曾侯乙墓建造者在内棺上图绘象征死者灵魂出入通道的门窗提供了理论根据。【图 3-37】考古发掘也表明了至少从西周开始，某些贵族墓葬使用了马车的车轮来围绕墓室。[88] 这一设计的含义在山东长岛王沟的一座公元前 5 世纪的墓葬中表露得最为明确，其中棺木被夹在四个车轮之中，似乎在入葬之

[3-37] 湖北随县曾侯乙墓内棺，战国早期，公元前 5 世纪

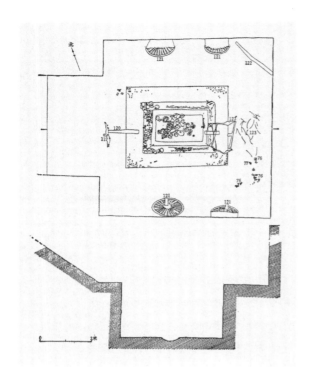

[3-38] 山东长岛王沟墓平面图，东周，公元前5世纪

后将会自动移向另一个世界。[89]【图3-38】更确凿的文字证据来自湖北包山二号墓。此墓属于邵佗，卒于公元前316年。墓中竹简明确记载了各个椁室内随葬器物的功能。有意义的是，有一大组器物被规定为"所以行"。根据这个和其他证据，库克（Constance A. Cook）在她对此墓的专书中作出结论："南箱和西箱（中的器物）为旅行而设。"[90]

从东汉开始，大量描绘车骑的图像被刻画在室墓中来表现两种旅行。第一种的代表作见于前文讨论过的和林格尔壁画墓，墓中壁画按照时间顺序表现墓主生前的宦历，可以被视为一种死后的图绘性传记。（参见图3-24）第二种，即本节的主题，描绘了一个"二重"旅行，一重是丧礼中的出殡车队，另一重是想象中死者灵魂的旅行。通过这种对从生到死再到死后世界的描绘，独立的时段被连接成一个连续的转化过程。

1. 从葬礼到仙境

对二重旅行的最明确的描绘——首先是出殡队列的行进，然后是死后世界中的想象之旅——见于山东东南苍山的一座东汉画像石墓中。【图3-39】墓中刻有一篇铭文，将该墓的年代定位在公元151年，并解释了墓内画像的内容和象征意义。[91]此文的撰写者很可能是墓的设计者，[92]他对墓中石刻的描述从陈放棺木的后室开始。这一部分的图像都带有神话性质，包括天上的神兽和镇邪的交龙。【图3-40a】他随即叙述了主室中的图像。人物在这里成了主要的描绘对象，位于东西两壁浅龛上方的横向画面表现了一个连续的出殡行列。西壁上石刻的内容是正在过河的一个车队。【图3-40b】相应的铭文写道："上卫（渭）桥，尉车马，前者功

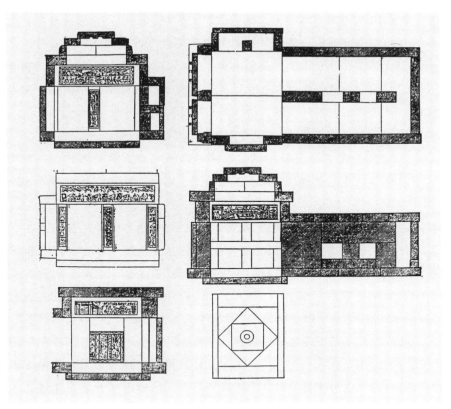

[3–39] 山东苍山东汉画像石墓平面图，公元151年

曹后主薄（簿），亭长骑佐胡便（使）弩，下有流水多鱼者，从儿刺舟渡诸毋（母）。"

渭河在汉代非常闻名，它从西汉首都长安北部流过，将这个城市与渭河北岸的帝陵隔开。几个汉代皇帝都在渭河上建了桥，把首都和他们自己的陵墓连接起来。在丧葬大典中，皇家扈从和成百官员护卫着死去的主子跨过这些桥梁，从渭南的长安城到达渭北。渭河因此成了死亡的一般象征，这也就是为什么汉墓中不止一次发现"渭桥"或"渭水桥"图像的原因。在内蒙古的和林格尔壁画墓中，这一图像出现在中室和后室之间的甬道之上。[93] 如前所述，此墓中室里的画像描绘了死者生前任职的城镇和他的活动。后室内并无这类图像，其壁画展现的是一个死后的理想世界，包括一座大庄园和仙境中的月宫。绘于通向后室甬道之上的渭桥既分隔又连接了死者生前和身后的世界。从桥上穿行的车队进一步突出了从前者到后者的运动和转化。

第三章 时间性 | **201**

在苍山墓中室的西墙上，越桥而过的车马队列中只有男性官员，死者的妻妾则乘舟在桥下渡河。这种分隔的原因或许是因为阴（女性）必须和阳（男性）分开，而水是阴的象征。但是当丧葬之旅在东壁上持续进行的时候，它变得更加私人化。死者的妻妾在丧葬活动中占据了主要位置，陪伴其亡夫前往墓地。【图 3-40c】铭文写道：

> 使坐上，小车轙，驱驰相伴到都亭，游徼候见谢自便，后有羊车橡（象）其槅，上即圣鸟乘浮云。

这一段文字明确地说明了丧葬队列中的两辆车的功能和含义：位于引导队列的骑者之后的第一辆车是死者妻妾乘坐的轙车，第二辆车是死者灵魂乘坐的羊车（祥车）。"轙车"和"祥车"这两个名称都见于传世文献。汉代词典《释名》把"轙车"解释为女性所用的，有盖的乘车。[94]"羊车"即"祥车"，因为羊、祥谐音。（这也就是为什么许多汉墓装饰有羊的图像以象征吉祥。）据《礼记》，祥车以死者生前使用过的马车充作，在葬礼中"虚左"。[95] 注文解释"虚左"是由于乘车者为墓主灵魂，这种车因此也被称作"魂车"。虽然魂车并非是运送棺木

[3-40] 山东苍山东汉画像石墓画像：a 棺室后壁；b 主室西壁；c 主室东壁；d 主室东壁龛内；e 墓门三石柱。公元 151 年

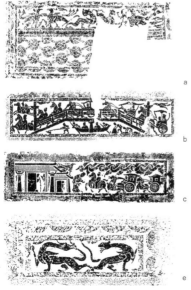

的柩车，但是在苍山墓中，羊车的画像也被用来象征柩车（"后有羊车象其榷"）。这一替换可以在和林格尔壁画墓中找到证据：此处妻妾所乘的辂车之后是一辆有拱形车篷的长车。[96] 如我在后文中将论述的，这种带有拱形车篷的车是汉画像中典型的柩车形象。

苍山墓中的丧葬队列终止于一个"亭"的前面。（参见图3-40c）亭在汉代现实生活中的一个功能是为旅行者设立的驿站，而它在此处象征着墓葬。入亭即表示死者的入葬：他将通过这个"驿站"进入黄泉世界，永远生活在为他布置的地下家园中。这就解释了为什么在送葬的画面中死者的形象都隐而不见，仅以马车来象征，但下一幅画面则描绘了他以生人的样子出现在理想化的地下世界中【图3-40d】：以"玉女"陪伴，他享受着音乐舞蹈演出并举行大规模的出游。根据同一铭文，绘于墓门上的最后一幕描述了这一出游景象【图3-40e】：

堂殡（央）外，君出游，车马道（导）从骑吏留，都督在前后贼曹。上有虎龙衔利来，百鸟共持至钱财。

这一车马出行图的含义因此与中室里的出行图有本质不同：它所描绘的不再是送殡行列，而是死者灵魂在来世中旅行。并非巧合的是，这个来世旅行的方向被逆转，从左往右而非从右到左。它的目的地是绘于右门柱顶端的仙人西王母。【图3-40f】

§

如果苍山墓中的出殡行列是以象征手法表现的话，那么类似的行列在其他墓葬中则具有更为写实的风格。山东微山出土的一件石棺展示了这第二种再现方式的最早图像。近年考古发掘中出土的这种石棺均制作于西汉晚期至东汉早期，为画像石的早期发展提供了新的证据。[97] 在微山石棺的一侧，三个以方框界定的画面共同形成了一个长方形构图。【图3-41】在左侧的画面中，一个高大的人物正在向一个孩童呈献一束帛。尽管这一场景与东汉画像中孔子礼敬神童项橐的流行母题不无相似之处，但它描绘的更可能是丧礼中的一个重要环节，即宾客造访死者之家并向其子孙赠礼的场面。[98] 这个解释使随后的画面更加顺理成章——它表现的是以一辆大型四轮柩车为中心的送殡队列。十个引柩的人应是死者的亲友,跟在柩车之后的四男四女则是他的家人。[99] 这个丧葬队列向第三幅画面中的墓地移动。墓地中有三个三角形坟丘,可能属于死者先人。坟丘前一个长方形的墓坑已经准备就绪。一群士人或坐或立于墓穴旁,有的似乎在礼拜,有的在祭奠。

　　这一叙事画像出现在汉代画像石的早期阶段并且位于一个偏僻的地区,因此无论在雕刻技法还是画像风格上都显得比较稚拙。但是艺术家希望表现真实丧葬礼仪的意图却毫不含糊。把三个场景连起来看,它们所表现的是一个从生人世界到死者世界的时间性的进程,中间的丧葬队列建立了这两个世界之间的过渡。大约两个世纪之后,在山东东南部距离苍山不远的沂南画像石墓里出现了一组远为成熟的丧葬仪式图像。我曾提出该墓前室和中室里的很多画像所描绘的是《仪礼》中记载的丧葬仪式,作为不同场景中心的建筑可能指示着举行这些活动的地点,如宗庙、祠堂和墓地。这一论点已经被唐琪(Lydia Thompson)作了充分发挥。她的博士论文对沂南汉墓中的图像作了全面释读。[100] 以下的讨论集中于墓中的车马图像和它们内在的关系。

　　在该墓中室的北壁上,线刻的马匹和车队正迅速向左方移动。【图3-42】它们的目的地是一座门阙,门阙前方有两个官员正在等待和迎接车队的到来。唐琪认为这个门阙标志着墓地的入口,这个推测可以被另一个证据所证实。我们看到每个阙的顶上都立有一个十字形的"表",这其实是墓葬的标志,见于一方北魏石刻。后者表现的是一个孝子跪在两表之间,向一座坟丘礼拜。[101] 沂南画像石墓中的这一场景所描绘的因此是一个出殡车队,由三种不同类型的马车组成。第一种车是有伞盖的"导车",随后是带车厢的乘车,再后面是一个有长而窄篷身的辒车。后两种车都是为死者设置的。不同之处在于一种输送尸体,另一种运载灵魂。

　　据《仪礼》,在下葬的前一天,一场丧葬仪式在死者的家庙中举行。两种马车陈列在家庙的庭院中,包括一辆柩车和一辆或几辆死者生前所用的马车。东汉的郑玄这样解释这第二种马车:"进车者,象生时将行陈驾也,今时谓之魂车。"[102] 因此这种马车和《礼记》所载的、并绘于苍山画像石墓中的"祥车"应该是一回事,象征的都是死者的灵魂。(参

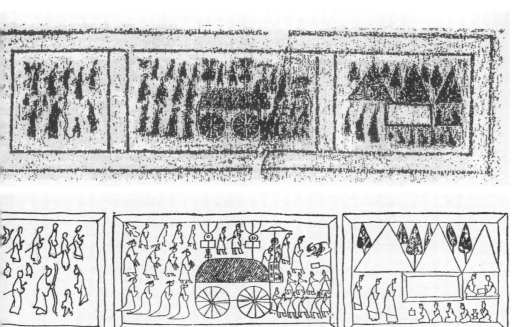

[3-41] 山东微山画像石棺画像，东汉，公元前1世纪

[3-42] 山东沂南墓中室北壁"送葬图"，东汉，公元2—3世纪

见图3-40c）据《仪礼》，当柩车在下一天把死者的棺木运送到墓地的时候，"虚左"的魂车也会前往同一地点。[103]

《仪礼》的这条有关庙祭的记载，实际上是沂南汉墓中另一幅画像的内容。这是位于前室南壁上的一幅大型横向构图，描绘的是围绕一座二层建筑所举行的礼仪活动。【图3-43】身穿长袍的士大夫或跪或躬，正在向这座建筑礼拜。他们周围是散布于地上的酒坛、谷袋和盒子。唐琪认为地上的这些器物是丧葬赙赠，并把这个场合确认为下葬前一日在家庙中举行的"既夕礼"。这个认定可以由停放在建筑两边的两组马车所

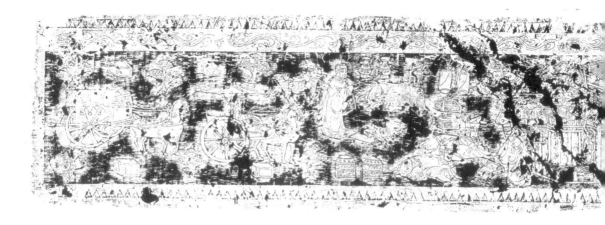

[3-43] 山东沂南墓前室南壁"宗庙丧礼图",东汉,公元2—3世纪

证实。右侧的一组内有一辆带车厢的乘车,左侧一组内有一辆带穹顶车篷的辒车。因此这一图像对应了《仪礼》在家庙不同地点陈列魂车和柩车的记载。这两辆马车再次出现在中室里的出殡画像中,但是这里的乘车已经在四面罩上了帷幕。(参见图3-42) 两幅画之间的联系因此也证明了出殡一幕中的三辆马车确实为导车、魂车和柩车。实际上,包括这三类马车的车队场景在汉代画像石中是相当常见的,但据我所知,沂南汉墓中的庙祭场景却仅此一例。但是由于这一场景的存在,我们得以把包括魂车和柩车的车队确认为丧葬行列,它们的功能是把死者的尸体和灵魂从家庙运到墓地。

§

苍山和沂南汉墓中出殡图的原型是更早期墓葬中埋葬的真车真马。其中一例是满城一号汉墓,即从公元前154—前113年在位的中山靖王刘胜之墓。如前所述,此墓由四个墓室构成,分别是入口两侧的府库和马厩以及作为祭堂的主室和藏有刘胜玉体的石制后室。(参见图1-13) 我没有提到的一点是:此墓的一个重要组成部分是前室门堂处放置的一组马车。与右方马厩中的其他马车截然不同,停放在这个特殊位置上的两辆车有着格外华丽的装饰。[104] 虽然木制的车身已经全部腐朽了,但是发掘者对其散落的遗迹作了一幅线图。对于一个仔细的观察者说来,【图3-44】提供了关于这两辆马车形状的确凿信息。特别是在每辆马车的残骸中,我们

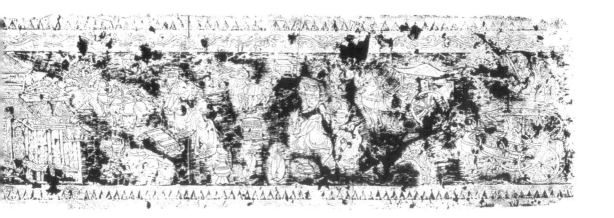

可以辨识出原来装饰车篷或车盖上的小型金属饰件。尽管初看似乎混乱地分布在地上,它们仍然勾勒出相互之间的关系(在图3-44中用虚线标出),暗示出每辆车的类型。第一辆车的15件盖弓帽大致构成一个圆形。很明显,它们原来装饰于立于车上的伞盖的辐条末端,这辆车的形式大约与沂南汉墓丧葬车队中的导车类似(参见图3-42)。第二辆车遗留的金属构件只有11件,它们的排列不呈圆形,而是形成一个弧形的轮廓,应是一辆狭长卷篷车篷口处的装饰。我们已经在沂南墓画像中见到这种车的图像。

另一组真实的马车见于北京大葆台一号汉墓,墓主或许是卒于公元前45年的广阳王刘建。[105] 与凿于山崖之内的满城汉墓不同,此墓完全用厚实木材建成,在主室前随葬的也不是两辆,而是三辆马车。【图3-45a】其中第一号和第三号车在形制上与满城汉墓的一组基本相同。一号车的车厢很浅,上立一柄伞盖。【图3-45b】三号车因为数据不全而无法复原,但是所留存的遗迹足以让发掘者将其描述为一个"带篷的大型车,比前两辆车都大,车厢也特别窄长"。[106] 在他们看来,这很可

[3-44] 河北满城一号墓马车残迹,西汉,公元前113年

能是一辆柩车，而第一辆马车或许用于引导丧葬车队。二号车的复原结果是一辆带车厢的乘车【图 3-45c】，发掘者将其确定为墓主乘坐的主车。这三辆车与沂南汉墓出殡画像中的三辆车几乎一模一样，实在令人惊奇。(参见图 3-42) 基于满城汉墓缺乏第二辆车，也由于大葆台汉墓的时代比满城汉墓为晚，我们或可推测由导车、魂车和柩车构成的"三位一体"的出丧车队起源于西汉晚期，并在东汉时期被表现在墓葬画像之中。

满城汉墓和大葆台汉墓中的两组马车还具有一个共同的特征：它们摆放的位置都是面朝外，而非朝内。换句话说，似乎死者被送入墓穴之后，在封墓之前，车队被掉转方向，面朝外边。这个最后的位置因此暗示了与出殡车队相反的方向。如果这个新的朝向也暗示了一次旅行，那么它的目的地将不可能是处于马车背后的墓穴。那么它们将前往何处？

苍山画像石墓的题记给这个问题提供了部分解答。如上文所说，与中室里描绘的出殡车队有别 (参见图 3-40b、c)，刻在墓门上方的车队表现了墓主人死后灵魂的想象之旅 (参见图 3-40e)。因此，后者与丧葬仪式没有关系，它象征的是灵魂在死后世界中的存在和转化。虽然题记没有说

[3-45] 北京大葆台一号墓马车，西汉，公元前 45 年

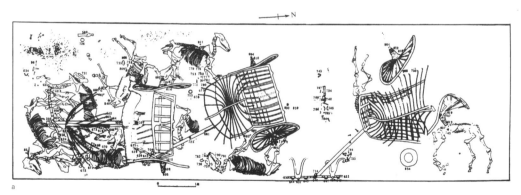

[3-46] 山东嘉祥画像石，东汉，公元2世纪中期

明这个旅行的目的，但是它的行进方向明显是朝着描绘在右侧门柱上的"玉女与仙人"。（参见图3-40f）这一解释可以被另一幅2世纪的画像石证实。它原本是山东嘉祥一座武氏祠堂的屋顶石，极为生动地描绘了灵魂的死后之旅，可谓汉代墓葬艺术中的一幅杰作。【图3-46】在画面的底部，三个吊唁的男子已离开所乘的马车和马匹，正手持灵幡向一组墓葬建筑走去。这组建筑包括一座祠堂、一个阙门和一座坟丘。他们的领头人昂着头，扬起左手。顺着他的动作，我们看到一缕云气从坟丘向上升起。沿着云气升腾的轨迹，两辆飞马拉拽的乘车正向天上升去。仙女和仙人们在旅途中向它们致意。女性驭手所驾的车很可能属于已故的妻子，它最后停在女神西王母的跟前；而男性驭手所驾的车应是属于已故的丈夫，最后停在男神东王公旁边。这两辆象征天堂之旅的马车与沂南汉墓中所绘车队中的第二辆车的形状相似，应是死者的魂车。但是在某些墓中，特别是在陕西和四川等偏远地区的墓葬中，带有卷篷的柩车也被表现在处于升天的旅途中，即将穿越天门到达西王母的住所。【图3-47】这种混淆不难理解：正如魂车（"祥车"）在苍山画像石墓中可以象征柩车，柩车在其他例子中也可以替代魂车。这些画像的真正重要性在于它们以图绘再现的形式表达了满城和大葆台汉墓中的实际马车的象征含义。在这些较早的墓中，同一组马车被用在两个阶段的死后之旅。第一个阶段始于人间，终于死亡世界；第二个阶段始于墓中，目的在于抵达仙境。这两个阶段之间的切换是通过掉转马车的方向实现的。

这个"二重"的死后旅行在东汉获得明确的画像形式，并成为艺术创造的一个强有力的动因，刺激艺术家营造出各种新颖的图像。本节所讨论的几个例子，包括苍山画像石和嘉祥祠堂屋顶画像石，都是这个创造过程的产物。这个二重旅行观念在汉代以后继续激发墓葬装饰艺术的

[3-47] 四川东汉石棺画像，公元2世纪

想象力，并导致了5世纪到13世纪墓葬艺术中的若干重要变化。

2. 出发的通道

"出行"画像的一种新模式在东汉末出现了。不同于苍山画像石把出殡车队和死后旅行融入一个线性的连续过程，这种新模式把这两个旅行行列并置为对称的布局。我们不难揣测这一发展背后的理由：因为这两个旅行的相反方向——一个将死者送入墓中，一个将其灵魂从墓中送出——对称的构图将会加强其方向性和宗教信息。我们在位于四川成都羊子山的一座2世纪末或3世纪初的墓葬中发现了这一构图的最早例子。此墓的三个券顶墓室被建造为连续性的甬道形状。【图3-48】装饰在墓门内两壁上的阙楼构成了一个象征性的入口，画像砖和画像石随即组成前室和主室两壁上的两条带状区域。主室墙上描绘的是沿着相反的方向运动的两个车队。右墙上的车马刚刚穿过阙门，向内驰去。在对面的左侧，一个更加壮观的车队占据了整堵墙的长度，正在离开墓室。

以几乎是图解的方式传达了两重死后旅行的信息，这一构图程序在将近400年后的娄睿墓中重新出现。娄睿是北齐的贵戚和大臣，于公元570年去世后葬于晋阳（今山西太原）附近。[107] 长达21米的墓道宛如一个绵延的画廊，两边各有巨幅壁画，可能出自当时著名宫廷画家之手。和羊子山汉墓的情形类似，这一对壁画的主题是方向相反的二重旅行。在三角形的右壁上（即东壁），骑士下马后正准备进入墓室；而在同样形状的左壁上（即西壁），特别是在占了壁画主要面积的中上层中，骑士们正驰向墓外，即将消失于幽冥墓室之外的浩瀚空间。【图3-49】第二组图像保存较好，其构图被发掘者总结为："西壁被分割为三层，最

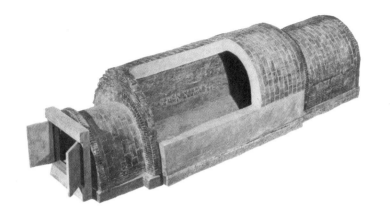

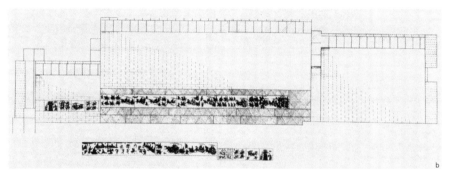

[3-48] 四川成都羊子山画像石墓画像,东汉,公元 2 世纪晚期

[3-49] 山西太原北齐娄睿墓西壁壁画线描图,公元 570 年

第三章 时间性 | 211

[3-50] 山西太原娄睿墓壁画细部，北齐，公元570年

a

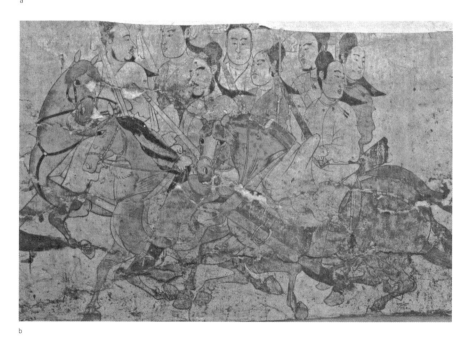

b

下一层描绘了在吹长角的四个乐手和跟在一组带甲卫士之后的三匹空鞍之马在一个正式的队伍中被引向墓室的方向。中层现存的部分描绘了一个走出墓室的生气勃勃的队伍，其中有两匹备有马鞍但却无人乘坐的牡马在一队带甲骑士之间奔驰，有些人扛着旗杆。上层在宽阔的开放空间

内延续出行的主题,内容为骑兵和少量步卒,以及跟随在后的满载的骆驼。"[108]【图 3–50a、b】

报告者注意到这幅壁画中的一个重复形象,即在仪仗相伴下的空鞍之马。这一图像和牛车一起在 5 世纪以后成了死亡的主要象征,往往表现已故夫妇的死后之旅。这对图像常常出现在墓室壁画、画像石和石碑上,或以立体的俑来表现。处于墓室之中,它们往往彼此相对但都面朝墓门。它们的方向因而隐含了一个外出的旅行。虽然我们仍然需要研究这一图像的确切起源和早期历史,但是德兴里壁画墓说明,围绕着这两个图像的一个成熟的"丧葬叙事"已经在 5 世纪初出现了。[109]

如前所述,这个位于平壤附近的双室墓属于一个名叫"镇"的高句丽高级官吏。镇卒于公元 408 年,他的肖像出现在位于前室中的祭台之上,标志着其灵座。(参见图 1–54) 我没有提到的一点是:这个画像实际属于一个相当严谨的图像叙事程序。这个程序始于棺室后壁:那里,在一个大型棺床之后画有另一幅坐在帷帐之内的镇的画像。他左方的空位应该是为他妻子的画像准备的,但是出于某种不为人知的原因,那幅画像最终未能绘制。这一推测的主要根据来自帷帐两侧标志性别的图像,一边是男侍从和空鞍之马的组合,另一边是女侍从与牛车的组合【图 3–51】。

[3–51] 平壤高句丽德兴里壁画墓后室后壁,公元 408 年

第三章 时间性

[3-52] 平壤高句丽德兴里壁画墓甬道壁画，公元408年

这两个图像在联系棺室和前室之间的甬道两壁上再次出现。【图3-52】它们向前室的运动象征着死者灵魂离开了尸体，正在进入另一时空。正如洪知希在讨论此墓时提出的，通过对运动的表现，这组图像把这个甬道界定为一个"中间"或"过渡性"的空间。[110] 绝非偶然的是，镇的灵座就坐落在位于前室与甬道交界处的这一过渡空间的终点（参见图1-54）。正如我们在苍山墓中所见到的，墓主的画像标志了丧礼的结束和前往仙境的旅行的开始。在德兴里壁画墓中，这第二段旅行出现在前室的东壁上，由几辆精美的车辆组成。一条榜题把主车确定为镇的乘车。[111] 这个车队的目的地——天界——被画在前室顶上，由星辰、仙女、仙人和祥瑞等丰富的图像构成。

德兴里壁画墓标志了东亚墓葬艺术发展中的一个重要转折点：虽然它的壁画与苍山墓画像石在叙事结构上非常相似，但是这一叙事的核心因素——空鞍之马和牛车夹持的墓主夫妇像——预示了流行于5世纪末、6世纪初中国北方的墓葬艺术中的一个新的装饰程序。我们在很多地方发现这组图像，或绘于墓室之中，或刻在石棺或石棺床上。[112] 娄睿墓追随了这一趋势。据前往该墓发掘现场参观的宿白先生所记，墓室后壁上的壁画描绘了坐在帷帐中的娄睿，两侧墙壁上的主要图像是一辆牛车和一匹高头大马。[113] 同样的图像组合也见于卒于571年的北齐贵族徐显秀的墓里。[114] 此墓比娄睿墓的修建仅晚了一年。2002年，当我在这个墓的发掘过程中首次访问它的时候，壁画看上去还像新的一样。这个保存完好的墓葬使我们能够更详细地考察含有鞍马和牛车的这个图像程序的内涵和意图。

在这个墓里，徐显秀夫妇的肖像绘于墓室北壁之上，二人正面端坐在一顶宽大的帐篷之下，一架多扇围屏前。（参见图1-56）帐篷的顶部是黑的,前部的帘幕被掀起,露出这对贵族夫妇。两人都有椭圆形的脸庞,但是妻子的脸被粉妆成白色,而丈夫的则是棕色的。男方身着带有黑色条纹的白色皮毛大衣,这在以前发掘的墓葬壁画中从未见过。这个装束以及放在夫妇之间的一大盆冒着热气的食物,或许暗示了出身于鲜卑某部的北齐统治者的某种独特生活方式。徐显秀夫妇的身旁立着手持酒食的男女侍从,帐篷两侧的两组音乐家在演奏各种乐器。

在贴着西壁的棺床上方,华盖之下的一匹高头大马形成了巨幅画面的中心。【图3-53a】这匹马备有鞍鞯和全套笼头,但是骑马的人却不在场或者是隐身不见。八名仪仗扈从在马前展开旗帜;跟在马后的扈从携带着各种物品,包括一柄大型羽翼。这组图像和东壁壁画相互对称,后者的中心是另一顶华盖之下的牛车。【图3-53b】虽然此处引导的仍是一队男性扈从,但是只有侍女跟在车后。一个微妙的细节进一步表明了这三幅壁画之间的关系:在后壁上,已故夫妇身边的两顶黑色华盖仍未张开,但是它们在东西两壁上已经完全打开,立在鞍马和牛车之上。因此这些壁画可以被看成是构成了一个连续的叙事:在享受了祭祀供奉之后,以鞍马和牛车象征的这对夫妇踏上了外出的旅途。

我们尚不清楚徐显秀的妻子是否确实葬于此墓,对墓室中尸骨遗骸的分析未能提供确凿证据。[115] 很可能在这个时候,墓主夫妇坐在一起的图像已经成了高级墓葬的一个程式化因素。[116] 此墓的建筑形式反映出当时墓葬的另一个常规:与娄睿墓一样,这个墓有一条很长的墓道,通过短小的甬道与一个单室连接起来。有些考古学家认为这种墓葬形制的直接源头是5世纪末、6世纪初的北魏皇家墓葬。[117]【图3-54】另一些人把它的起源一直上溯到汉代。[118] 这些研究显示了中古时期墓葬在建筑类型上的延续性,但是倾向于忽略北齐墓葬的另一个重要发展,即墓道被给予了越来越大的图像展示功能。采用艺术史的研究和解释方法,我们可以把这个变化看成是一个长期发展的结果,其驱动力在于人们对于墓室之外的"展览空间"的日益强烈的需要。

这个发展的最初阶段是公元2世纪到4世纪,其征兆是墓门开始变成主要的(有时是唯一的)装饰区域。尤其是陕北地区的东汉画像石墓,常常在门框和门扉上展示精美的图像。这些图像先以浅浮雕刻出稍稍凸起的轮廓,然后以艳丽的色彩制造出醒目的视觉效果。图像的内容

[3-53] 山西太原徐显秀墓壁画，北齐，公元571年

a

b

216 | 黄泉下的美术

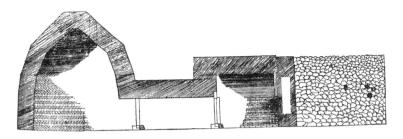

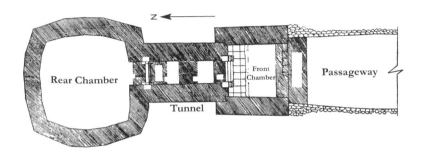

[3-54] 山西大同方山永固陵截面图，北魏，公元490年

[3-55] 陕西米脂官庄汉画像石墓墓门，东汉，公元2世纪

第三章 时间性 | **217**

[3-56] 敦煌佛爷庙湾133号西晋墓墓门照墙,公元3世纪晚期

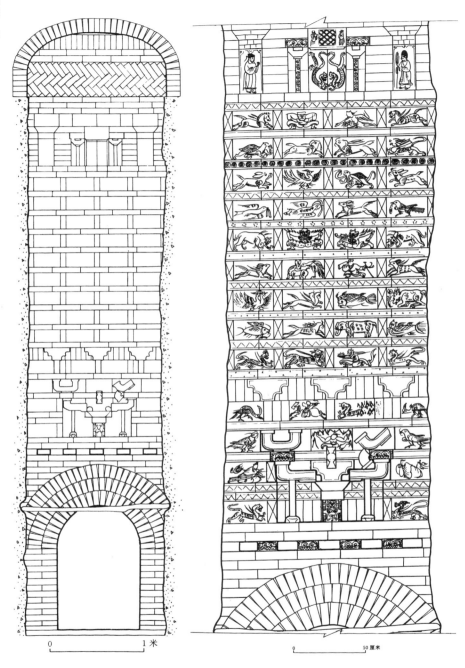

218 | 黄泉下的美术

包括前往仙境的旅行，有时也显示了一个空的神位。[119]【图3-55】甘肃地区的魏晋墓随即出现了高大的砖砌照墙，把这一趋势推得更远。这种照墙常常高于墓门数米，展示了一层层的天界、祥瑞和仙境图像。【图3-56】最高一层的中央是"天门"，象征着灵魂进入天堂的通道。最值得注意的是，这种画像照墙并无实际建筑功能，它唯一的用途是制造一个视觉隐喻：一旦入墓，死者同时被纳入天堂。

在地平面下建造这么高的照墙意味着修建一个大大加长了的斜坡墓道。这条墓道随后被转化为一个画廊——这是墓室外部"展览空间"的第二个发展阶段。考古材料说明这个变化发生在北魏534年灭亡之后。中国北方在6世纪后期的几十年中发展出几个区域性的墓葬变体；郑岩把以河北磁县北齐皇室墓为代表的变体称为"邺城规制"（以北齐都城邺或邺城命名），与山西晋阳的第二组北齐贵族墓葬（包括娄睿和徐显秀墓）大体一致。这些磁县墓葬均由三个建筑和装饰单元构成，包括下斜的墓道、墓门内的甬道和随后的方形墓室。【图3-57】每个单元都装饰着精美的壁画，但是露天墓道的两侧墙壁提供了最大的绘画空间。以湾漳大墓为例，这座皇家陵墓（可能属于卒于559年的北齐文宣帝）有一条37米长、底部约3.5米宽的墓道，两壁的高度从0.36米逐渐增加到8.86米。相比之下，甬道只有6.7米长，而墓室边长也只有7.5米。在甬道外的"展览空间"中，墓门上方的照墙不再是唯一或主导的装饰区

[3-57] 河北磁县湾漳墓平面图，北齐，公元559年

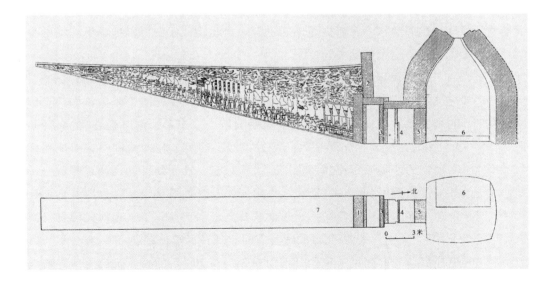

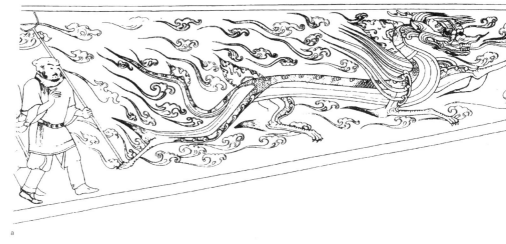

[3-58] 河北磁县湾漳墓墓道壁画：a 东壁青龙；b 西壁白虎

域。艺术创作的重心转移到了墓道的墙上，以生动的线条和丰富的色彩绘出技艺高超的图像，构成了两幅中国墓葬艺术史上未曾出现过的巨大景观。两幅画均为三角形构图，其开端是向外飞翔的青龙和白虎，引导着 41 种神仙和异兽以急速的队列穿越天空。【图 3-58】画在这些超自然形象之下的是 106 名仪仗扈从。他们手持各种礼仪器具，组成了包含 21 个部分的连续的礼仪阵容。有些学者认为这些扈从被画于此处是因为他们在迎接死者。但是从图像本身看上去，他们更像是隶属于龙虎所引导的整个向外的运动。事实上，由于这两幅壁画中的每个形象——包括这些行进的扈从——都在强化这一向外的运动，我们可以把这个运动本身看作是绘画表现的主题。【图 3-59】

  这种解释也适合于 7 至 8 世纪的唐墓，它们基本上延续了邺城规制，但又汲取了其他的地方传统和当代因素。[120] 在一些唐墓中，如 742 年的李宪墓，青龙和白虎的图像被明显放大，主宰了沿墓道布置的壁画。【图 3-60】大量云气向同一方向涌去，似乎这两个强大的神兽在神仙和祥瑞动物的伴随下正在呼风唤雨、大作风云。这一向外的运动趋势进一步被仪仗队列所强化——虽然这个队列如今已被缩小为龙虎之后的辅助性角色。在其他一些墓中——如长乐公主（卒于 643 年）和阿史那忠（卒于 675 年）墓，代表死者的魂车有时出现在云端，跟随在龙虎之后。[121] 更加复杂的构图见于年代分别为 663 年和 704 年的新城长公主和懿德太

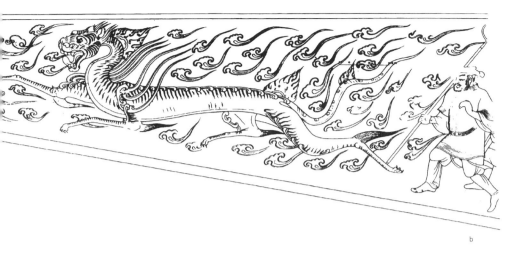

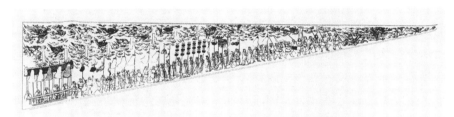

[3-59] 河北磁县湾漳墓墓道东壁线描图

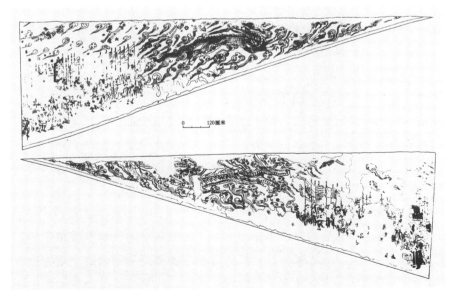

[3-60] 陕西蒲城李宪墓彩绘壁画青龙白虎图，唐，公元742年

第三章 时间性 | 221

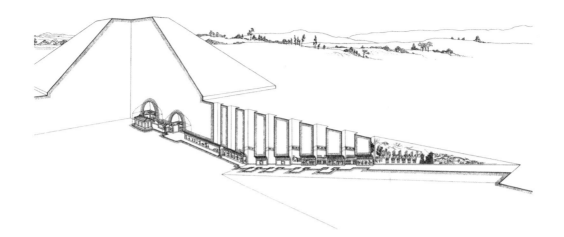

[3-61] 陕西乾县唐懿德太子李重润墓截面图，公元706年

子李重润墓。【图3-61】我们再次看到跟随在青龙白虎之后的死者魂车及其仪仗，在墓道中造成一个向外的运动。但是这两组图像被构图中部的门阙隔开。新城长公主墓中的门阙相对较小，而李重润墓中的却是由两个巨大的阙楼组成，每个6.5米高、3.5米宽。【图3-62】我们尚不太清楚艺术家为何加入这种空间标志来分割场景。一个可能的解释是，对于这两座墓的设计者而言，阙门有助于表现死者前往仙境旅途中的不同阶段：被礼仪队伍簇拥的魂车仍处于地上；当离开阙门及其连带的城墙后，它便由龙虎引导进入了神灵之境。

到底是什么因素激发和延续了这种墓外的图像？前文指出这种艺术形式的背后是在墓室外建构"展览空间"的愿望。但是为何这一空间在6到8世纪吸引了如此强烈的注意力和创造力？在回答这个问题的时候，我们有必要认识到由于墓道的独特建筑位置，它可以传达墓室壁画无法传达的象征意义。换言之，位于墓葬门外但又低于地面，墓道既不属于死者的领域也不属于生人的世界。它的作用是连接了这两个界域。这个意义赋予墓道以极其丰富的潜力，使之成为展示灵魂转化过程的一个中介空间。

有意思的是，当这个空间开始发展的时候，死者的二重旅行——首先被葬入墓内、然后离开墓葬踏上其死后之旅——不仅激发了图像的创造，也刺激了文学的想象。我们已经看到娄睿墓是如何将这一双向旅行描绘在墓道的两壁上。十分有趣的是，《北史》中记载的一个神迹见证了相似的灵魂之旅。它讲到当西魏文帝的乙弗皇后于540年葬在甘肃麦积山的一个崖墓中时:"神柩将入,有二丛云先入龛中,顷之一灭一出,后号寂陵。"[122] 这两丛云朵明显影射着已故皇后的魂和魄。在下葬之后,魄停留在墓中而魂飞升天界。

随后的一些墓葬和葬器更多地强调了死者二重旅行的第二部分,即灵魂升入仙境的运动。[123] 唐代贵族继承了这一传统并将其进一步发展,最后将墓道塑造成一个"升天空间"。实际上,由于大型的追悼活动从不在狭小的墓室中举行,墓道中的壁画是大部分哀悼者们所能看到的唯

[3-62] 唐懿德太子李重润墓墓道门阙

一图像。它们既是一个视觉奇观也表达了对奇迹的企盼：跟随着青龙白虎的引导，魂车离开了墓室向广袤的天空前进。

最后，墓道被填入泥土并夯实。精美的壁画被完全掩埋。在灵魂升天之后，生人和死者都不再需要这些图像。

尾声：
写照中国墓葬

通过着眼于中国传统墓葬的三个概念维度，即其空间性、物质性和时间性，本书试图发掘这个历时数千年的艺术和建筑传统中的一些基本创造冲动。这些冲动当然并非严格的法则。恰恰相反，正如我在导言中说到的，墓葬的形式和装饰不仅有地区的差异，而且随着时间的推移不断变化。此外，作为隐藏于活人视野之外的地下建构，墓葬在本质上是一种自我封闭和"自给自足"的建筑和艺术形式，有意识地与人类生活中的常规建筑环境脱节。尽管它的设计和装饰必然反映出某种流行文化或美术潮流的影响，但是设计者和装饰者却不能像设计地面建筑那样去"参考"其他墓葬。而且，死者可以在去世前对自己的墓葬作出特殊安排，活着的家庭成员也可能采用特殊的图像或器物来表达他们的情感和孝道。由于以上和其他因素，即使近亲家庭成员的墓葬继踵于一个家族墓地中，却从没有两座贵族墓葬在内容和装饰上完全相同。

认识到这一整体情形，我在构思这本书的时候面对着两种可能的选择。第一种是着眼于从大量考古证据中筛选出若干代表性墓葬。选中的例子将被细致地语境化和历史化，它们的相似性和不同点将被用来阐明中国墓葬艺术的一般性发展。第二个选择是放弃这种相对规范——因而也较为安全——的个案分析和历史叙事，而采用一种更为概念性的方法。按照这个思路，讨论将不拘泥于编年顺序和界限明确的考古遗址，而是把我所认为的有关传统中国墓葬的最根本的逻辑推到前台。显而易见，我最后采纳的是第二个选择，以便在一个基本的层次上对中国墓葬艺术进行解释。但是由于同一墓葬往往能够为不同的概念性问题提供证据，因此出现在不同的章节里，我也意识到这种讨论方法有拆散历史材料的缺陷。换句话说，虽然本书前言中提出了一个明确的方法论，认为每个单独墓葬都是作为整体设计、建造和装饰的，故而也必须作为整体来"阅读"。但是书中的讨论还仅仅是为这样的整体阅读奠定基础。

这也就是为何我打算以"写照"中国墓葬的三个卓越案例——马王堆一号汉墓、满城一号汉墓和宣化张氏墓地中的张文藻墓——来结束此书。在成千上万座已发掘的墓葬中，这三座墓属于为数不多的一些例子，不仅随葬丰富，在发掘之前保存完好，而且它们的发掘被周详地记录在考古报告中，保留了有关其建筑、装饰、随葬，甚至尸体保存状态的珍贵信息。我已经在本书不同处使用这些信息以探讨中国传统墓葬的空间性、物质性和时间性。通过把这些探讨综合为对这三个墓的简短写照，这个"尾声"意在进一步说明概念性的阐释对单独墓葬的语境化和历史化研究可能作出的贡献。

《礼记》的作者在有关多重棺椁的规定中写道："棺周于衣，椁周于棺，土周于椁。"[1] 我们可以把这一陈述视为对马王堆一号汉墓结构的最概括的描述。这个墓中有三个连续的"层次"，分别是隔为四个箱室的椁、三重外棺以及由軚侯夫人尸体、盛放尸体的内棺和铭旌组成的"柩"。(参见图 1-9、1-47) 这些层次并非互不相干的空间或表面，而是由各种器物、俑以及装饰图像构建而成以服务于不同的目的。椁室中储存的用器、衣服、奴仆俑和食物说明了这一层次所象征的是死者的地下家宅。这里有 1000 多件家居用品和食物，包括了 154 件漆器和 48 件陶器，很多器皿中盛着酒和烹调好的食物。这里有 48 个装满衣服、腌制食品、药品和家用物品的竹箧，40 箧冥币以及拨弦和鼓吹乐器。食品中有 10 种不同的谷物和 20 种肉类。其中 7 种主要肉类——牛肉、猪肉、羊肉、马肉、鹿肉、狗肉和兔肉——每种都用 13 种不同方式烹调。在东椁室和南椁室中，两个称作"冠人"的管家统领着 98 个奴仆。[2] 此外如前文所述，北箱中的侍从、歌舞俑和軚侯夫人的私人用品簇拥着已故妇人的灵座。

绘画形式随后被用来装饰下一个层次，出现在第二、三重棺上。封闭在纯黑色的第一层棺内，第二重棺的基本色彩也是黑的——想象中的冥界之色。但是在黑色的背景上现在浮出了飘逸的云气和栩栩如生的人物神怪，给神秘肃穆的空间注入了生气。（参见图1-37）棺上线条流畅的云纹表现了"气"——充满宇宙的能量。[3] 云气间吞蛇、奏乐的生灵可能在保护着幽冥之中的死者。[4] 这也解释了棺画中的一个细节：一个很小的人物正从棺头挡下部的边缘处进入这个空间——孙作云认为表现了轪侯夫人的灵魂正在进入地下世界。[5]

当这个棺被开启之时，第三重棺以其截然不同的色彩和图像震惊了发掘者：它通体为明亮的红色，象征着太阳、南方、日光、生命和永恒。三峰竞起的仙山昆仑处于神龙、神鹿、天马和羽人之间，成为此棺的中央意象。[6]（参见图1-38）轪侯夫人的铭旌直接放置在这重棺下，既连接也分割了此墓的第二和第三个层次。铭旌之下的内棺上再无绘画图像，而是以实际的和象征的方式保存和保护着死者的身体：轪侯夫人的遗体被仔细地包裹在重重麻布和尸衣之中，同时也受到桃符的庇护。

一旦这些层次被确定，我们可以进一步运用这种认识来确定马王堆一号汉墓在中国墓葬艺术史中的地位。我们可以将它与或早或晚的墓葬进行比较，以便观察它的哪些层次沿袭和发展了以往的传统，哪些是原创的，以及哪些尚待被转化为更明确的视觉形式。

为死者准备一个地下家园的观念极其古老：甚至在史前时期，盛放酒食的器物就已出现在墓中，而随着三代的结束，越来越多的日用品和私人物品被随葬于东周墓葬之中。保护死者的观念也可以被追溯到三代：商王陵由殉葬的士兵守护，很多东周晚期的楚墓也随葬有雕刻彩绘的镇墓兽。（参见图3-37）灵魂的概念也不是汉代的发明。正如余英时指出的，"死后灵魂和生人一样具有意识的观念早已隐含在商周祭祀中"。[7] 两幅东周晚期的铭旌把死者或其灵魂描绘为有生命的存在，其中之一显示了一名贵族男子正御龙出游，这应该是他的死后之旅。[8]

马王堆汉墓继承和发展了墓葬艺术中的这些传统元素：它的建筑形式延续了古老的椁墓传统，但赋予这个传统以更为平衡和理性的形式。椁室的内容继续象征死去贵族的地下家宅，但通过反映当代的时尚和趣味来加以实现。如今死者的画像成了图绘宇宙的中心。早期呆板的辟邪神祇被转化为浩瀚地下景观中生机勃勃的形象。更为重要的是，此墓中含有过去墓葬中所没有的新元素，包括安置在北椁箱中的神座，绘于第三重棺上的仙境,以及帛画上的宇宙图景。传统的主题得到修饰,进而被新的图像所丰富。通过这种方式,这个墓反映了把各种信仰融汇到一个墓葬语境中的深刻愿望。

这个综合的目的不是在各种概念之间建立逻辑关系,而是通过把墓葬结构多重化达到的,其结果是形成一个表达多重愿望的"多中心"结构。正如我在本书第一章中所定义的,这种"多中心"的墓葬为死者提供了若干可供选择的想象界域,包括仙界、地下的幸福家园和广袤宇宙。它既是百科全书式的也是片段式的。它并非为死后世界提供了一个完整的哲学答案,而是由尽可能取悦死者的愿望所激发产生。马王堆一号汉墓(以及相关的三号墓)的重要性不在于图解了对死后世界的系统神学阐释——这种阐释在中国古代从未成为墓葬设计者的目的。相反,通过把器物和图像安置在多重的层次和区域,这两座汉墓阐示并聚集了多个自成系统的概念、主题和绘画母题。这种设计方式继续控制了以后的墓葬设计。我们已经讨论了很多这种例子,包括 2 世纪的苍山画像石墓、4 至 5 世纪的丁家闸五号墓、6 世纪的娄睿墓、8 世纪早期的李重润墓、10 世纪的王处直墓。无一例外,这些地下建筑中的壁画和石刻表达了人们对死后安宁和永恒幸福的渴求,但是每个墓葬中的独特绘画程序也反映出对死后理想生活的不断变化的观念和表现。

§

刘胜墓比马王堆一号汉墓的建造晚了半个多世纪。位于河北满城,这个墓标志着中国墓葬建筑和艺术中的一个新起点。(图 1–13、2–2) 在为这个西汉诸侯王规划这一早期室墓的时候,设计者没有依靠绘画形式,而是用空间的变换和材料的改变构成一套象征语汇。如第三章开篇时所概括的,此墓包括三个部分,以不同的建筑材料建造:瓦顶的木构建筑立在墓葬前部的车库和祭堂中;刘胜的棺室纯由石板搭建并由石俑守护;他的身体则被转化为一个"玉体",与其他很多玉器共同装殓在棺木中。棺室以一堵厚石门与祭堂分开。祭堂中原有两个覆盖在丝帐之下的空位;器物、灯、香炉和表现女仆或侍妾的陶俑陈列在中央帐座的前方和两侧,将其框定为刘胜的灵座。与这一象征性场所相对应的是刘胜在石棺室中的玉体,将死者转化为一个不朽的存在。

刘胜墓中的一个很重要但却常常被忽视的特点是,放在不同地点的两组马车指示出两个"中转空间"。第一组包括 11 辆明器车马,和一组微型器皿一起置于祭堂中的灵座之后、棺室的石门之前。[9] 另一组包括两辆装饰华贵的真实车马,停放在祭堂内刘胜的神座之前。微型车马只残留下金属饰件,因此无法确定其形状和方向。但是正如我在第三章中所论,两辆真实车马的遗迹显示它们原本是朝向入口而立,仿佛正要启程离开墓室。

这些安排绝非偶然。本书的三章使我们探索其背后隐藏的概念。我们可以从这两组马车之间的反差开始考虑。首先,神座之前的实用马车和其他用器与神座之后的微型车马和铅明器之间形成明显二元关系,显然表明了"明器,鬼器也;祭器,人器也"的传统礼制概念。[10] 二者的关系进一步引导我们推想位于刘胜灵座和棺室之间的微型车马的象征意义。很可能它们所运载的是这位死去诸侯王的灵魂,从棺室前往祭堂接受供奉。我们在汉代文献中读到,每个月里,一个特殊的礼仪行列把已故皇帝的衣冠——被认为是承载着灵魂的私人物品——从墓上送到墓园中的享殿去接受供奉。这一游行所使用的道路因此被称为"衣冠道"。或许并非巧合的是,刘胜和窦绾玉体的头顶上留着一个圆圆的孔洞,也许就是为了灵魂的出入而设计的。【图 C-1】

同样重要的是,刘胜墓前后部分建筑材质的反差反映了中国古代艺术和建筑媒介上的一个主要变化。在公元前 2 世纪以前,中国的宗庙和墓葬都一致地使用木结构墓室。[11] 然而从公元 1 世纪开始,大量的墓葬建筑——包括墓室、门阙、碑刻、祠堂和人形或兽形的雕塑——都以石材制成。我们在刻在这些建筑上的铭文中读到其定制者对石这种材料的赞美:"南山之阳,擢取妙好,色无斑黄。前设坛墠,后建祠堂。"[12]

我曾在其他场合中提出,这一巨大的变化暗示了汉代物质文化中的一个新的象征系统,它的产生与"升

[C-1] 河北满城二号墓窦绾"玉首"顶部,西汉,公元前 104 年

尾声:写照中国墓葬 | **229**

仙"及"死亡"的观念密切联系。[13] 简言之，这个物质象征系统以石材与木材作为两个相互对立——因此也相互参照——的因素。石材的所有自然特征——坚固、朴质，尤其是耐久性——使这种材料成为"永恒"的象征；而相对脆弱、易朽的木材则指涉着暂时性和可朽之物。从这种二元性中产生了两种建筑：生人使用的木构宫室和献给死者和神灵的石构建筑。[14] 石头与死亡，以及石头和升仙的双重联系进一步强化了死亡与升仙之间的关联。诚如前文所述，这个历史阶段正是"死后升仙"观念大为盛行的时期，对死后升仙的渴求为想象和建构死后世界准备了新的基础。现在，如果我们返回到满城汉墓，我们会意识到该墓前部的木构建筑——车库、府库和祭堂——都与行、食、饮、藏等人类的基本需要有关，而包藏中山靖王玉体的石棺室则象征着一个超越了这些世俗欲望的永恒境界。

这些观察进一步引导我们去思考石与玉的关系。在汉代文学作品中，"玉石"一词指涉两种同质异性的材质。玉被称为"石之美者"或"石之坚者"。[15] 相对于其不起眼的同类，这种天然材质被理想化了，普通石材的大量存在更突出了玉的珍稀。从逻辑上说，如果升仙的理念在一般的意义上和坚固耐久的石材发生了联系，那么这个概念在被认为是"石之精者"的玉上则可以获得最完美的比喻。而且，玉乃"石之精者"既可以是一个隐喻，也可从字面上来理解。中国古人相信，在天然状态下，异常美丽的玉是隐藏在石质的"璞"里面的。这一意象激发了故事和寓言的创作，其中最著名的是和氏璧的故事。有趣的是，当我们带着这个意象回到刘胜墓，我们发现其石棺室也可以被看成是一个"石璞"，其中封闭着的无数玉器把已故的中山靖王转化为一个"玉王"。

§

我的第三个，也是最后一个例子是宣化张氏墓地中的张文藻夫妇合葬墓。此墓建于1093年，属于中国墓葬艺术史上的最后一个黄金时代。[16] 装饰以大量壁画，充实以大量随葬品，这个墓反映出千年以前发展起来的，分别以马王堆汉墓与满城汉墓为代表的两类建筑和装饰程序，在此时形成了一个复杂的综合体。

[C-2] 河北宣化张文藻墓视幻建筑装饰,辽,公元1093年

与宋、辽、金时期的很多壁画墓类似,张文藻墓煞费苦心地以砖模刻仿木构建筑,创造出材料的幻视。此墓的修建者和装饰者把雕塑与绘画合而为一,用不同形状的砖组装成立柱、斗拱、椽子和假窗,再以艳丽的图案精细装饰。【图C-2】潜藏在这一做法下的仍然是明器的概念:

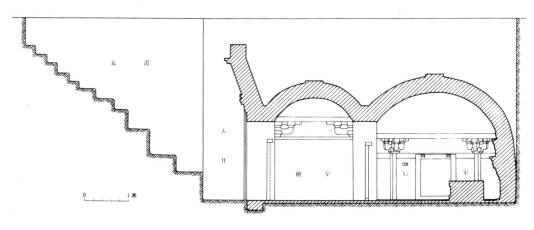

M7 纵剖视图（由东向西）

[C-3] 河北宣化张文藻墓平面图，辽，公元1093年

"之死而致死之，不仁而不可为也；之死而致生之，不知而不可为也。"[17] 借助于把一个砖墓转化为木结构的视觉呈现，生死之间的中间状态通过两种建筑类型的"杂交"而得以实现。

此墓墓室坐落在十一级台阶组成的陡峭墓道尽头，位于地下4.3米处，模拟了一座微缩的房子。【图C-3】参观者惊讶地发现这座著名的墓葬竟是如此窄小：穹顶的前室直径不足3米【图C-4】，垂直的墙壁仅有一米多高，几乎达不到成年人的胸部。棺床置于后室后壁的一扇假门之前【图C-5】，假门的门扇高度不足60厘米。

我们不能把这种缩小的体积归结为出资者的节俭。实际的情况是：张氏家族在设计和建造这一地下微缩建筑时遵循了中国丧葬建筑的一个既定传统。正如第二章中所讨论的，中国历史中唯有秦始皇定制了原大的俑人，汉代统治者旋即回到了微缩的传统。（参见图2-32）宋代理学家进一步明确声称，明器应该是"象平生而小"。[18] 在建筑方面，尽管高级墓葬往往被称为"地下宫殿"，很多装饰奢华的墓葬实际上故意做得很小。要真正认识它们的尺寸，人们必须亲自访问原址。例如，位于山东沂南的一座著名的东汉"地下宫殿"实际上非常低矮，其中的一个仿制茅坑只有实物的三分之一大小——墓主的死后灵魂想必是大大地"缩水"。【图C-6】张文藻夫妇的墓葬说明这种转化可以通过特殊的丧葬仪式获得：尽管张文藻的墓志将其描述为"状貌魁伟……力敌二三夫"，夫妇二人位于陀罗尼棺中的"复原的身体"只有90厘米和80厘米。[19]

[C-4] 河北宣化张文藻棺室打开时内景

[C-5] 河北宣化张文藻棺室后壁假门

[C-6] 山东沂南汉墓微型厕所，东汉晚期，公元2—3世纪

这座地下墓室不仅是一个微缩建筑，而且是一个"反转"的建筑。在建造过程中，工人在地上挖一深坑、在坑中建筑墓室之后再以泥土掩埋，只留出大门的正立面。他们随后把室内的所有墙壁覆以白灰泥，在上面画出建筑细节和壁画。（参见图C-2）这一装饰过程把墓室内表转化为外表和外部空间：彩绘的仿木结构模仿着地上建筑的外部特征；壁画描绘了仙鹤在竹林中漫步；后室顶上是蓝色天穹，上面散布着日月星辰。这些特征使得梁庄爱论（Ellen Johnston Laing）以及其他学者声称，墓室壁画表现的实际上是一个象征性的庭院。[20] 但这可能只是说对了一半——如李清泉注意到的，墓内壁画也图绘了家居内景和室内活动。供祭的饮食还把棺室转化为一所祭堂。其他的因素又把墓室与禅房以及超验的仙境联系起来。[21]

在李清泉、沈雪曼、梁庄爱论和其他学者的研究基础上，我们可以对此墓作一个综合性阅读。概括地说，这座地下建筑以棺室为轴心，由三个真实的和暗示的空间所构成。空无一物的前室是连接墓室和生人世界的过渡区域。在较为简单的墓葬中这个区域可以省略，如我们在宣化墓地中的张恭诱墓（M2）和张世本墓（M3）中所见。在带有前室的墓葬中，这个空间被一扇厚厚的墓门与后室隔开，显示出两个空间的非连续性。一些墓（包括M1、M4和M5）在前室墙上画着空鞍之马——我们知道这是象征死者身后之旅的传统形象。[22] 在其他属于此类的墓中，如张文藻墓，前室壁画描绘了乐舞和备茶场面。【图C-7】鞍马题材明显延续了在墓道中描绘仪式队列的传统。（参见图3-50）至于第二个题材，有的学者认为由于饮茶可以净化人体，它成了中古时期宗教活动的重要内容之一。[23] 除了这两种常见的绘画场景以外，绘于张文藻墓门上方的一幅独立画面描绘了五个小鬼，手中拿着各种器具。【图C-8】考古报告认为这些形象表现的是墓葬的保护者，但没有为这一论点提供任何证据。[24] 另一种可能是：这一画面把墓门定义为地下世界的进口。如我们即将看到，后室墓门上方对应位置上的绘画表示的是仙境的入口。

[C-7] 河北宣化张文藻墓前室壁画备茶图

[C-8] 河北宣化张文藻墓门上的鬼神图

  如果前室界定了棺室前端的起点，那么一系列隐含空间则界定了棺室另一端的边界。这种空间之所以是"隐含"的，乃是因为它们并非以三维建筑形式表现，而是通过绘于墙上的假门和假窗来加以暗示。正如本书中多处指出，早在东周时期，人们已经在棺上画上门窗以方便

尾声：写照中国墓葬　|　**235**

[C-9] 河南密县后士郭一号壁画墓线描图，东汉，公元2世纪中期

灵魂的运动。（参见图3-37）一些东汉壁画墓进一步描绘了墓室的"窗外"场景。【图C-9】这种对视幻性建筑装饰的兴趣在宋、辽、金时期臻于极致，反映在这一时期墓葬中反复出现的假门和假窗上。（参见图C-5）

张文藻的棺室有三门一窗，其中只有南壁上的门（即连接此室与前室的门）是真的。与此门相对的是前文提到的那座微缩门。它半掩于棺床之后，其半立体的砖雕形式和华丽的人字形山墙把它与西壁上的一座假门区别开来。（参见图C-5）西壁上的这个门是绘制的，不是雕刻的；是二维的，不是三维的。一个或为侍女的年轻女子手持一把锁，似乎正在把这个门锁上。旁边的另一个侍女正在给灯添油。【图C-10】如同我们在此墓的其他地方见到的，这第二个形象是将实物与二维、三维形式结合所创造的一个视幻图像：女子和红色的火苗以绘画表现；高大的灯座是浅砖雕，突出的灯台上则原来托有一盏真实的灯。对面东壁上绘有一方

[C-10] 河北宣化张文藻墓棺室西壁装饰

桌子，桌上陈列着笔、砚和空白纸张，上方是棂窗。

学者们一直在考虑宋、辽、金墓中的这些假门和假窗的意义。大部分的解释仍然是推测性的，但是李清泉最近的一个阐释使我们认识到一部分假门可能属于与表现时间有关的一个图像程序。简言之，他认为门的开闭——这种场面多出现在宣化辽墓东西两壁上——表示的是早晨和傍晚这两个时刻。[25] 比如说在张世卿墓中，一个侍者正穿越东墙上的门进入后室；而另一侍者正要跨过西门离开这个房间。【图C–11a、b】其他图像进一步强化了这两扇门的时间性意义。如在一些墓中（例如M6、M7和M10），东门（或东窗）附近的画面描绘了侍女正手持梳洗用具，侍奉着（无形的）墓主早起梳洗更衣。在相邻的一张桌子上，文房四宝已经准备就绪，暗示着墓主抄经的日课即将开始。[26] 西壁上的门（或窗）附近——如前文所述——一个侍女正在点灯，而旁边的一张桌子上堆放着抄完的经卷。壁画的一个细节更锁定了这种时间意义：两组表现晨、暮的壁画正好和室顶上东西相向的日月对应。

这一解读丰富了我们对棺室作为时空统一体的理解。[27] 正如我们在很多其他例子中见到的，这一空间通过融合不同的功能和界域而实现

[C–11] 河北宣化张世卿墓棺室壁画：a 东壁；b 西壁

a

b

了它的象征性。这些功能之一是向死者进献供品，主要是酒食。因此这个空间的一种意义是一个地下的祭堂。与空荡荡的前室形成鲜明对照，棺室中的随葬器物多达 96 件；棺前桌上的 22 种瓷器更盛放有水果、干果和烹调好的菜肴。（参见图 C-4）与这些制作细腻的供器形成对比，置于棺木两侧地面上的是质地粗糙的陶明器和一个微缩陶仓，构成了一组专门为死者准备的"鬼器"。

也正如在其他墓中见到的那样，死者被想象为"生活于"此处。这一想象在宣化辽墓中通过两种不同方式实现，一是在东西壁上饰以晨启暮闭的假门，二是在两壁前放置两组日常生活的家具和器物，其中包括几把椅子、一张放有餐具的桌子、若干铜镜、一件三彩釉脸盆、一件木衣架以及镜架和脸盆架。有意思的是类似器物也见于墓室壁画之中，沈雪曼据此提出一个理论，认为在一些宣化辽墓中，壁画形象和随葬实物有意识地呼应和互动。[28] 在我看来，这种呼应和互动所见证的仍然是缔造生与死、真与幻之间的时空隐喻的愿望。

宣化辽墓中的很多因素可以溯源到满城汉墓和马王堆汉墓。但是在张文藻墓中，已故夫妇的灵魂不再用空座象征，他们的身体也不再被转化为不朽的玉体，而是以装殓在陀罗尼棺中的两个盛有骨灰的稻草人来表现。作为虔诚的佛教徒，这对夫妇相信火化将最终消除他们对红尘的执着，陀罗尼棺将进一步庇佑"其影映身"的芸芸众生。他们因此从佛教礼仪获得新的方法使自己不朽——我们也不难发现稻草人和汉代玉体在"转化"这个概念上的相通。在更深层的意义上，通过把佛教（和其他外来）元素融入墓葬艺术，张氏夫妇得以把"多中心"的墓葬设计发展到一个更新的层面。事实上，有足够证据表明在设计这些墓葬时，出资者和建造者有意识地吸收不同的宗教和文化传统。正如以前的作者们所注意到的，宣化辽墓中的壁画把佛经和道经一起描绘为礼拜对象【图 C-12】；墓志铭也强调死者在世时不但修行这两种宗教，而且还秉承了儒家的忠孝原则。墓中图像的多种来源进一步提供了文化融混的证据：这些装饰图像——包括佛教的莲花、道教的云鹤和巴比伦的黄道十二宫——明显来自不同的文化和艺术传统。

张文藻棺室入口上方的半圆形画面自觉地表现了这种兼容并包的倾向。图中描绘了三个人物，正聚精会神地卷入了一场棋赛。【图 C-13】从

[C-12] 河北宣化张世卿墓壁画：a 佛经；b 道经

尾声 写照中国墓葬 | **239**

[C-13] 河北宣化张文藻墓后室门上壁画

图像学的角度看，这一构图融合了两种传统的图像主题：一种是下棋的仙人或道教隐士，另一种描绘了儒释道的"三教合一"。第一个主题早在汉代墓葬艺术中就已获得相当的流行，被刻画在石棺上或墓室中以象征死者希望进入的超验世界。【图C-14】"三教"图像或许出现于唐代，当儒释道的融合开始主导社会精英们的思想倾向并渗入他们的哲学思辨和政治修辞。无独有偶的是，传统绘画著录记载唐宋画家创造了多幅题为"三教"或"三教图"的作品。[29] 李清泉曾把张文藻墓中的画面与这一文献信息联系，确认绘画中的三个人物从右到左为僧人、儒生和道士。[30] 值得注意的是这幅画在墓中的位置显示出它在丧葬语境中的特殊含义：画在棺室入口上方，它的目的并不在于宣扬某种政治哲学或意识形态，而是宣告"三教合一"是通往不朽的道路。

这个例子也回答了贯穿本书的一个潜在问题。这个问题是：为什么墓葬艺术在传统中国具有如此顽强的生命力，历几千年而不绝？在古代日本，建造大型室墓的本土传统在佛教传入之后就基本上消失了。但是在中国，佛教艺术的引进并没有阻碍墓葬艺术的发展，而是导致了两个并行不悖的传统。甚至当一些皇帝以佛教或道教为国教之后，他们也并没有丧失为自己建立豪华陵墓的热情。我以为，正如张文藻墓中的"三教图"所示，墓葬艺术千年不衰的一个原因在于它吸纳不

[C-14] 四川东汉画像石棺仙人六博图，公元2世纪

同信仰和实践以丰富自身的能力。受到绵绵不绝的祖先崇拜和孝道的支持，它在中国古人的社会活动和艺术创造中保持了一个核心位置，在黄泉世界造就了变化无穷的建筑结构、图像程序和器物陈设。这一传统甚至在中国进入20世纪之后也没有完全消失，而是继续影响着现代中国的礼制建筑和视觉文化：南京巍峨的中山陵中埋葬着现代中国之父孙中山[31]，天安门广场上壮观的毛主席纪念堂则象征着新中国奠基人留给历史的遗产。[32]

注释

导言

[1] 班固：《白虎通义》卷三，"五行"，陈立：《白虎通疏证》（北京：中华书局，1994），2:184。

[2] 王充：《论衡》。刘盼遂：《论衡校释集解》（北京：中华书局，1990），2:593。

[3] 《左传》，阮元：《十三经注疏附校勘记》（北京：中华书局，1980），页1716。

[4] 郭茂倩：《乐府诗集》（北京：中华书局，1979），页1035。英译据Burton Watson，载John Minford and Joseph S. M. Lau, *Classical Chinese Literature: An Anthology of Translations*, vol. 1, "From Antiquity to the Tang Dynasty" (New York: Columbia University Press, 2000), p. 397.

[5] 《礼记》，阮元：《十三经注疏附校勘记》（北京：中华书局，1980），页1292；英译据理雅各 (James Legge), *Li Chi: Book of Rites*, 2 vols. (New York: University Books, 1967), 1:155-156；《吕氏春秋》（北京：中华书局，1986），4:96。

[6] 对入葬前丧葬仪式的最系统性规定，参见《十三经注疏》中的《仪礼》，页1128—1164。郑岩根据新的考古证据，令人信服地论证了在东汉时期，吊唁者可以在最后下葬之前进入墓室参观内景。参见郑岩：《关于汉代丧葬画像观者问题的思考》，《中国汉画研究》，2(2005)，页39—55。

[7] 在中国历史的某些时期，家族墓葬可被再次开启以便接纳新故的家庭成员。但是根据"藏"的原则，它会立即被再次封闭。

[8] 参见注释5。

[9] 韩玉祥、李成广：《南阳汉代画像石墓》（郑州：河南美术出版社），1998，页70。

[10] 对此铭文的完整翻译和讨论，参见Wu Hung, *The Monumentality of Chinese Art and Architecture* (Stanford: Stanford University Press, 1995), pp.238-246. 中译文参见巫鸿：《中国古代艺术与建筑中的纪念碑性》（上海：上海人民出版社，2009），李清泉、郑岩等译，页308—319。

[11] 一个可圈可点的例外是Ann Paludan's *The Chinese Spirit Road: The Classical Tradition of Stone Tomb Statuary* (New Haven and London: Yale University Press, 1991). 此书对自汉到宋的地面雕刻进行了综述。

[12] 这些著作包括：Wu Hung, "Art in its Ritual Context: Rethinking Mawangdui," *Early China*, 17(1992): 111-145, 中译文参见巫鸿：《礼仪中的美术——马王堆再思》，载巫鸿：《礼仪中的美术——巫鸿中国古代美术史文编》，郑岩译（北京：三联书店，2005），页101—122; Joy Beckman, "Layers of Being: Bodies, Objects and Spaces in Warring States Burials" (Ph.D. dissertation, University of Chicago, 2006); Guolong Lai, "The Baoshan Tomb: Religious Transitions in Art, Ritual, and Text During the Warring States Period (480-221 BCE)," (Ph.D. dissertation, UCLA, 2002), 第二章；and Constance A. Cook, *Death in Ancient China: The Tale of One Man's Journey* (Leiden: Brill, 2006), 第二、四章。

[13] 董新林：《中国古代陵墓考古研究》（福州：福建人民出版社，2005）。更早对这一学术史的概述，参见《新中国的考古发现和研究》（北京：文物出版社，1984）。

[14] 英文概述参见Wu Hung, *Monumentality*, pp.28-44, 中译《中国古代艺术与建筑中的纪念碑性》，页34—52。

[15] 发掘报告参见《殷墟妇好墓》（北京：文物出版社，1980）。

[16] 参见Jessica Rawson, *Chinese Jade: From the Neolithic to the Qing* (London: British Museum, 1995), p.43。

[17] 关于这些发掘的参考文献和目录，参见Wu Hung, "From Neolithic to the Han," in Angela F. Howard, et al., *3000 Years of Chinese Sculpture* (New Haven and Beijing: Yale University Press and China Foreign Languages Press, 2006), pp.49-67.

[18] 典型例子有广州南越王墓、韩国光州百济武宁王墓博物馆，以及日本奈良高松冢古坟博物馆。

[19] 这两个墓地中一个是位于平山县附近的公元前4世纪的战国中山王陵，另一个是满

城附近西汉中山王刘胜及其夫人窦绾的两座公元前2世纪的墓葬。

[20] 这类的博士论文有:Jean James, "An Iconographic Study of Two Late Han Funerary Monuments: The Offering Shrines of the Wu Family and the Multichamber Tomb at Holingor," Ph.D. dissertation, Iowa University, 1983; Lydia D. Thompson（唐琪）, "The Yi'nan Tomb: Narrative and Ritual in Pictorial Art of the Eastern Han (25-220 C.E.)," Ph. D. dissertation, New York University, 1998; Guolong Lai, "The Baoshan Tomb"；李清泉:《辽代汉人壁画墓研究——以宣化张氏家族壁画群为中心》,中山大学博士论文,2003。对单个墓葬的研究论文有:Wu Hung, "Art in its Ritual Context"; idem., "The Prince of Jade Revisited: Material Symbolism of Jade as Observed in the Mancheng Tomb," in Rosemary E. Scott, ed., *Chinese Jade: Colloquies on Art and Archaeology in Asia* (London: Percival David Foundation of Chinese Art, 1997), pp.147-170, 中译文参见巫鸿:《"玉衣"或"玉人"？——满城汉墓与汉代墓葬艺术中的质料象征意义》,载《礼仪中的美术》,页123—142; Hsüeh-man Shen（沈雪曼）, "Body Matters: Manikin Burials in the Liao tombs of Xuanhua, Hebei province," *Artibus Asiae*, vol. LXV, no. 1, pp. 99-141. Constance Cook 的新著 *Death in Ancient China* 堪称对单个墓葬研究最为详尽的一例。

[21] 此类综合性研究的三个典型例子是郑岩:《魏晋南北朝壁画墓研究》(北京:文物出版社,2002)、李星明:《唐代墓室壁画研究》(西安:陕西人民美术出版社,2005)和 Tonia Eckfeld, *Imperial Tombs in Tang China, 618-907: The Politics of Paradise* (London: Routledge, 2005)。

[22] 杰西卡·罗森（Jessica Rawson）的一系列论文也体现了这一目标:"Changes in the Representation of Life and the Afterlife as Illustrated by the Contents of Tombs of the T'ang and Sung Periods," in M. Hearn and J. Smith, eds., *Art of Sung and Yuan* (New York: Department of Asian Art, Metropolitan Museum of Art, 1996); "Creating Universes: Cultural Exchange as Seen in Tombs in Northern China between the Han and Tang Periods," 载巫鸿编:《汉代之间的文化艺术的互动与交融》(北京:文物出版社,2001), 页113—152; "Cosmological Systems as Sources of Art, Ornament, and Design," *The Museum of Far Eastern Antiquities* 72 (2000), pp.133-189; "Han Dynasty Tomb Planning and Design," in Chrystelle Maréchal and Yau Shun-chiu, eds., *Actes des Symposiums Internationaux le Monde Visuel Chino's, Cang Jie*, special issue no.2, 2005, pp.103-116.

[23] 参见 Wei-cheng Lin, "Wooden Architectural Structure in Brick: A Case Study of Northern Song Cupola-like Corbelled Dome Tombs," 未刊稿。

[24] 这类综合研究是若干已经出版的专著的目的,其中徐吉军的《中国丧葬史》(南昌:江西高校出版社,1998) 有章节讨论不同历史时期"少数民族葬俗"。他的《长江流域的丧葬》(武汉:湖北教育出版社,2004) 提供了对中国南部各种葬俗的更加详细的论述,包括"悬棺葬"、"船棺葬"、"崖洞葬"、"天葬"、"水葬"、"树葬"、"塔葬"、"风葬"等等。Gina L. Barnes 在她的 *China, Korea and Japan: The Rise of Civilization in East Asia* (London: Thames and Hudson, 1993) 中综述了公元800年以前的主要墓葬类型。

第一章

[1] 《易经》,《十三经注疏附校勘记》, 页87。

[2] 范晔:《后汉书》(北京:中华书局,1965), 页1314—1315, 引文在页1315。"三泉"指地下世界, 系"黄泉"的别称。

[3] 关于东汉时期对黄帝及其在中国古史中的地位的看法, 参见 Wu Hung, *The Wu Liang Shrine: The Ideology of Early Chinese Pictorial Art* (Stanford: Stanford University Press, 1989), pp.156-167. 中译文参见巫鸿:

《武梁祠：中国古代画像艺术的思想性》（北京：三联书店，2006），柳扬、岑河译，页174—184。

[4] 范晔：《后汉书》，页1315。

[5] 参见陈华文、陈春雷：《丧葬史》（上海：上海文艺出版社，2007），页137—138。

[6] 参见张长寿：《墙柳与荒帷》，《文物》1992年4期，页49—52。孙华：《悬鱼与振容》，《中国典籍与文化》2000年1期，页90—96。

[7] 参见 Wu Hung, "The Art and Architecture of the Warring States Period," in Michael Loewe and Edward Shaughnessy, eds., *Cambridge History of Ancient China* (Cambridge University Press, 1999), pp.651-744, 特别是 pp.708-727。

[8] 司马迁：《史记》（北京：中华书局，1959），页265。

[9] 同上，参见 Burton Watson, trans., *Records of the Grand Historian: Qin Dynasty* (New York: Columbia University Press, 1993), pp.63-64.

[10] 在秦始皇陵园广泛展开的考古工作已经持续了将近三十年，已产生很多惊人的发现（比如兵马俑）。但是实际发掘工作只局限于封土下面主墓室周围的区域。据2006年7月28日新华网的报道，在骊山陵园封土之下发现一个"巨型地下宫殿"。报道称当地考古学家使用先进的遥感技术探测到该建筑，它东西170米、南北145米，周围是一堵连续的石墙，内含一个墓室。参见《秦始皇帝陵园考古报告2001—2003》（北京：文物出版社，2007），页101。

[11] 在墓顶带有天文图像的三座墓葬年代都在公元前1世纪，均位于河南洛阳附近。关于其年代问题，参见杨哲峰：《关于洛阳三座壁画墓的年代序列问题》，《文物》2003年3期，页59—62。

[12] "椁墓"和"室墓"是黄晓芬在其全面研究中国早期墓葬的专著《汉墓的考古学研究》（长沙：岳麓书院，2002）一书中发明的术语。

[13] 在墓上设置封土直到东周时期才开始流行。在此之前，墓葬要么没有地上建筑，要么有一座小型祠庙。有关讨论，参见 Wu Hung, "From Temple to Tomb," *Early China* 13 (1988), pp.78-115，中译文参见巫鸿：《从"庙"至"墓"——中国古代宗教美术发展中的一个关键问题》，载《礼仪中的美术》，页549—568。

[14] 关于椁墓从史前时期到战国时期的发展，参见黄晓芬：《汉墓的考古学研究》，页26—42；李玉洁：《试论我国古代棺椁制度》，《中原文物》1990年2期，页83—86；赵化成：《周代棺椁多重制度研究》，《国学研究》1998年5期，页27—74，以及栾丰实：《史前棺椁的产生、发展和棺椁制度的形成》，《文物》2006年6期，页49—55。

[15] 例如，很多山东大汶口文化的大型墓葬以木框架环绕棺木。在浙江余杭汇观山的一座良渚墓葬中，棺本来位于一个长3.9米、宽1.8米的木箱之中。参见《大汶口：新石器时代墓葬发掘报告》（北京：文物出版社，1974），《文物》1997年7期，页4—33。

[16] 发掘报告参见《考古》1990年7期，页587—594；《临淄县西朱封龙山文化重椁墓的清理》，《海岱考古》1989年1期，页219—224。关于大型龙山墓葬的讨论，参见于海光：《山东龙山文化的大型墓葬分析》，《考古》2000年1期，页61—67。

[17] Li Chi, *Anyang* (Seattle: University of Washington Press, 1977), pp.85-87, 中译文参见李济：《安阳》（石家庄：河北人民出版社，2000），页68—70。但是必须要注意的是，南部的斜坡墓道要比其他三条坡度更陡的墓道要长得多。该十字形平面因此也可能含有象征性含义。

[18] Alain Thote, "Burial Practices as Seen in Rulers' Tombs of the Eastern Zhou Period: Patterns and Regional Traditions," in J. Lagerwey, ed., *Religion and Chinese Society*, 2 vols (Hong Kong: Chinese University Press, 2004), 1: 65-108.

[19] 此墓出土了一份记录各个椁箱——包括"椁首"、"椁尾"、"椁左"和"椁中"中随葬器物的遣册。因此随葬物的安置受制于一个明确的空间模式。

[20] 参见 Susanne Greife and Yin Shenping（尹申平）*Das Grab des Bin Wang: Wandmalereien der Östlichen Han-zeit in China*［《考古发掘出土的中国东汉墓（邠王墓）壁画》］(Verlag des Römisch-Germanischen Zentralmuseums, 2001), p.77。有关此书及对汉代墓葬艺术中的观者问题的讨论，参见郑岩：《关于汉代丧葬图像观者问题的思考》，《中国汉画研究》2005 年 2 期，页 39—55。

[21] 范晔：《后汉书》，页 3152。并参见 Karl A. Wittfogel and Chia-sheng Feng, *History of Chinese Society: Liao (907-1125), Transactions of the American Philosophical Society*, n.s., vol. 36 (Philadelphia: American Philosophical Society, 1949), pp.278-283.

[22] "崔炜"，李昉：《太平广记》（北京：中华书局，1961），卷 34，页 216—220。

[23] 英译据 Karl S. Kao, *Classical Chinese Tales of the Supernatural and the Fantastic* (Bloomington: Indianan University Press, 1985), p.343.

[24] 同上书，页 349，略有改动。

[25] 这个墓室出土的四枚印章将这四位女性确认为"夫人"。《西汉南越王墓》（北京：文物出版社，1991），页 219—221。

[26] 发掘报告参见《芒砀山西汉梁王墓地》（北京：文物出版社，2001），页 40—75。

[27] 例如江苏徐州附近北洞山的一座墓葬，墓主人为薨于 118 年之前的某位楚王。此墓有一条 55 米长的甬道，19 个房间，占地面积 350 平方米，内含一个乐舞室和两个厕所。参见《文物》1988 年 2 期，页 2—18。

[28] 中国考古学家根据长沙附近出土的象鼻嘴一号汉墓（墓主或为长沙国王吴著）而将这第二种室墓的出现时间定为公元前 2 世纪中叶。发掘报告参见《考古学报》1981 年 1 期，页 111—130。此墓也铺有甬道，通向一座 2 米多高的门。围绕中央棺室的是一条由彼此相连的房间所构成的回廊。黄晓芬注意到类似的环形回廊亦见于某些崖墓之中，表明这两种早期室墓类型之间的共同因素。黄晓芬：《汉墓的考古学研究》，页 75—82。

[29] 《考古学报》1955 年 9 期，页 109—110。

[30] 考古信息显示空心砖墓在战国晚期主要分布在河南东部，而洞室墓大约在战国中期首先出现在陕西南部。一旦在秦国发展为主导性的墓葬结构，洞室墓向东扩展到河南，而它在那里无法挑战传统的竖穴结构。参见 Wu Hung, "The Art and Architecture of the Warring States Period," in Michael Loewe and Edward Shaughnessy, eds., *Cambridge History of Ancient China*, p.719.

[31] 黄晓芬：《汉墓的考古学研究》，页 90—93。

[32] 我在下列专著和论文中讨论过这些问题："From Temple to Tomb"；"Art in its Ritual Context"；"Beyond the Great Boundary: Funerary Narrative in Early Chinese Art," in J. Hay, ed., *Boundaries in China* (London: Reaktion Books, 1994), pp.81-104, 中译文参见巫鸿：《超越"大限"——苍山石刻与墓葬叙事画像》，载《礼仪中的美术》，页 205—224; 等等。

[33] 《礼记》，《十三经注疏附校勘记》，页 1292。英译据 Legge, *Li Chi: Book of Rites*, 2 vols (New York: University Books, 1967), 1:155-156.

[34] 《礼记·郊特牲》，《十三经注疏附校勘记》，自页 1444。参见 Yü Ying-shih, "'O Soul, Come Back!': A Study in the Changing Conceptions of the Soul and Afterlife in Pre-Buddhist China," *Harvard Journal of Asiatic Studies* 27 (1987): 374-375; Michael Loewe, "The Religious and Intellectual Background," in Denis Twitchett and Michael Loewe, *The Cambridge History of China*, vol. 1, p.718。这两位作者都使用了《礼记》中的证据来重构古代中国的一个普遍信仰，而我认为这段文字描述的是中国先秦时期的一个特殊信仰。

[35] 参见 Wu Hung, "From Temple to Tomb," pp.83-90.

[36] 《礼记》，《十三经注疏附校勘记》，页 1595—1596。

[37] Ken E. Brashier, "Han Thanatology and the Division of Souls," *Early China* 16 (1996): 1-35. 索安和蒲慕州讨论了其他文献证据，参见 Anna Seidel, "Tokens of

Immortality in Han Graves," *Numen* 29 (1982), p.107; "Traces of Han Religion in Funerary Texts Found in Tombs," 载秋月观英编:《道教と宗教文化》(东京:平河出版社,1987),页21—57;蒲慕州:《墓葬与生死》(台北:联经出版公司,1993),页216。

[38] 参见 Isabelle Robinet, "Metamorphosis and Deliverance from the Corpse in Taoism," *History of Religions* 19.1 (1979): 57-70; Anna Seidel, "Post-Mortem Immortality, or: The Taoist Resurrection of the Body." 其他关于尸解的重要研究有:Michel Strickmann, "The Alchemy of T'ao Hung-ching," in H. Welch and A. Seidel, ed., *Facets of Taoism* (New Haven: Yale University Press, 1979), 180-185; Joseph Needham, *Science and Civilization in China*, V:2 (Cambridge: Cambridge University Press, 1974), pp.301-304.

[39] 此段汉代文献引自葛洪:《抱朴子·论仙》。参见王明:《抱朴子内篇校释》(北京:中华书局,1980),页20。

[40] 陈梦家:《殷墟卜辞综述》(北京:中华书局,1988),页561—603。

[41] 《周礼》,《十三经注疏附校勘记》,页562。

[42] 李零:《考古发现与神话传说》,《李零自选集》(桂林:广西师范大学出版社,1998),页61—64。陈伟:《包山楚简初探》(武汉:武汉大学出版社,1996),页173。参见 Guolong Lai, "The Baoshan Tomb," p.147.

[43] Constance Cook 和来国龙都讨论了"行"作为墓主人死后之旅的含义。Cook, *Death in Ancient China*, pp.79-128; Lai, "The Baoshan Tomb."

[44] 张勋燎、白彬:《中国道教考古》(北京:线装书局,2006),1:54—264,特别是263—264。

[45] 在我于芝加哥大学教授的一门研讨课上,赖德霖的论文"An Object-determined Design or an Architectonic-structure-determined Design? — Tomb Designs from Leigudun to Mawangdui"讨论了这两个概念。

[46] 湖北随县的曾侯乙墓便是此类例外中的一例。我将在此书的后文讨论这座公元前5世纪的椁墓带有房间形的墓室。

[47] 《荀子集解》(北京:中华书局,1954),2:245。译文根据 Burton Watson, *Basic Writings of Mo Tzu, Hsün Tzu, and Han Fei Tzu* (New York: Columbia University Press, 1963), "Hsün Tzu," p.105。Watson 把"象"译作"to imitate",我将其改为"to represent"。

[48] 同文中的其他段落很清楚地说明荀子所讨论的正是这种墓葬类型。

[49] 郑岩:《酒泉丁家闸十六国墓社树壁画考》,《故宫博物院文物月刊》,12.11(1995),页44—52。

[50] 参见吴荣曾:《镇墓文中所见到的东汉道巫关系》,《文物》1981年3期,页56—63,特别是页60。张勋燎:《东汉墓葬出土的解注器材料和天师道的起源》,《道教文化研究》1966年9期,页253—266,特别是页260。

[51] 关于这类图画和故事的出色研究,参见 Stephen Teiser(太史文),*The Scripture on the Ten Kings and the Making of Purgatory in Medieval Chinese Buddhism* (Honolulu: University of Hawaii Press, 1994).

[52] 参见《仪礼》,《十三经注疏附校勘记》,页1142—1143。《礼记》,页1293。

[53] 尽管此墓被盗过一次,盗墓者只是穿透了此墓中室的东北角,即便取走了器物,其数量也很少。发掘报告参见《曾侯乙墓》(北京:文物出版社,1989)。关于此墓的英文介绍,参见 Robert L. Thorp, "The Sui Xian Tomb: Re-thinking the Fifth Century," *Artibus Asiae* 43.5 (1981), pp.67-92.

[54] 钟磬组合实际上是此墓出土的115件乐器的核心。中国学者谭维泗相信这整套乐器逼真地模仿了曾国王室所使用的一个乐队。参见谭维泗:《曾侯乙墓》(北京:文物出版社,2001),页119。

[55] 参见 Lothar von Falkenhausen(罗泰), "Chu Ritual Music," in Thomas Lawton, ed., *New Perspectives on Chu Culture During the Eastern Zhou Period* (Washington, D.C.: Authur M. Sackler Gallery, 1991), p.82。并

参见谭维泗:《曾侯乙墓》,页 119。

[56] 参见 Alain Thote, "The Double Coffin of Leigudun Tomb no. 1: Iconographic Sources and Related Problems," in Thomas Lawton, ed., 同书, pp.26-27.

[57]《礼记》,《十三经注疏附校勘记》,页 1595—1596。Legge, *Li Chi*, 2:220-221.

[58] 尽管有些学者如张长寿和孙华认为周代的棺饰意在模仿真实的居所,这类在椁内的"模仿"主要是象征性的,而不是事实性的。参见张长寿:《墙柳与荒帷》;孙华:《悬鱼与振容》;Alain Thote, "Continuities and Discontinuities: Chu Burials during the Eastern Zhou Period," in R. Whitfield and Wang Tao, eds., *Exploring China's Past: New Discoveries and Studies in Archaeology and Art* (London: Saffron International Series in Chinese Archaeology and Art, 2000), pp.189-204; Guolong Lai, "The Baoshan Tombs," p.46.

[59] 发掘报告参见《包山楚墓》(北京:文物出版社,1991)。关于对此墓的详细讨论,参见 Cook, *Death in Ancient China*.

[60] 学者们把此墓所出的随葬品和遣册进行了比较。尽管有人发现它们在很多情形中其分布互相吻合,另一些人更重视二者之间的不规律性和矛盾性。参见陈伟:《包山楚简初探》(武汉:武汉大学出版社,1996),页 181—182。Guolong Lai, "The Baoshan Tomb," p.41.

[61] 与这些物品同出的是一份由 312 支竹简组成的遣册。尽管遣册中的这些物品并不完全和实际随葬品一致,但这一矛盾恰恰为我们提供了研究此墓的额外信息:遣册给出的只是意向中给这位已故老妇人的随葬品,而发掘品则表明了其地下居所的实际布置。

[62] 此墓的发掘报告参见《文物》1974 年 7 期,页 43。有些学者把这两个官名翻译为"Assistant Administrator of Funeral Goods"和"Lord Administrator of Funeral Goods."而"藏"可以表示随葬品,也是墓葬的标准用词,而且在很多汉代墓葬铭文中被如此使用。

[63] 此墓的发掘报告见于《文物》1960 年 4 期,页 51—52,以及《文物》1972 年 10 期,页 49—55。

[64] 此墓的发掘报告参见《望都汉墓壁画》(北京:文物出版社,1955)。

[65] 此墓的发掘报告参见《安平东汉壁画墓》(北京:文物出版社,1990)。

[66] 赵忠是安平人,他是汉灵帝时期(168—189)最有权势的宦官之一。

[67] 属于这一系列的 10 座墓中有 9 座在新城,1 座在酒泉。发掘报告参见《嘉峪关壁画墓发掘报告》(北京:文物出版社,1985);《文物》1959 年 10 期,页 73—79;1979 年 6 期,页 20—23;1982 年 8 期,页 7—15。此类墓葬装饰在 4 世纪继续在西北地区发展,并被中国新疆吐鲁番地区的人们所接受。4 世纪的这类例子有敦煌翟宗盈墓和吐鲁番的一组墓葬。其考古报告参见《考古通讯》1955 年 1 期,页 2—8,和《文物》1978 年 6 期,页 61—73。

[68] 参见冯时:《河南濮阳西水坡 45 号墓的天文学研究》,《文物》1990 年 3 期,页 52—60。

[69] 我们从考古中了解到,这一结构早在公元前 3 世纪就已经出现,并出现在很多先秦器物的装饰中。对宇宙的三维再现至少可以追溯至公元前 5 世纪。湖北随县擂鼓墩一号墓中出土的一个漆箱——很可能是丧葬用器——的上端绘有天文图像,而在箱体上绘有动物和人物形象。这一设计清楚地表明天地之间的感应和对立。

[70] 其中包括洛阳的三座墓和西安的一座墓。关于这些墓及其壁画的简要介绍,参见贺西林:《古墓丹青:汉代墓室壁画的发现与研究》(西安:陕西人民美术出版社,2001),页 18—41。

[71] 关于此墓的详细英文讨论,参见 Lan-ying Tseng, "Picturing Heaven: Image and Knowledge in Han China" (Ph.D. dissertation, Harvard University, 2001), pp.137-239.

[72] 发掘报告参见《文物》1974 年 12 期,页 53—55。一件盗墓者留下的残石经考古学家的复原之后,有助于确认墓主人,因为

[73] 参见 Te-k'un Cheng（郑德坤），"Yin-Yang Wu-Hsing and Han Art," *Harvard Journal of Asiatic Studies* 20.1-2(1957), pp.162-186.

[74] 关于这一传说的民歌，参见《十三经注疏附校勘记》，页 460;A. Waley 英译，*The Book of Songs* (London, 1937), p.319.

[75] Lan-ying Tseng（曾蓝莹）在其"Picturing Heaven"页 178 中提出这一阐释。

[76] 英译据 Auther Waley, *Chinese Poems* (London, 1982), pp.53-54, 稍有改动。

[77] Wu Hung, *The Wu Liang Shrine*, pp.76-92, 中译《武梁祠》，页 94—108。

[78] 参见 Wu Hung, *Monumentality*, pp.76-96, 中译《中国古代艺术与建筑中的纪念碑性》，页 97—124。

[79]《和林格尔汉墓壁画》（北京：文物出版社，1978），页 25。

[80] 如 Wolfgang Bauer 所认为，在汉代思想中，仙境常常与东方和西方相联系。Wolfgang Bauer, *China and the Search for Happiness*, M. Shaw, tran. (New York: Seabury Press, 1976), pp.95-100.

[81] 袁珂：《山海经校注》（上海：上海古籍出版社，1980），页 45。

[82] 关于该女神的不断变化的形象，参见 Wu Hung, *The Wu Liang Shrine*, pp.108-141, 中译《武梁祠》，页 125—160。

[83] 参见 Wu Hung, "Buddhist Elements in Early Chinese Art (2nd and 3rd century AD)," *Artibus Asiae* 47.3/4 (1986), pp.263-347; 特别是 pp.264-265, 中译参见巫鸿：《早期中国艺术中的佛教因素（2—3 世纪）》，载《礼仪中的美术》，页 289—345。

[84] Lydia D. Thompson, "The Yi'nan Tomb: Narrative and Ritual in Pictorial Art of the Eastern Han (25-220 C.E.)" (Ph.D. dissertation, Institute of Fine Arts, New York University, 1998), p.175.

[85]《神异经》，引于《太平御览》，卷 187。参见 Wu Hung, *The Wu Liang Shrine*, p.125, 中译《武梁祠》，页 142。

[86] 关于这些例子，参见巫鸿：《早期中国艺术中的佛教因素》。

[87] 唯一的例子恐怕是一组 5 世纪到 6 世纪初的高句丽墓葬，此时佛教成为这一北方王国的主导性宗教。参见李清泉：《墓葬中的佛像——长川一号壁画墓释读》，载巫鸿主编：《汉唐之间的视觉文化与物质文化》（北京：文物出版社，2003），页 471—508。

[88] 韩玉祥、牛天伟：《麒麟岗汉画像石墓前室墓顶画像考释》，载韩玉祥：《南阳汉代天文画像石研究》（北京：民族出版社，1995），页 23—25。

[89] 参见汤一介：《魏晋南北朝时期的道教》（西安：陕西师范大学出版社，1988），页 84—85。

[90] 王明：《太平经合校》（北京：中华书局，1960），页 450。这一教义在撰于公元前 2 世纪并在日后成为道教经典之一的《淮南子》中发展出一个理论："天气为魂，地气为魄，反之玄房，各处其宅。守而勿失，上通太一。" 刘文典：《淮南鸿烈集解》（台北：文史哲，1992），页 270—271。英文根据 Roger T. Ames, *The Art of Rulership: A Study of Ancient Chinese Political Thought* (Albany: State University of New York Press, 1994), p.169.

[91] 在陕西户县朱家堡的一座墓中出土的一个陶罐上铭有这样的一条文献。参见 Li Ling, "An Archaeological Study of Taiyi (Grand One) Worship," *Early Medieval China*, II (1995-1996), pp.1-39; Anna Seidel, "Traces of Han Religion in Funerary Texts Found in Tombs,"载秋月观英编：《道教と宗教文化》（东京：平河出版社，1987），页 21—57。

[92] 在基于"古礼"的一个晚期道教礼仪中，太一被置于祭台的中央，两侧是北斗和南斗。麒麟岗画像石展示了一个相似的构图。金允中编：《上清灵宝大法》，《道藏》卷 31, 页 410。参见张泽洪：《道教斋醮符咒仪式》（成都：巴蜀书店，1999），页 30—31。值得注意的还有，此墓位于公元 2、3 世纪的主要道教组织太平道的活动区域。据载在张角创立了太平道之后，"徒众数十万，自青、徐、幽、冀、荆、扬、

充、豫八州之人,莫不毕应。或弃卖财产,流移奔赴,填塞道路,未至病死者亦以万数。"司马光:《资治通鉴》(北京:中华书局,1956),卷58,页1864。麒麟岗画像石墓位于豫州境内。

[93] 刘向:《列仙传校笺》,王叔岷校笺(北京:中华书局,2007),页65—68。

[94] 张彦远:《历代名画记》,卷9。卢辅圣编:《中国书画全书》(上海:上海书画出版社,1993),1:154。

[95] 第二种放置方式的一个杰出例子是10世纪的王处直墓。参见《五代王处直墓》(北京:文物出版社,1998)。

[96] 关于鸟在宋辽金墓中的象征含义的一般讨论,参见 Ellen Johnston Laing(梁庄爱论),"Auspicious Motifs in 9th-13th-Century Chinese Tombs," *Ars Orientalis* 33(2003): 45-63.

[97] Hsüeh-man Shen, "Body Matters: Manikin Burials in the Liao tombs of Xuanhua, Hebei province," *Artibus Asiae*, vol. LXV, no. 1, pp.99-141,引文在页134。

[98] 同上书,页110。

[99] 发掘报告参见《文物》1962年1期,页34—42。

[100] Lothar Ledderose, *Ten Thousand Things: Module and Mass Production in Chinese Art* (Princeton: Princeton University Press, 2000), p.1,中译文参见雷德侯:《万物:中国艺术中的模件化和规模化生产》(北京:三联书店,2001),张总等译,页4。

[101] 参见信立祥:《汉代画像石综合研究》(北京:文物出版社,1999),页203—222。

[102] 发掘报告参见《文物》1991年3期,页20—25。并参见雷建金:《简阳县鬼头山发现榜题画像石棺》,《四川文物》1988年6期,页65。赵殿增、袁曙光:《天门考——简论四川汉画像砖(石)的组合与主题》,《四川文物》1990年6期,页3—11。

[103] 有关参考文献参见 Wu Hung, "From Temple to Tomb," pp.96-100.

[104] 陆机:《陆士衡集》,《四部备要》(上海:中华书局,1930),7.3b-41。译文自 A. R. Davis, *T'ao Yüan-ming: His Works and Their Meaning*, 2 vols (Cambridge: Cambridge University Press 1983), 1:168-170。

[105] 引自范晔:《后汉书》,页3195。

[106] 参见杜佑:《通典》(北京:中华书局,1988),页2346,2701—2704。

[107] Wu Hung, "The Prince of Jade Revisited: Material Symbolism of Jade as Observed in the Mancheng Tombs," in *Chinese Jades, Colloquies on Art and Archaeology in Asia* no. 18, ed. Rosemary E. Scott (London: Percival David Foundation of Chinese Art, 1997), pp.147-170;特别是 p.152. 中译参见巫鸿:《"玉衣"或"玉人"?——满城汉墓与汉代墓葬艺术中的质料象征意义》,载《礼仪中的美术》,页147—170。

[108] 班固:《汉书》(北京:中华书局,1962),页3952。

[109] 同上书,页3955。

[110] Lukas Nickel, "Some Han Dynasty Paintings in the British Museum," *Artibus Asiae* LX. 1, 2000, p.73.

[111] 发掘报告参见《敦煌佛爷庙湾西晋画像砖墓》(北京:文物出版社,1998),页31—38。

[112] 例如,一座位于河南新安铁塔山的东汉早期壁画墓在其后壁上绘有死者的正面画像,参见黄明兰、郭引强:《洛阳汉墓壁画》(北京:文物出版社,1996),页181—186。

[113] 此墓在发掘前曾遭盗掘。但是发掘者仍然在祭台上发现了两个石榻,并在祭台周围发现石残片。参见《密县打虎亭汉墓》(北京:文物出版社,1993),页16。

[114] 关于这些墓葬的一般介绍,参见郑岩:《魏晋南北朝壁画墓研究》(北京:文物出版社,2002),页22—23。

[115] 发掘报告参见《文物》1984年6期,页29—45。一些学者认为这是一座燕墓,而非东晋墓。

[116] 郑岩:《墓主画像研究》(济南:山东大学出版社,1997),页450—468,特别是页465。

[117] Audrey Spiro, *Contemplating the Ancients: Aesthetic and Social Issues in Early Chinese*

[118] 这条铭文中有一部分读作："幽州十三郡县七十五。"
[119] 范晔：《后汉书》，页99。
[120] Jee-hee Hong, "Path to the Other World: A Funerary Narrative Rendered in Tokhungri Tomb Murals" (MA thesis, 2001, University of Chicago), p.17.
[121] 这一组的第四幅图像见于辽阳附近的上王家村发现的一座4世纪墓葬中。与冬寿墓的画像一样，它被绘于此墓的一个侧室中。此画像的线图见于《文物》1959年7期，页61。
[122] 至少在六座建于550年和576年之间的大型墓葬中带有这种死者肖像。其中有（1）蠕蠕公主墓（卒于550年）；（2）娄睿墓（卒于570年）；（3）道贵墓（卒于571年）；（4）徐显秀墓（卒于571年）；（5）高润墓（卒于576年）和一座位于太原第一发电厂不带纪年的北齐墓。
[123] 郑岩：《魏晋南北朝壁画墓研究》，页190。
[124] 例外之一是位于太原第一发电厂的北齐墓，其中棺床靠在后壁上。这一结构因而与德兴里壁画墓的后室相似。
[125] 王银田、刘俊喜：《大同智家堡北魏墓石椁壁画》，《文物》2001年7期，页40—51。另一座于1997年发现的位于北京附近的小型石墓也在后壁上绘有一幅死者的正面画像。两侧各有两个侍女，所戴的头饰和德兴里壁画墓中所见的相似。发掘者初步将此墓定在魏晋时期，即3到4世纪。这个年代似乎太早了。考虑到它和4到5世纪的高句丽墓葬之间的相似性，它更有可能建于4世纪末的北魏境内。发掘报告参见《文物》2001年4期，页54—59。
[126] 据我所知，唯一的例外是高元珪（卒于756年）墓，其中死者的画像绘于后壁上。发掘报告参见《文物》1959年8期。
[127] 关于对中国艺术和文学中屏风的象征性和再现性的详细讨论，参见 Wu Hung, *The Double Screen: Medium and Representation in Chinese Painting* (London: Reaktion Books, 1996). 中译《重屏：中国绘画中的媒材与再现》（上海：世纪出版集团,2009），文丹、黄小峰译。
[128] 关于对唐墓中屏风图像的一般综述，参见张建林：《唐墓壁画中的屏风画》，载周天游：《唐墓壁画研究文集》，页227—239；李星明：《唐代墓室壁画研究》（西安：陕西人民美术出版社,2005），页162—167。
[129] 发掘报告参见《考古》1960年1期，页30—36。相似的一例是建于742年的李宪墓，参见《唐李宪墓发掘报告》（北京：科学出版社,2005）。
[130]《五代王处直墓》，彩图33—57。
[131] 在山西大同附近的很多辽墓中，三扇屏风绘于死者遗骸前的后壁上。发掘报告参见《考古》1960年10期，页37—42；《考古》1963年8期，页432—436。在河北宣化的一组辽墓中，墓主人夫妇以屏风前满载各种物品的桌子来象征。参见李清泉：《论宣化辽墓壁画创作的有关问题》，在《刘敦愿先生纪念文集》，页489—502,特别是图4、11、13和16。
[132] 宿白：《白沙宋墓》（北京：文物出版社,1957），页48—49。
[133] 发掘报告参见《文物》1983年1期，页45—63。
[134] 司马光：《司马氏书仪》，《丛书集成》（上海：商务印书馆,1936），页54。
[135] Dieter Kuhn, *A Place for the Dead: An Archaeological Documentary on Graves and Tombs of the Song Dynasty (960—1279)* (Heidelberg, 1996),特别是第一、二章。
[136] 发掘报告参见《考古》1959年9期，页485—487。
[137] 司马光：《司马氏书仪》，页78。
[138] 发掘报告参见《定陵》（北京：文物出版社,1990）。

第二章

[1] 司马迁：《史记》，页2753。
[2] 有关这一历史发展的讨论，参见巫鸿：《明

器的理论和实践——战国时期礼仪美术中的观念化〉,《文物》2006年6期,页71—81。有可能在东周时期,不止一个哲学流派发展了有关明器的话语。参见Jeffery Riegel, "Do Not Serve the Dead as You Serve the Living: The *Lüshi chunqiu* Treatises on Moderation in Burial," *Early China* 20(1995), pp.301-330。然而是儒家话语最终主宰了一般的丧葬活动。

[3] 王先谦:《荀子集解》,"礼论",《诸子集成》2:245。参见 Burton Watson, trans., *Hsün Tzu: Basic Writings* (New York: Columbia University Press, 1963), p.104。

[4] 《仪礼》,《十三经注疏附校勘记》,页1148—1149。

[5] 参见郑玄《仪礼》注,《十三经注疏附校勘记》,页1149。

[6] 关于宗庙的这一意义,参见 Wu Hung, *Monumentality*, pp.79-88,中译《中国古代艺术与建筑中的纪念碑性》,页100—113。

[7] 《礼记》,《十三经注疏附校勘记》,页1290;Legge, *Li Chi*, 1:151。

[8] 《礼记》,《十三经注疏附校勘记》,页1289,Legge, *Li Chi*, 1:148。

[9] 《荀子》,《诸子集成》,2:245。参见 Watson, trans., *Hsün Tzu*, p.104。这一观念被很多后来的著作家所重复。例如,西汉的桓宽把这一观念概括为一个更凝练的公式:"古者,明器有形无实。"(桓宽:《盐铁论·散不足》)

[10] 关于这一器物的插图和关于这一陶器传统的讨论,参见 Wu Hung, *Monumentality*, fig. 1.5, pp.24-27,中译《中国古代艺术与建筑中的纪念碑性》,页29—34。

[11] 吴汝祚:《从黑陶杯看大汶口龙山文化发展的阶段性及其中心范围》,载苏秉琦:《考古学文化论集》(北京:文物出版社,1989),页31—43,特别是页39—41。

[12] 于海光:《山东龙山文化墓葬浅析》,载蔡凤书、栾丰实:《山东龙山文化研究文集》(济南:齐鲁书社,1992),页301—312。于海光:《山东龙山文化墓葬分析》,《考古》2000年1期,页61—67。

[13] Anne Underhill, *Craft Production and Social Change in Northern China* (New York: Kluwer Academic/Plenum Publishers, 2002), p.158。

[14] 发掘报告参见《考古学报》1965年2期,页79—102。

[15] 有一种看法认为此墓本来有一套青铜器,但是在发掘前被盗走了。

[16] 关于这些遗址的发掘报告,参见《文物》1959年9期,页53—55。《考古》1961年5期,页244。

[17] 参见《洛阳中州路》,页78、129;Robert L. Thorp, "The Mortuary Art and Architecture of Early Imperial China," Ph.D. dissertation, University of Kansas, 1979, pp.54-58。

[18] 参见蔡永华:《随葬明器管窥》,《考古与文物》1986年2期,页74—78。

[19] Lothar von Falkenhausen, "Sources of Taoism: Reflections on Archaeological Indicators of Religious Change in Eastern Zhou China," *Taoist Resources* 5.2(1994): 1-12。

[20] 发掘报告参见《文物》1994年8期,页4—21,以及1995年7期,页4—39。

[21] 发掘报告参见《三门峡虢国墓地》(北京:文物出版社,1999)。

[22] 冈村秀典:《秦文化の编年》,《古史春秋》2(1985): 53-74,图1。Lothar von Falkenhausen, "The Waning of the Bronze Age: Material Culture and Social Developments, 770-481 BCE," in Michael Loewe and Edward L. Shaughnessy, eds., *The Cambridge History of Ancient China*, p.489。

[23] 除了这些出自天马-曲村的器物之外,出自洛阳白马寺的一件青铜壶具有封闭的器嘴,无法实用。参见《全国基本建设工程中出土的文物展览图录》,图146。

[24] 参见《考古》1979年1期,页23—26。此外,相似的西周青铜器出土于陕西扶风强家村。参见《文博》1987年4期,页5—20。我感谢李峰告知这两条信息。

[25] 《包山楚墓》,1:96。

[26] 这类青铜器的一组例子见于天马-曲村的晋侯墓地。参见罗泰(Lothar von Falkenhausen)的讨论:"The Waning of the Bronze Age," p.489。曾侯乙墓中出土的青铜器虽然大多华丽并带有使用痕迹,但也

[27]《包山楚墓》,1:330-333。这一分类遭到来国龙的挑战。他认为"发掘者察觉到的区别是一个素的构造而不是一个位的构造"。"The Baoshan Tomb," p.86。关于这个问题,我征询了湖北省博物馆(藏有此墓出土器物)的研究者。他们坚持发掘报告中的结论。

[28]《文物》1995年7期,页25—26,图43—47。关于这些器物的讨论,参见 Jessica Rawson, "Western Zhou Archaeology," in Michael Loewe and Edward L. Shaughnessy, eds. *The Cambridge History of Ancient China*, pp.440-441。并参见《三门峡虢国墓地》,图19—20(M2001),图95—99(M2012)。王红星、胡雅丽:《由包山二号墓看楚系高级贵族墓的用鼎制度——简论周代鼎制的发展》,《包山楚墓》,1:96。

[29] 有必要注意到其他材料也用于制作明器。例如,在包山二号墓中出土的25件木器用于下葬前的大招仪式,其中只有一件是实用器。"而其余诸器均制作粗糙,不髹漆,是为明器。"王红星、胡雅丽:《包山二号楚墓漆器群研究》,1:488。然而,由于其材质的易朽性,很少的木明器留存下来。也值得注意的是,有时候陶明器绘有漆器图案。参见《文物》1959年9期,页53—55。

[30] 发掘报告参见《江陵望山沙冢楚墓》(北京:文物出版社,1996)。

[31]《包山楚墓》,1:26-28。

[32] Legge, *Li Chi*, 1:125.

[33] 同上书, 1:139.

[34] 巫鸿:《明器的理论和实践》。

[35] 参见 Legge, *Li Chi*, 1:139-140.

[36] Lothar von Falkenhausen, *Chinese Society in the Age of Confucius (1000-250 BC): The Archaeological Evidence* (Los Angeles: Cotsen Institute of Archaeology, UCLA, 2006), p.304.

[37] 李知宴:《中山王墓出土的陶器》,《故宫博物院院刊》1979年2期,页93—94。

[38] 参见郑玄的《仪礼》注,《十三经注疏附校勘记》,页1149。

[39] 参见 Wu Hung, "From the Neolithic to the Han," in Angela F. Howard, et al., *Chinese Sculpture* (New Haven and London: Yale University Press, 2006), pp.40-41.

[40]《䂮墓——战国中山国国王之墓》(北京:文物出版社,1996),1:505。参见 Legge, *Li Chi*, 1:125-126.

[41] 关于不同时期的例子,参见曹者祉、孙秉根:《中国古代俑》(上海:上海文化出版社,1996)。

[42] 参见 James Legge, trans *The Chinese Classics*, vol. 2, "The Work of Mencius" (Oxford: Oxford University Press, 1861-1872), pp.133-134。"仲尼曰:'始作俑者,其无后乎!'为其象人而用之也,如之何其使斯民饥而死也?"俑的产生时间仍是个不解之谜。已知最早的例子见于陕西边家庄的春秋早期墓葬,其中有两个刊凿粗糙、部分彩绘的木俑附着于一架辇衡。关于考古报告,参见《文物》1988年11期,页15。但这似乎只是一个孤例,并不代表普遍的现象。

[43] 参见孙希旦:《礼记集解》(北京:中华书局,1989),1:265。*Li Chi*, 1:172-173。"孔子谓:为明器者,知丧道矣,备物而不可用也。哀哉!死者而用生者之器也,不殆于用殉乎哉。其曰明器,神明之也。涂车刍灵,自古有之,明器之道也。孔子谓为刍灵者善,谓为俑者不仁——殆于用人乎哉!"

[44] 关于更多对此问题的讨论,参见 Wu Hung, "On Tomb Figurine," in Wu Hung and Katherine R. Tsiang ed., *Body and Face in Chinese Visual Culture* (Cambridge, MA, 2005), pp.13-48,中译参见巫鸿:《说"俑"——一种视觉文化传统的开端》,载《礼仪中的美术》,页587—615;黄展岳:《中国古代的人牲人殉》(北京:文物出版社,1990),页293。

[45] 此墓位于山西省长治,发掘报告参见《考古学报》1984年4期,页504—507。

[46] 即湖北的望山二号墓,参见《文物》1966年5期,页33—55。另一份出自长台关二号墓的随葬品遣册中记载了8个"明童"。参见《信阳楚墓》(北京:文物出版社,1986),页114—116、130。

[47] 此墓位于湖北郭店，铭文确认其年代为公元前173年。发掘报告参见《文物》1993年8期，页13—20。

[48] 王梦鸥：《唐人小说研究二集》（台北：艺文出版社，1973），页143—147。

[49] 李昉：《太平广记》（北京：中华书局，1961），页2950—2960。

[50] 同上书，页2951。

[51] 金维诺：《谈长沙马王堆三号汉墓帛画》，《文物》1974年11期，页44—48。刘晓路：《论帛画俑：马王堆三号墓东西壁帛画的性质和内容》，《考古》1995年10期，页937—941。

[52] 《信阳楚墓》（北京：文物出版社，1986），页18—20。发掘者把此墓断于战国早期，大约公元前5世纪中期。

[53] 必须注意的是，有一个神秘的场景补充了设在四个侧室中的日常家居场景。在棺室正后方的房间中有一件长舌鹿角的怪兽雕塑，一般称为"镇墓兽"。它占据了这个房间的中心，并被四个角落中的俑所簇拥。与此墓中的其他俑不同，这四个俑并无衣袍，身体刻法粗糙。最有意思的是，其中有一个在胸前扎有一枚竹针。这一特征把这些形象确定为需要用仪式加以压镇的恶鬼，而非应在地下世界中发挥作用的"死后伴侣"。

[54] 这类俑中的代表分别出自山东郎家庄、山东章丘和山西长治分水岭。参见《考古学报》1957年1期，页116；《辉县发掘报告》（北京：科学出版社，1956），页45；《考古》1959年12期，页656；1960年1期，页71；1962年10期，页516。

[55] 此墓的发掘报告参见《考古与文物》1996年5期，页1—8。并参见 Li Jian, ed., *Eternal China: Splendors from the First Dynasties* (Dayton: Dayton Art Institute, 1998), pp.68-69. 附近的另一座秦墓中则出土了牛车和仓的陶模型，反映了对经济生活的特殊关切。《陕西凤翔八旗屯秦国墓葬发掘简报》，《文物资料丛刊》1980年3期，页67—85。

[56] 除了在杨家湾发现的"地下军团"之外，另一个含有6000个陶俑的相似"军阵"出土于徐州狮子山的某楚王墓的随葬坑中。参见 Wang Kai, "Han Terra-cotta Army in Xuzhou," *Orientations* 21.10 (October 1990), pp.62-66.

[57] 发掘报告参见《文物》1977年10期，页10—21。

[58] 发掘报告记录了162个出自此墓的俑。但是其中有33个连在一起的木符。

[59] 发掘报告参见《文物》1988年2期，页2—18、68。并参见 Li Yinde, "The 'Underground Palace' of a Chu Prince at Beidongshan," *Orientations* 21.10 (October 1990), pp.57-61.

[60] 西安白家口附近出土的一些例子和大都会博物馆的这一件特别相似。此件的有关插图和信息参见 Jessica Rawson, ed., *Mysteries of Ancient China* (New York: George Braziller, 1996), p.206.

[61] 《磁县湾漳北朝大墓》（北京：科学出版社，2003），页33—138。

[62] 唐墓俑的发展概要，参见曹者祉、孙秉根：《中国古代俑》（上海：上海文化出版社，1996），页236—240。关于唐墓对神祇和宇宙符号的再现性，参见徐苹芳：《唐宋墓葬中的"明器神煞"与"墓仪"制度——读〈大汉原陵秘葬经〉杂记》，《考古》1963年2期，页87—106。郝红星、张倩、李扬：《中原唐墓中的明器神煞制度》，《华夏考古》2004年4期，页100—107。

[63] 有趣的是，这些宋金墓中的"杂剧俑"不仅设在墓主人图像之前，而且有时在其上方。关于这些俑的不同位置及其含义的精彩论述，参见 Jeehee Hong, "Theatricalizing Death: Performance Images of Mid-imperial China in Mortuary Contexts (11th-13th centuries)," Ph.D. dissertation, University of Chicago. 2008; 特别是第二章，"Staging Death and Life: Five Actor Figurines and a Miniature Theater from Houma Tomb No.1."

[64] 参见《考古学报》1957年1期，页116。《辉县发掘报告》页45。《考古》1959年12期，页656；1960年7期，页71；1962年10期，页516。

[65] 地下军团的一个有趣特征是，尽管兵马俑是陶制，而且应属于"再现"，与这些

雕塑一起出土的青铜兵器却是真的。雷德侯认为："给陶俑装备在往日的实战中曾发挥其效用的真刀真枪,这一愿望一定是为何要将武士俑做成真人大小的原因。" *Ten Thousand Things: Module and Mass Production in Chinese Art* (Princeton: Princeton University Press, 2000), p.68, 中译《万物》,页 97。但是这一理论却无法解释为何秦始皇墓附近出土的青铜马车及其驭手和兵器都只有实物的一半大。

[66] Wang Renbo, "General Comments on Chinese Funerary Sculpture," in George Kuwayama, ed., *The Quest for Eternity*, pp.39-61; 特别是 pp.41-44。

[67] 关于此俑坑的发掘信息,参见《秦始皇陵兵马俑坑:一号坑发掘报告,1974—1984》(北京:文物出版社,1988)。

[68] 关于此坑的发掘信息,参见《文物》1978年5期,页1—19。

[69] 关于此坑的发掘信息,参见《文物》1979年12期,页1—12。

[70] Bonnie Cheng, "Attending the Dead: Shifting Needs of the Dead and Modes of Presentation of Figurines in Sixth-Century Northern Dynasty Tombs," 巫鸿编:《汉唐之间的视觉与物质文化》(北京:文物出版社,2003),页425—469。

[71] 同上。

[72] 这一"性别化"的空间已经出现在汉墓中。在2世纪末、3世纪初的沂南汉墓中,在两座大约分属死者夫妇的棺室中,一座装饰着男性士兵和武库,另一座装饰着侍女和室内家具。

[73] 这些文献包括:《大唐六典》,卷二五;《通典》、《大唐开元礼》和《宋会要辑稿》(礼29—31)。

[74]《永乐大典》,卷8199,19庚。关于此文的作者和年代,参见徐苹芳:《唐宋墓葬中的"明器神煞"与"墓仪"制度——读〈大汉原陵秘葬经〉杂记》,《考古》1963年2期,页87—106。

[75] 此图所据即为该示意图。该示意图所属信息和相应文字表明,一座王室墓葬实际上会随葬183个俑,表现42种官员和5种嫔妃。

[76]《汉阳陵》(重庆:重庆出版社,2001),页2。并参见王学理:《阳陵汉俑——陶塑美的旋律》,载《中国汉阳陵彩俑》(西安:陕西旅游出版社,1992),页4—7。

[77] 参见 Susan Stewart, *On Longing: Narratives of the Miniature, the Gigantic, the Souvenir, the Collection* (Durham: Duke University Press, 1993), p.65。

[78] 王自力、孙福喜:《唐金乡县主墓》(北京:文物出版社,2002)。

[79] 同上书,页119。

[80]《唐六典》卷二三"甄官署",页十三、十四。《影印文渊阁四库全书》(台北:商务印书馆,1983),册595。

[81] Patricia B. Ebrey, *Chu Hsi's Family Rituals* (Princeton: Princeton University Press, 1991), p.109. 此段介绍"造明器"。

[82] 司马光:《书仪》,页81,《丛书集成》(上海:商务印书馆,1936),册1040。

[83] 瞿佑:《剪灯新话》,卷2,页49—54。

[84]《礼记·檀弓下》郑玄注。

[85] Ladislav Kesner, "Likeness of No One: (Re)presenting the First Emperor's Army," *The Art Bulletin*, LXXVII.1 (March 1995), pp.126, 129。

[86] 桓宽:《盐铁论》,《诸子集成》7:34。

[87] 这类俑的代表有湖北马山东周晚期的一座保存完好的墓葬,以及湖南马王堆一号汉墓。

[88] 迄今为止,这类主要是男性,也包括少量女性形象的裸体俑出土于与王室有关的几座墓中。这类俑中,有一些未完成和被抛弃的例子出土于西汉首都长安近郊的一组21座官窑中。从出土的墓葬和窑的墓葬年代来看,这类俑以阳陵所出为代表,可能发明于2世纪中期左右。其有限的使用一直延续到公元前1世纪中期,如宣帝杜陵一号陪葬坑所出者。

[89] 所有这些裸体俑都没有手臂。每件俑的肩膀外侧都有一个扁平的圆形表面,中间穿有一个与胸部连通的孔。学者们相信这种孔用于把可活动的手臂——由于使用可朽材料而已经荡然无存——安装到身体之上。

[90] 应劭(约153—196):《风俗通义附异文》(北京,1943),1:83。我的英译根据Derk

Bodde, "Myths of China," in Samuel Noah Kramer, *Mythologies of the Ancient World* (Garden City, N. Y.: Anchor Books, 1961), pp.64-65; Anne Birrell, *Chinese Mythology* (Baltimore: Johns Hopkins University Press, 1983), p.35.

[91] 参见王育成:《中国古代人形方术及其对日本的影响》,《考古与文物》1996 年 2 期,页 32—56,特别是页 41—43。

[92] 发掘报告参见《考古与文物》1989 年 6 期,页 35—46、77。

[93] 发掘报告参见《文物》1975 年 11 期,页 75—93。

[94] 在考古证据中,马王堆一号汉墓出土了两类俑。椁室中出土的都以写实方式表现了侍从和奴婢,而在和尸体一起的最内层棺上方却出土了粗糙的俑形符。关于这些和其他"巫术性"的俑,参见王育成:《中国古代人形方术及其对日本的影响》,《考古与文物》1996 年 2 期,页 45—51。

[95] 池田温:《中国历代墓券略考》,《東洋文化研究所紀要》86 (1981),页 272,第 5 条;页 275,第 12 条;页 224,第 23 条。译文采自 Seidel, "Trances of Han Religion in Funeral Texts Found in the Tombs," in Akizuki Kan'ei, *Taoism and Religious Culture* (Tokyo: Hirakawa Shuppan Inc., 1987), pp.21-57; 引文自 p.42。

[96] 发掘报告参见《文物参考资料》1958 年 7 期,页 62—65。

[97] 这一观念述自张伯端(约983—1082):"真人授我指玄篇。其中简易无多语,只是教人炼汞铅。"一言以蔽之,真铅就是阳中之阴,真汞就是阴中之阳。Livia Kohn, ed., *The Taoist Experience: An Anthology* (Albany: State University of New York Press, 1993), p.316.

[98] 姜生、汤伟侠编:《中国道教科学技术史:汉魏两晋卷》(北京:科学出版社,2002),页 356。

[99] 例子参见《考古与文物》1986 年 1 期,页 39—40;《考古》1977 年 6 期,页 402;《文物》1980 年 5 期,页 29。

[100] 参见班固:《汉书》,页 2844,以及颜师古 (581—645) 注,页 2856。

[101] 《灵宝无量度人上经大法》,《正统道藏》卷 54,第 3 册,页 922—923。感谢刘聪使我注意这一文献。

[102] 关于这类例子之一,参见沈令昕等:《上海西郊朱行乡发现宋墓》,《考古》1959 年 2 期,页 110。

[103] 关于中文文本,参见张勋燎:《试论我国南方地区唐宋墓葬出土的道教"柏人俑"和"石真"》,《道家文化研究》1995 年 7 期,页 312—322。

[104] 张勋燎:《试说前蜀王建永陵发掘材料中的道教遗迹》,《四川考古论文集》(北京:文物出版社,1966),页 213—223。

[105] 叶盛:《水东日记》,卷十,《四库笔记小说丛书》(上海:古籍出版社,1991)。

[106] 陈立:《白虎通疏证》,页 556。

[107] 英译据 James Legge trans *The Sacred Books of China: The Texts of Confucius. Part III. The Li Ki*, 1:177, Delhi: Motial Banarsidass, p.1885.

[108] 《归藏》引于郭璞的《山海经》注中。参见袁柯:《山海经校注》,页 473。在关于该传说的另一个版本中,鲧在死后转变为熊。由于龙和熊在字形和字音上相似,这第二种版本可能来自文本传写之讹。关于这个神话的讨论,参见 Allan, *The Shape of the Turtle*, pp.69-70.

[109] 例子参见《山海经校注》,页 419。

[110] 葛洪:《抱朴子》,卷 2、6。这一记载是对司马迁《史记》(页 1386)中的一段文字的充实。

[111] 司马迁:《史记》,页 1396。

[112] 《礼记》,《十三经注疏附校勘记》,页 1576。

[113] 同上书,页 1129。

[114] 同上。

[115] 郑玄如是解释丧葬铭旌:"铭,书死者名于旌。"故《周礼》注云:"今文铭皆为名。"参见《仪礼》,《十三经注疏附校勘记》,页 812。我在英文中将其翻译为 "Name Banner",因为"铭"写于其上的当为死者之"名"。这一译法较之 "Inscribed Banner" 更准确地反映了这种

[116] 丧葬用具的本质。郑玄对这种名旌的另一处解释"铭,明旌也"也吻合这一翻译。《十三经注疏附校勘记》,页 1130。

[116] 《仪礼》,《十三经注疏附校勘记》,页 1130。

[117] 郑玄《仪礼》注,《十三经注疏附校勘记》,页 1130。

[118] 《礼记》,《十三经注疏附校勘记》,页 1139—1140。参见马雍:《论长沙马王堆一号汉墓出土帛画的名称和作用》,《考古》1973 年 2 期,页 118—125。

[119] 《礼记》,《十三经注疏附校勘记》,页 1269。英译根据 Legge, *Li Chi* 1:117.

[120] 陈立:《白虎通疏证》,页 556。

[121] 同上。

[122] 郑玄曰:"铭,书死者名于旌,今谓之柩。"《周礼注疏》1:812。《小尔雅》:"空棺谓之櫬,有尸谓之柩。"《玉篇》:"在棺曰柩。"参见林尹、高明编:《中文大字典》,十卷(台北:中华学术苑,1973)5:7071,7479。因此柩仅仅指最内重棺,而不是外棺。

[123] 参见第一章注释 10。关于对其他棺的描述和分析,参见本书的尾声。

[124] 对这些不同看法的概述,参见 Michael Loewe, *Ways to Paradise* (London: George Allen & Unwin, 1979), 34. 鲁惟一本人把此画分为两部分,因此遵从了商志𩂳和马雍的意见。参见商志𩂳:《马王堆一号汉墓"非衣"试释》,《文物》1972 年 9 期,页 43—47。马雍:《论长沙马王堆一号汉墓出土帛画》,页 122—123。

[125] 在评论这幅帛画的学术史时,谢柏柯也遵循了这四层划分。"Mawangdui, Excavated Materials and Transmitted Texts: A Cautionary Note," *Early China* 8 (1982–1983), p.79.

[126] 马雍:《论长沙马王堆一号汉墓出土帛画》,页 121—122。

[127] 洪兴祖:《楚辞补注》(北京:中华书局,1983),页 201。英译参见 *The Songs of the South*, trans. David Hawkes (Penguin Books, 1985), pp.74, 225.

[128] 关于这部分的更为详细的分析,参见孙作云:《长沙马王堆一号汉墓出土画幡考释》,《考古》1973 年 1 期,页 54—61。M. Loewe, *Ways to Paradise*, pp.47-59.

[129] 司马迁:《史记》,页 265。

[130] 关于这一前汉代艺术和宇宙论中的二元结构之存在,参见 K. C. Chang, "Some Dualistic Phenomena in Shang Society," in *Early Chinese Civilization: Anthropological Perspectives* (Cambridge, Mass.: Harvard University Press, 1976), pp.93-114; *Art, Myth, and Ritual* (Cambridge, Mass.: Harvard University Press, 1983), pp.56-80, 中译文参见张光直:《美术、神话与祭祀》,郭净译(沈阳:辽宁教育出版社,2002),页 43—65。这种静态结构也是大名鼎鼎的武梁祠石刻的构图特征。参见 Wu Hung, *The Wu Liang Shrine*, pp.218-221, 中译《武梁祠》,页 237—240。

[131] 这一看法首先由 William Watson 提出,完善于鲁惟一的 *Ways to Paradise*, pp.45-46.

[132] 根据墓主为轪侯夫人之子(卒于公元前 168 年)的马王堆三号汉墓中所出土的文字材料,轪侯家的一位家丞通知主葬郎中,他在此给后者送上一份死者所有物的清单,并要求他转交给主葬君。参见《文物》1974 年 7 期,页 43。

[133] 班固:《汉书·霍光传》;范晔:《后汉书·礼服志》。

[134] 关于良渚文化的发掘和研究概述,参见安志敏:《关于良渚文化的若干问题》,《考古》1988 年 3 期,页 236—245。

[135] 《考古》1984 年 2 期,页 109—129。

[136] 《文物》1988 年 1 期,页 1—31。《文物》1988 年 1 期,页 32—51。关于这两次发掘的英文概要,参见 Jean James, "Images of Power: Masks of the Liangzhu Culture," *Orientations* 22.6 (1991), 46-55.

[137] 有些墓在发掘前已被盗掘。仍然出土"玉覆面"的有 M8, M31, M62, M64, M91, M92 和 M93。M8 的墓主人有双层覆面。对这些发现的一般介绍,参见 Wang Tao and Liu Yu, "The Face of the Other World: Jade Face-Covers from Ancient Tombs," in Scott, ed., *Chinese Jades*, pp.133-146.

[138] "覆面"一词出现在《仪礼·士丧礼》的

郑玄注中,《十三经注疏附校勘记》,页1131。

[139] 出土这类玉覆面的墓葬有长安张家坡的M157和M303。三门峡上村岭的M2001和M2006,以及苏州真山D9M1。关于参考文献,参见张长寿:《西周的葬玉——1983—1986年沣西发掘资料之八》,《文物》1993年9期,页55—59。《上村岭虢国墓地M2006的清理》,《文物》1995年1期,页4—31;《三门峡上村岭虢国墓地M2001发掘简报》,《华夏考古》1992年3期,页104—113。苏州博物馆:《真山东周墓地》(北京:文物出版社,1999)。关于张家坡和上村岭发掘品的英文概述,参见Wang and Liu, "The Face of the Other World," pp.134-135.

[140] "玉衣"一词和"玉匣"见于《汉书》和《后汉书》。有关出处参见Shi Wei:《关于"金缕玉衣"的资料简介》,《考古》1972年2期,页48—50,27。其他关于这类葬玉的研究有:Jeffrey Kao and Yang Zuosheng, "On jade suits and Han archaeology," *Archaeology* 36(6), (November/December, 1983), pp.30-37; R. Thorp, "Mountain tombs and jade burial suits: Preparations for eternity in the Western Han," in George Kuwayama, ed., *Ancient Mortuary Traditions of China*, pp.26-39.

[141] 卢兆荫:《试论两汉的玉衣》,《文物》1981年1期,页51—58。《再论两汉的玉衣》,《文物》1989年10期,页60—67。卢兆荫的单子包括几种"玉覆面",在我看来是延续和发展了周代的传统,构成了葬玉的一个特殊门类。

[142] 《山东临沂西汉刘疵墓》,《考古》1980年6期,页493—495。

[143] 关于此墓的身份存在不同意见。有关概述参见《西汉南越王墓》(北京:文物出版社,1991),1:320-325。

[144] 同上书,1:370。

[145] 参见J. Needham, *Science and Civilization in China*, vol. 5, *Chemistry and Chemical Technology*, pt.2, *Spagyrical Discovery and Invention: Magisteries of Gold and Immortality* (Cambridge: Cambridge University Press, 1974), 284; 参见Thorp, "Mountain Tombs and Jade Burial Suits," p.34.

[146] 《满城汉墓发掘报告》(北京:文物出版社,1980),1:37。

[147] 关于此观点的概述,参见Thorp, "Mountain Tombs and Jade Burial Suits," p.35.

[148] 参见S. J. Tambiah, "The Magical Power of Words," *Man* 1968(3): 175-267, 189.

[149] 罗曼·雅各布森(Roman Jakobson)在一条著名的公式中区分了语言中的两种不同手法或操作:"转喻"(metonymic)和"隐喻"(metaphoric)。转喻基于连续性和过程性,隐喻则关乎相似性和替代性。R. Jakobson, "Two Aspects of Language and Two Types of Aphasic Disturbances," in R. Jakobson and M. Hale, *Fundamentals of Language* (The Hague, 1956), 特别是pp.109-114。如保罗·弗里德里希(Paul Friedrich)指出:"雅各布森接受了Bühler关于连续性和相似性构成意义的两种根本维度这一公理的关键发现,并通过与索绪尔的语段(在连续性方面的连接关系)和例证(在相似性方面的替代关系)挂钩而将其普遍化。" P. Friedrich, "Polytropy," in J. W. Fernandes (ed.), *Beyond Metaphor: The Theory of Tropes in Anthropology* (Stanford: Stanford University Press, 1991), p.44.

[150] 这一形象也有可能被阐释为扮演一个保护性角色。支持这一论点的证据来自马王堆:有些通常带有驱邪功能的桃木俑出土于软侯夫人的最内两重棺之间。

[151] 英译据B. Watson, *The Complete Works of Chuang Tzu* (New York: Columbia University Press, 1968), p.33. 略有改动。余英时评论道:"魂和仙之间的唯一区别在于前者在死后离开身体,而后者通过把身体转化为纯气态的东西(天上之气)而保持完全的自由性。" "O Soul, Come Back!" p.387.

[152] 《后魏书》,引自李昉:《太平御览》(北京:中华书局,1960),页3572。

[153] 这些诗句出自汉代民歌《步出夏门行》。

[154] 郭茂倩：《乐府诗集》，页545。译文来自 A. Birrell, *Popular Songs and Ballads of Han China* (London: Unwin Hyman, 1988), p.75。

[155] 参见 Frantz Grenet, *Les Pratiques funéraires dans l'Asie centrale sedentrire de la conquête grecque à l'islamisation* (Paris, 1984), pp.123-128, 157-186, 235-239。

[156] Luo Feng, "Sogdians in Northwest China," in Annette Juliano and Judith Lerner, eds., *Monks and Merchants: Silk Road Treasures from Northwest China* (New York: Asia Society, 2001), pp.239-245。

[157] 根据墓志，安伽曾任萨宝之职，主管粟特和其他外国人事务，同时也是地方总督。

[158] 《文物》2001年1期，页4—25，特别是页25。

[159] 这些墓包括卒于477年的北魏官员宋绍祖墓，以及卒于592年的虞弘墓。在宋绍祖墓中，墓主人夫妇的大部分遗骸都不是在石棺内，而是在其屋顶上被发现的。在虞弘墓中，骨骼残骸出土于墓内的不同地区，不仅在石棺内外，而且在石棺棺床座之下。关于这些和其他例子的讨论，参见 Wu Hung, "A Case of Cultural Interaction: House-shaped Sarcophagi of the Northern Dynasties," *Orientations* 34.5 (May 2002), 34-41. 中译参见巫鸿：《"华化"与"复古"——房形椁的启示》，载《礼仪中的美术》，页659—671。

[160] Patricia Ebrey, "Cremation in Sung China," *The American Historical Review*, vol. 95, No. 2 (Apr., 1990), pp.406-428, 引文见页406。

[161] 发掘报告参见《宣化辽墓》（北京：文物出版社，2001）；《河北宣化新发现两处辽金壁画》，载《1998中国重要考古发现》（北京：文物出版社，2000），页105—110。

[162] 颜诚：《辽代真容偶像葬俗刍议》，《文物春秋》2004年3期，页24—27、65。杨晶：《辽代火葬墓》，《辽金史论集》1987年3期，页213—219；李清泉：《真容偶像与多角形墓葬——从宣化辽墓看中古丧葬礼仪美术的一次转变》，《艺术史研究》2006年8期，页433—482。

[163] 《宣化辽墓》，1:88-90,2: 彩图24。

[164] 《河北宣化新发现两处辽金壁画》，页110。

[165] 参见项春松：《辽代历史与考古》（呼和浩特：内蒙古人民出版社，1996），页258。《临潢史积》（呼和浩特：内蒙古人民出版社，1999），页91—92。有关讨论参见 Hsüeh-man Shen, "Body Matters," p.101; 李清泉：《真容偶像与多角形墓葬》，页440。

[166] Hsüeh-man Shen, "Body Matters," 同上。

[167] 《宣化辽墓》，1:238。英译参见页101，略有修改。

[168] 参见《大般涅槃经》，《大正藏》1:7.194c。

[169] 洪迈：《容斋随笔》（上海：上海古籍出版社，1978），页374。英译见 Ebrey, "Cremation in Sung China," p.410.

[170] Hsüeh-man Shen, "Body Matters," p.137.

[171] 《宋高僧传》，《大正藏》50, 2061:773b。有关讨论参见 Bernard Faure, *The Rhetoric of Immediacy: A Cultural Critique of Chan/Zen Buddhism* (Princeton: Princeton University Press, 1994), p.171.

[172] 参见霍杰娜：《辽墓中所见佛教因素》，《文物世界》2002年3期，页15—20。李清泉：《真容偶像与多角形墓葬》，页441—447。

[173] 一个可能的例子是宣化的张世本墓（M3）。参见《宣化辽墓》，1:139。

[174] 温惟简：《房廷事实》，载陶宗仪：《说郛》（台北：商务印书馆，1972），卷8，页49b。英译据 Jan Fontain and Tung Wu, *Unearthing China's Past* (Boston, Museum of Fine Arts, 1973), p.192, 略有改动。

[175] 发掘报告参见《辽陈国公主墓》（北京：文物出版社，1993）。

[176] 吉成章：《豪欠营第六号辽墓若干问题的研究》，《文物》1983年9期，页9—14。引文在页9。关于此墓的英文讨论，参见 Nancy Shatzman Steinhardt, *Liao Architecture* (Honululu: University of Hawaii Press, 1997), pp.318-320.

[177] 李清泉：《真容偶像与多角形墓葬》，页

439。

[178] 《辽陈国公主墓》，页143。根据其他学者，迄今已经发现了"三十多件"这类丧葬器物。参见李清泉：《真容偶像与多角形墓葬》，页438及注16。

[179] 另外两种材料——稻草和泥塑——可能也源自华夏传统。如前文所述，孔子提倡用刍灵来随葬，而高僧的"灰身"也通常是泥塑。

[180] 徐震堮：《世说新语校笺》（北京：中华书局，1984），页382。英译见 Richard B. Mather, tran., *Shih-shuo Hsin-yü: A New Account of Tales of the World*, by Liu Yiqing (Minneapolis: University of Minnesota Press, 1976), p.361。

[181] 关于这一雕像的发掘报告以及铭文的转写，参见《考古》1977年6期，页402。

[182] 发掘报告参见《文物》1980年5期，页29。

[183] 见于《宣化辽墓》，上册，页246。参考了沈雪曼的英译，"Body Matters," 106。不同的译法参见 Tansen Sen, "Astronomical Tomb Paintings from Xuanhua: Mandalas?" *Ars Orientalis* 29 (1999): 29-54。

[184] 张保胜：《宣化辽墓陀罗尼考》，《宣化辽墓》1:352-360。

[185] 《佛顶尊胜陀罗尼》出自《佛顶尊胜陀罗尼经》中，以其能有效地使人从地狱解脱而闻名。它承诺抄写和传播陀罗尼的人将会获得超度并往生净土。此经尤其鼓励把陀罗尼传写于经幢上，并承诺那些立于经幢影中的人以及那些触摸经幢之灰尘的人都能获得超度。而那些坠入地狱的人，如果其子孙将神圣之尘土撒在他们的墓上（通过这一特殊陀罗尼），也能获得超度。把这一文本写在棺盖上可能是同一种实践的变体。参见《大正藏》19:967.351c。并参见刘淑芬：《佛顶尊胜陀罗尼经与唐代尊胜经幢的建立——经幢研究之一》，《中央研究院历史语言研究所集刊》67.1 (1996)，页145—193。

[186] 参见《大正藏》19:967.351b-c。

[187] 包括位于北京的董庠及其妻子张氏的合葬墓（1097年），马直温及其妻子张氏的合葬墓（1113年），以及位于辽宁朝阳西上台的某座墓。有关出处和简单讨论，参见 Hsüeh-man Shen, "Body Matters," p.105.

[188] 《敖汉旗喇嘛沟辽代壁画墓》，《内蒙古文物考古》1999年1期，页90—97。

[189] 《大正藏》08: 251。

第三章

[1] 《千字文》，Nathan Sturman 翻译并注释。http://www.angelfire.com/ns/pingyaozhuan/tce.html

[2] Paul Ricoeur, *Time and Narrative*, K. Blamey and D. Pellauer, trans. (Chicago: University of Chicago Press, 1985), vol. 3.

[3] 同上。

[4] 关于此墓的详细报道，参见《洛阳新莽时期的壁画墓》，《文物参考资料》1985年9期，页163—173。

[5] 发掘报告参见《考古与文物》1990年4期，页57—63；《西安交通大学西汉壁画墓》（西安：西安交通大学出版社，1991）。此墓年代被断为西汉晚期到新莽。参见前书，页21。

[6] 这些研究有：呼林贵：《西安交大西汉墓二十八宿星图与〈史记·天官书〉》，《人文杂志》1989年2期，页85—87。雒启坤：《西安交通大学西汉墓葬二十八宿星图考释》，《自然科学史研究》10.3(1991)，页236—245。Lan-ying Tseng, "Picturing Heaven: Image and Knowledge in Han China" (Ph.D. dissertation, Harvard University, 2001).

[7] 发掘报告参见《考古学报》1964年2期，页107—113。关于天文图绘的讨论，参见夏鼐：《洛阳西汉壁画墓中的星象图》，《考古》1965年2期，页80—90。曾蓝莹的博士论文"Picturing Heaven: Image and Knowledge in Han China"对中国早期的天文图像作了彻底的讨论。

[8] Te-k'un Cheng, "Yin-Yang Wu-Hsing and Han Art," p.175.

[9] 这一文献也对应了星宿和九州。参见 John

S. Major, *Heaven and Earth in Early Han Thought: Chapters Three, Four, and Five of the Huainanzi* (Albany: SUNY Press, 1993), p.127。

[10] 原文注：关于或以星宿形式或以四神象征形式出现的四宫的讨论和汉代的图像，参见陈江风：《南阳天文画像石考析》（北京：文物出版社，1987），页141—154。

[11] 原文注：关于式盘和TLV镜之间的类比，参见 Michael Loewe, *Ways to Paradise: The Chinese Quest for Eternity* (London: Allen&Unwin, 1979), pp. 60-85。

[12] 原文注：参见梅原末治：《歐米に於ける支那古鏡》（东京，1936），页17—18。郑德坤在"Yin-Yang Wu-Hsing and Han Art"页176认为有两种对此铭文的读法——要么希望某人的子孙安康，要么希望在每日每时都有一个孙子诞生。并参见 Bernhard Kalgren, "Early Chinese Mirror Inscriptions," *Bulletin of the Museum of Far Eastern Antiquities* 6(1934): 9-72。

[13] 原文注：参见 John Major, "The Five Phases, Magic Squares, and Schematic Cosmography," *Journal of the Association of Asian Religions*, Thematic Studies L/2 (1986), pp.133-166。

[14] 关于这些墓葬的发掘报告的概要，参见 Yang Xiaoneng, ed., *New Perspectives on China's Past. Chinese Archaeology in the Twentieth Century* (Kansas City: Nelson-Atkins Museum of Art; New Haven: Yale University Press, 1999), II, pp.436-444。

[15] 在大量关于这一壁画的各种文字的研究中，以夏鼐的论文《从宣化辽墓的星图论二十八宿和黄道十二宫》最为著称。《考古学报》1976年2期，页35—58。

[16] 这类研究的最佳代表是李清泉2005年的论文《宣化辽代壁画墓中的时间与空间问题》，《中国史研究》2005年34期，页77—104。

[17] 李清泉把这些墓分为两组，第一组以花卉图像围绕星图（M3、M6），另一组是没有这类花卉图像的（M4、M7及M10）。同上。

[18] 在解释西方黄道的象征性时，夏南悉（Nancy Steinhardt）提出了一个有趣的看法。她将其与奈良法隆寺的北辰曼陀罗联系在一起。在后者中，佛陀被供奉在一朵莲花上，其周围环绕着两个圆环，分别为巴比伦黄道符号以及二十八宿。*Liao Architecture*, p.347。

[19] C. M. Lai, "The Art of Lamentation in the Works of Pan Yue," *Journal of American Oriental Society* 114.3(1994): 409-425; 译文自p.423。

[20] 这类器物的清单之一见于《仪礼》,《十三经注疏附校勘记》，页1148—1149。

[21] 发掘报告参见《殷墟妇好墓》。

[22] David N. Keightley, "The Quest for Eternity in Ancient China: The Dead, Their Gifts, Their Names," in George Kuwayama, ed., *Ancient Mortuary Traditions of China* (Los Angeles: Los Angeles County Museum of Art, 1991, pp.12-25; 引文自p.17。

[23] Hayashi Minao, "Concerning the Inscription 'May Sons and Grandsons Eternally Use This [Vessel]'." Elizabeth Childs-Johnson trans., *Artibus Asiae* 1993, 53.1/2: 51-58.

[24] Lothar von Falkenhausen, *Chinese Society in the Age of Confucius (1000-250 BC): The Archaeological Evidence* (Los Angeles: Cotsen Institute of Archaeology, University of Los Angeles, 2006), p.299.

[25] 《荀子》,《诸子集成》（北京，1954），2:245; Burton Watson, *Hsün Tzu*, p.104.

[26] Thote, "Continuities and Discontinuities," pp.189-204.

[27] 在包山二号墓随葬器物的遣册中，这些器物被归入"行器"。Gonglong Lai, "The Baoshan Tomb," pp.69-70.

[28] 《荀子》,《诸子集成》,2:245; Burton Watson, *Hsün Tzu*, p.104.

[29] 同上。

[30] 《长沙楚墓》（北京：文物出版社，2000），1:422, 426; 2: 图版162。朱德熙和裘锡圭把这一记载解释为"一双新鞋和一双旧鞋"，参见《战国文字研究六种》,《考古学报》1972年1期，页73—89。但是来国龙认为因为缺少"两"，似乎更有可能表示一只新鞋和一只旧鞋被配成一对。*The Baoshan*

Tomb, p.85, 注释 44。此处我采纳第一种意见。

[31] 敦煌卷子 S.5381, 大英博物馆。感谢张总提醒我注意这一文献。

[32] 《汉武帝内传》, 参见王子今：《中国盗墓史》(北京：中国广播电视出版社, 2000), 页 84—85。

[33] 薛居正：《旧五代史·温韬传》(北京：中华书局, 1974)。

[34] Ricoeur, *Time and Narrative*, 3: 119-120.

[35] 对三号墓骨骼遗存的科学研究确认墓主人为三十到四十岁之间的男性, 证实了这一看法。参见《长沙马王堆二、三号汉墓》(北京：文物出版社, 2004), 1: 267。

[36] 同上书, 1:238-239。

[37] 曹砚农利用马王堆三号墓和其他例子作为证据, 认为汉墓中出土的书籍常常是墓主人自己的手抄本或其定件。《从马王堆汉墓帛书看汉代葬书习俗》,《中国文物报》1997 年 11 月 23 日, 第三版。

[38] 这些玉器本出自红山、良渚、山东龙山和石家河文化。

[39] 参见林巳奈夫：《中国古玉研究》(台北：艺术图书公司, 1997), 杨美莉译, 页 35—97。

[40] 发掘报告参见《考古》1984 年 4 期, 页 302—348。这类夫妇合葬墓的另一例是河南信阳的樊君夫妇墓。参见《文物》1981 年 1 期, 页 9—11。

[41] 《十三经注疏附校勘记》, 页 333。英译据 James Legge, *The Chinese Classics*, vol. 4, "The She King" (Oxford: Oxford University Press, 1899), p.121. 此诗存在相当不同的读法。例如 Arthur Waley 认为："此诗的主体是两位恋人因彼此误解而导致双双自尽。根据谋划, 男方前来与女方相会私奔。她因遭到制止而未能准时出现。他则认为她食言, 便绝望地离开后自尽。女方也因此自杀。当地的人们被他们的悲剧性故事所打动, 萌发怜悯之情, 遂将二人合葬一墓。" *The Book of Songs* (New York: Grove Press, 1978), pp.56-57. 然而,"同穴而葬"在这些不同读法中的意思却不变。

[42] 妻子死于黄君之前, 不仅因为后者将很多青铜器献给她, 而且因为黄君的棺椁的垫木压在其妻棺椁的垫木之上, 暗示这两座墓建造上的时间先后。

[43] 青铜器上的铭文写道："黄君孟自作行器, 子子孙孙则永宝宝。"

[44] 参见林继来：《论春秋黄君孟夫妇墓出土的玉器》,《考古与文物》2001 年 6 期, 页 71—74、57。

[45] 参见《满城汉墓发掘报告》(北京：文物出版社, 1980), 1: 255-261。

[46] 此墓发现于文化大革命时期, 并未经过科学发掘。此墓的简报参见《文物》1972 年 5 期, 页 27—38。若干年后, 在另一座发现于江苏吴县的明墓中出土了一组明代大师文徵明的绘画和书法作品。参见苏华萍：《吴县洞庭山明墓出土的文徵明书画》,《文物》1977 年 3 期, 页 65—68。

[47] 《荀子》,《诸子集成》2: 245; Watson, *Hsün Tzu*, p.104.

[48] 关于这些理论的概述, 参见赵超：《中国古代石刻概论》(北京：文物出版社, 1997), 页 33—34。

[49] 关于晋代"地下墓碑"的例子, 参见前揭书, 页 39—41。然而必须注意到, 这种类型的雕刻在东汉早已出现, 如肥致墓中所出土的石碑所示。

[50] 最早的有纪年的此类例子是发现于山东益都的 464 年的刘怀民墓志。

[51] 例如 Judy Ho 写道："方形墓志可以被视为墓葬的缩微版本。拱形的盖子和方形的下部与墓的结构形成类比。" Judy Chungwa Ho, "The Twelve Calendrical Animals in Tang Tombs," in George Kuwayama ed., *Ancient Mortuary Traditions of China* (Los Angeles County Museum of Art, 1991), p.71.

[52] 《和林格尔汉墓壁画》(北京：文物出版社, 1978)。关于此墓的英文介绍, 参见 Jean James, "An Iconographic Study of Two Late Han Funerary Monuments: The Offering Shrines of the Wu Family and the Multi-chambered Tomb at Holingor" (Ph.D. dissertation, University of Iowa, 1983), pp.287-332.

[53] 该墓志建于 527 年, 即宁懋去世 25 年之后。如墓志所述, 有可能在宁懋之妻于 527 年去

世后,建造了一块新墓志以取代旧墓志。

[54] 参见富田幸次郎(Tomita Kōjirō), "A Chinese Sacrifical Stone House of the Sixth Century A.D.," *Bulletin of the Museum of Fine Arts, Boston*, no. 242 (December 1942), pp.98-110。我的英译局部参考了富田幸次郎的译文。

[55] 很久以来,学者们一直认为这一结构实际上是一座祠堂。但是基于一系列新的考古发现,我们现在可以可靠地把它确认为一具石棺。参见 Wu Hung, "A Case of Cultural Interaction"。

[56] 黄明兰:《洛阳北魏世俗石刻线刻画》(北京:人民美术出版社,1987)。

[57] 关于这些石刻的讨论,参见 Kojiro Tomita, "A Chinese Sacrifical Stone House of the Sixth Century A.D.";郭建邦:《北魏宁懋石室和墓志》,《河南文博通讯》1980 年 1 期,页 33—40。

[58] 据石棺上的铭文,其定件人为宁懋之子宁万寿和宁双寿。

[59] 《中庸》,《十三经注疏附校勘记》,页 1628;英译参见 James Legge, The *Chinese Classics*, Vol.XVII, part 1 "Zhong Yong"。

[60] 这个故事有不同版本。尽管传世文献常常把这一雕像认做丁兰的母亲像,武梁祠的一幅场景将其转换为父亲像。关于这一传说及相关图像的讨论,参见 Wu Hung, *The Wu Liang Shrine*, pp.282-285, 中译《武梁祠》,页 295—297。

[61] 《十三经注疏附校勘记》,页 2545、2549;英译参见 M. L. Makra, tran., *The Hiso Ching* (Washington, D. C.: St. John's University Press, 1961), pp.2-3, 15。

[62] 关于该石棺的一般研究,参见奥村伊九良:《瓜茄》(京都:瓜茄研究所,1939),页 359—382。

[63] 见 Alexander Soper, "Life-motion and the Sense of Space in Early Chinese Representational Art," *Art Bulletin* 30.3: 167-186。

[64] 范晔:《后汉书》,页 2124。

[65] 参见施蛰存:《水经注碑录》(天津:天津古籍出版社,1987),页 405。

[66] 发掘报告参见《沂南古画像石墓发掘报告》(上海:文化管理局,1956)。对这些图像的富有卓见的研究参见 Lydia Thompson, "The Yi'nan Tomb"。

[67] 发掘报告参见《文物》1988 年 1 期,页 73—94。

[68] 有关"女性空间"的定义的讨论,参见 Wu Hung, "Beyond Stereotypes: The Twelve Beauties in Qing Court Art and *The Dream of the Red Chamber*," in E. Widmer and K. I. S. Chang, ed., *Ming Qing Women and Literature* (Stanford: Stanford University Press, 1997)。

[69] 郑处诲:《明皇杂录》(北京:中华书局,1994),页 58。

[70] 这个故事有很多版本。另一版本把苏蕙描写成一个怀有妒心的妻子,因丈夫的宠妾赵阳台而与丈夫争吵,并拒绝和解。但当窦滔赴役远行之后,她转入了深深的思念,并为他写下回文诗。

[71] 参见吴玉贵:《内蒙古赤峰宝山辽墓壁画"诵经图"考》,《文物》1999 年 2 期,页 81—83;《内蒙古赤峰宝山辽墓壁画"寄锦图"考》,《文物》2001 年 3 期,页 92—96。

[72] 《文物》1998 年 1 期,页 94。

[73] Wu Hung, "A Case of Cultural Interaction."

[74] 郑岩:《魏晋南北朝壁画墓研究》,页 248—250。

[75] 关于中国视觉文化中"复古"的一般讨论,参见 Wu Hung, "Patterns of *Fu gu* (Returning to the Ancients) in Chinese Art and Visual Culture," 即出。

[76] 《礼记》,《十三经注疏附校勘记》,页 1439、1441、1595。

[77] Arthur Waley, *The Book of Songs* (New York, 1978), pp.239-280, 并参见 Chang, K. C., *Art, Myth, and Ritual* (Cambridge, Mass.: Harvard University Press, 1983), pp.10-15, 中译《美术、神话与祭祀》,页 1—4。其他商代甲骨文的例子显示,商代晚期的商王在意识中存在一个甚至比建朝前时期还古老的遥远时代。这个神话远古时代中的人物超越了编年史或任何系统的时空秩序,因为他们没有庙号,因此在晚商祭祀日历中并不具一席之地。现代历史学家把他们笼统称为"先公"。有些可能来自自然神和人类英雄,而另一些具有象形的名字暗示了

某种神话动物。由于商代晚期的商王将第三组称之为"高祖",并将其置于最早的建朝之前的统治者(上甲微)之前,因此与商王室的祖先崇拜有更加密切的关系。关于商代宗教的这些组别,参见David N. Keightley, "The Shang: China's First Historical Dynasty," in M. Loewe and E. L. Shaughnessy, eds., *The Cambridge History of Ancient China*, pp.232-291.

[78] 《十三经注疏附校勘记》,页141,英译参见Legge, "Yi ji"。

[79] 巫鸿:《明器的理论与实践》。

[80] 《礼记·檀弓上》,《十三经注疏附校勘记》,页1284,英译参见Legge, *Li Chi*, 1:139-140.

[81] 《十三经注疏附校勘记》,页1284。

[82] Patricia B. Ebrey, tran and annot., *Chu Hsi's Family Rituals: A Twelfth-Century Chinese Manual for the Performance of Capping, Wedding, Funeral, and Ancestral Rites* (Princeton: Princeton University Press, 1991), p.3; 英译略有修改。

[83] 同上书,页107。

[84] 参见许雅惠:《煊赫博古图的"间接"流传——以元代赛因赤达呼墓出土的陶器与〈绍熙州县释奠仪图〉为例》,《艺术史研究》(台湾大学)2003年14期,页1—26。李零:《铄古铸今——考古发现和复古艺术》(香港:香港中文大学艺术系,2005),页58—65。

[85] Dieter Kuhn, *A Place for the Dead*.

[86] Ellen Laing, "Patterns and Problems in Later Chinese Tomb Decoration," *Journal of Oriental Studies*, 16(1978): 3-20.

[87] 这件器物发表于东京国立博物馆:《黄河文明展览》(东京:中日新闻社,1986),图29。

[88] 发掘报告参见《张家坡西周墓地》(北京:中国大百科全书出版社,1999),特别是M170(图21)和M196(图32);参见吴晓筠:《西周时期车马埋葬中的礼制意涵》,《故宫学术季刊》22.4 (2005),页1—30。

[89] 发掘报告参见《考古学报》1993年1期,页57—88。

[90] Constance A. Cook, *Death in Ancient China*, p.55. 相关遣册的翻译参见 pp.219-224。来国龙也考察了这组"出行器具",并怀疑其中某些器物可能具有"辟邪功能"。参见"The Baoshan Tomb," pp.91-99.

[91] 发掘报告参见《考古》1975年2期,页124—134。

[92] 关于这一铭文的更完整讨论,参见Wu Hung, "Beyond the Great Boundary".

[93] 插图参见《和林格尔壁画墓》,页142。

[94] 王先谦:《释名疏证补》(上海:上海古籍出版社,1984),页22—23"辀车"。

[95] 《礼记》,《十三经注疏附校勘记》,页1253。

[96] 插图参见《和林格尔壁画墓》,页13。

[97] 关于这种石棺的发展及其与汉代画像石的起源的关系,参见信立祥在《汉代画像石的综合研究》中的出色讨论。

[98] 这一仪式在《仪礼》中有详细描述。参见《十三经注疏附校勘记》,页1128往后。

[99] 王思礼等编:《山东微山县汉代画像石调查报告》,《考古》1989年8期,页699—709,707。

[100] Thompson, "The Yi'nan Tomb."

[101] 参见 Wu Hung, *Monumentality*, 图5.8。

[102] 郑玄《仪礼注疏》,论魂车,《十三经注疏附校勘记》,页1147。

[103] 《仪礼》,《十三经注疏附校勘记》,页1147—1149。

[104] 《满城汉墓发掘报告》,上册,页179。

[105] 发掘报告参见《北京大葆台汉墓》(北京:文物出版社,1989)。

[106] 同上书,页85。

[107] 发掘报告参见《文物》1983年10期,页1—23。

[108] Tonia Eckfeld 对发掘报告的概述参见 *Imperial Tombs in Tang China*, p.107.

[109] 关于"墓葬叙事"的概念,参见 Wu Hung, "Beyond the Great Boundary," pp.98-104.

[110] Jeehee Hong, "Path to the Other World."

[111] 题记读作:"使君出□□(行时)",参见前揭文,页36。

[112] 例子有:大同附近智家堡北魏墓(《文物》2001年7期,页40—51);山东道贵墓(《文物》1985年10期,页42—48,66);宁懋石棺。太原热力发电厂一号墓(《文

物》1990年12期，页1—10）；高润墓（《考古》1979年3期，页235—243、234）。

[113] 宿白：《太原北齐娄睿墓参观记》，《文物》1983年10期，页26。

[114] 发掘报告参见《文物》1993年10期，页4—40。

[115] 同上书，页7。

[116] 赵永洪在《由墓室到墓道——南北朝墓葬所见之仪仗表现与丧葬空间的变化》，载巫鸿：《汉唐之间的文化艺术的互动与交融》（北京：文物出版社，2001），页435。

[117] 参见郑岩：《魏晋南北朝壁画墓研究》，页185—186。

[118] 参见李星明：《唐代墓室壁画研究》（西安：陕西人民美术出版社，2005），页14—21。

[119] 有关讨论参见郑岩：《魏晋南北朝壁画墓研究》，页161—162。

[120] Mary H. Fong 的论文 "Antecedents of Sui-Tang Burial Practices In Shaanxi" (*Artibus Asiae* 49.1/2, 1988, pp.5-38)。尽管很多唐以前的惊人墓葬在此文发表时尚未发掘，但此文提供了一个很好的关于从北朝到唐的墓葬形制之发展概要。

[121] 发掘报告参见《文博》1988年3期，页10—30、《考古》1977年2期，页132—138、80。

[122] 李延寿：《北史》（北京：中华书局，1974），页507。

[123] 有关刻有龙虎升天图像的北魏石棺，参见贺西林：《北朝画像石葬具的发现与研究》，载巫鸿编：《汉唐之间的视觉文化与物质文化》，页342—376。

尾声

[1] 《礼记》，《十三经注疏附校勘记》，页1292，英译参见 *Li Chi*, I:156。

[2] 高明把这两个男性人物确认为软侯家的宦臣总管。高明：《长沙马王堆一号汉墓"冠人"俑》，《考古》1973年4期，页255—257。

[3] 关于汉代有关"气"的概念和描述，参见 Wu Hung, "The Sanpan Shan Chariot Ornament and the Xiangrui Design in Western Han Art," *Archives of Asian Art* 37 (1984): 46-48. 中译参见巫鸿：《三盘山出土车饰与西汉美术中的"祥瑞"图像》，载《礼仪中的美术》，页143—166。我已经把绘于此棺上的这些形象和动物分为两组："保护者"和"祥瑞"图像。参见 Wu Hung, "Art in Its Ritual Context". 中译参见巫鸿：《礼仪中的美术——马王堆再思》，载《礼仪中的美术》，页101—122。

[4] 孙作云：《马王堆一号汉墓漆棺画考释》，《考古》1973年1期，页54—61。

[5] 同上。

[6] 这些图像被曾布川宽认做昆仑山，《崑侖山と昇仙圖》，《东方学报》51（1979）:87-102。

[7] Ying-shih Yü, "O Soul, Come Back!" p.378.

[8] 关于这两幅绘画的插图和讨论，参见 Wu Hung, "The Origin of Chinese Painting," *3000 Years of Chinese Painting* (New Haven and Beijing: Yale University Press and China Foreign Languages Press, 1997), pp.22-23.

[9] 参见郑绍宗：《满城汉墓》（北京：文物出版社，2003），页107。

[10] 《礼记》，《十三经注疏附校勘记》，页1290，英译参见 Legge, *Li Chi*, 1:151。

[11] 据我所知，汉代以前墓葬的石铭文之硕果仅存者见于战国中山王墓园。但由于石头保留了自然形状，而且铭文与死者无关，很难把它视为"纪念碑"。参见《文物》1979年1期，页11—31。唯一重要的汉代以前专为墓葬而建的石制品是出土于秦始皇墓附近随葬坑中的石铠甲。但是学者仍然争论它们的意义和功能。关于石碑的出现，参见范邦瑾：《东汉墓碑溯源》，载邹振亚等：《汉碑研究》（济南：齐鲁书社，1990），页49—63、52。

[12] 武梁碑铭文。参见 Wu Hung, *The Wu Liang Shrine*, p.25, 中译《武梁祠》，页32。类似的声明亦见于山东宋山出土的一篇长篇铭文。

[13] 参见 Wu Hung, *Monumentality*, pp.122-126, 中译《中国古代艺术与建筑中的纪念碑性》，页154—160。

[14] 这些超自然神明有：西王母及神山上的神

祇。司马迁的《史记》记载了西王母的"石室"（页3163—3164）。现存的献给神仙的石建筑有少室山入口的河南登封少室阙和属于传奇人物启母祠庙启母阙。参见陈明达：《汉代的石阙》，《文物》1961年12月期，页9—23，特别是页10—11。

[15] 许慎：《说文解字》（杭州：浙江古籍出版社，1999），页10。

[16] 这并不意味着中国人此后不再修建大型豪华的墓葬，而是说，明清皇帝和诸侯王的大型墓葬遵循一种呆板的程式，很少反映新的艺术想象力。

[17] 《礼记》，《十三经注疏附校勘记》，页1289，英译参见 Legge, *Li Chi*, 1:148.

[18] Ebrey, *Chu Hsi's Family Rituals*, p.109. 此段介绍了"造明器"。

[19] 《宣化辽墓》，1:123。

[20] Ellen Laing, "Patterns and Problems in Later Chinese Tomb Decoration"; "Chin 'Tartar' Dynasty (1115-1234) Material Culture," *Artibus Asiae*, 49.1/2 (1988/1989): 73-126.

[21] 李清泉：《宣化辽代壁画墓中的时间与空间问题》，《中国史研究》2005年34期，页77—104，特别是页100。

[22] 关于这些图像的讨论，参见李清泉：《绘画题材中的意义和内涵的演变——以宣化辽墓壁画中的车马出行图为例》，《中山大学学报（社会科学版）》2003年2期，页97—102。

[23] 杨泓：《辽墓壁画点茶图》，《文物天地》1989年2期；李清泉：《宣化辽墓研究》（北京：文物出版社，2007），页183—211。

[24] 《宣化辽墓》1:90。

[25] 李清泉：《宣化辽代壁画墓中的时间与空间问题》，页87—92。

[26] 参见李清泉：《宣化汉人壁画墓研究》，页74—76。

[27] 不幸的是，我们仍然对北墙上的微缩门感到费解，尽管其中心位置和精美形式暗示了某些特殊含义。李清泉最近根据一个新的发现来解释这座门。他在对宣化辽墓M10的调查中发现了一扇绘于棺床背部的小门，直接朝向北壁上的假门。根据这个和其他证据，他认为这座门后的空间是墓主人的"寝"，而棺室象征了家居中正式的堂。参见《宣化辽代壁画墓中的时间与空间问题》，页96—99。然而，问题仍然存在：我们是否可以把M10这一案例推广到其他墓葬？是否门后的隐蔽空间可以被准确地确认为是"寝"？

[28] Hsüeh-man Shen, "Body Matters."

[29] 这些艺术家有：唐代的孙位和宋代的田景。参见《宣和画谱》，载于安澜：《画史丛书》（上海：人民美术出版社，1963），2:20-21；郭若虚：《图画见闻志》，1:46。

[30] 李清泉：《辽代汉人壁画墓研究》，页98。

[31] 对这一纪念碑的透彻讨论，参见 Delin Lai, "Chinese Modern: Sun Yat-sen's Mausoleum as a Crucible for Defining Modern Chinese Architecture," Ph.D. dissertation, University of Chicago, 2007.

[32] 关于该陵园的建造及其象征性，参见 Wu Hung, *Remaking Beijing: Tiananmen Square and the Creation of a Political Space* (Chicago: Chicago University Press, 2005).

全书所涉墓葬索引

新石器时代后期（公元前 5000—前 2000 年）

仰韶文化（公元前 5000—前 3000 年）p.17、199

    河南偃村仰韶文化儿童陶棺　公元前 3500 年　p.14, 图 1-1

    河南濮阳西水坡 45 号墓　约公元前 6000 年　p.48, 图 1-31

大汶口文化（公元前 4300—前 2500 年）p.17、96

    山东泰安大汶口文化十号墓　公元前 4000—前 3000 年　p.19, 图 1-6

    山东兖州大汶口文化　公元前 4000 年　p.97, 图 2-7

龙山文化（公元前 3000—前 2000 年）p.17、97、99、104、170, p.98, 图 2-9

    山东临朐朱封一号墓　公元前 3000—前 2500 年　p.20, 图 1-7

    山东日照龙山文化　公元前 3000—前 2000 年　p.97, 图 2-8

良渚文化（公元前 3000—前 2000 年）p.5、17、137、170

    良渚文化"玉敛葬"　约公元前 3000 年　p.6, 图 I-2

商（公元前 1600—前 1046 年） p.5、17、29、98、99、103、137、170-171、174-175、180、196-197、227

    河南殷墟妇好墓　公前 13 世纪　p.170、174、175;p.7, 图 I-3

    河南安阳侯家庄 1001、1004 号商代大墓　公元前 13—前 12 世纪　p.54, 图 1-36;p.20, 图 1-8

西周（约公元前 11 世纪—前 771 年） p.13、28、98-104、127、137、171、190、196、199

    山西曲沃天马 - 曲村晋侯墓　公元前 11—前 8 世纪　p.100、137;p.101, 图 2-11;p.138, 图 2-38

    河南三门峡虢国墓　公元前 9—前 8 世纪　p.100、102

东周（公元前 770—前 221 年） p.4、13、17、27-30、37-38、53、67、92-93、98-108、113-114、120、123-125、127、133、162、171、172、176、190、196、197、227、235;p.115, 图 2-21

春秋（公元前 770—前 476 年）p.103、105、176

    山西上马晋国墓　公元前 9—前 5 世纪　p.100、101

    河南光山东周黄君孟夫妇墓　公元前 7 世纪　p.175;p.176, 图 3-19

    山东临淄郎家庄一号墓　公元前 6—前 5 世纪　p.114

战国（公元前 475—前 221 年）p.2、30、100、103、105、171

    湖北随县擂鼓墩一号曾侯乙墓　公元前 5 世纪　p.35;p.36, 图 1-19、1-20;p.37, 图 1-21;p.93, 图 2-3;p.199, 图 3-37

    山东长岛王沟东周墓　公元前 5 世纪　p.199;p.200, 图 3-38

    河北易县燕下都舞阳十六号墓　公元前 5 世纪　p.98, 图 2-10

    湖北江陵望山一号楚墓　公元前 4 世纪　p.18, 图 1-4;p.19, 图 1-5;p.103, 图 2-12

    湖北荆门包山二号楚墓　公元前 4 世纪　p.30、38、100-102、125、200;p.126, 图 2-31

    河南信阳长台关一号楚墓　公元前 4 世纪　p.108, 图 2-15

    河北平山战国中山王𰻞墓　公元前 4 世纪　p.14, 图 1-2;p.103

    山东章丘女郎山墓　公元前 4 世纪　p.114, 图 2-20

    陕西咸阳钢厂二号墓　公元前 3 世纪　p.109, 图 2-16

秦（公元前 221—前 207 年） p.1、5、13

    陕西临潼秦始皇陵　公元前 3 世纪早期　p.14、15、47、54、64、66、109、114、120、134、156、232;p.8, 图 I-4;p.115, 图 2-21;p.116, 图 2-22;p.117, 图 2-23;p.124, 图 2-28;p.125, 图

2-29;p.126, 图 2-30

汉（公元前 206—公元 220 年）

西汉（公元前 206—公元 8 年） p.17、24、26、49、67、105、106、110、129、168、198、201、203、208、228

陕西咸阳杨家湾汉墓（长陵，汉高祖刘邦陪葬墓） 公元前 2 世纪早期 p.110

陕西咸阳张家湾汉墓（阳陵，汉景帝刘启及其皇后王氏之墓） 公元前 2 世纪 p.120;p.121, 图 2-26;p.127, 图 2-32

湖南长沙马王堆一号、三号汉墓 公元前 2 世纪早期 p.21-22、38、54、55、63、66、80、81、106、110、117、125、133、134、143、144、173、178、226-230、238;p.21, 图 1-9;p.56, 图 1-37;p.57, 图 1-38;p.67, 图 1-47;p.68, 图 1-48;p.69, 图 1-49;p.107, 图 2-14;p.134, 图 2-35;p.135, 图 2-36;p.136, 图 2-37;p.174, 图 3-16;p.175, 图 3-17、3-18

山东临沂刘疵墓 公元前 2 世纪早期 p.140, 图 2-39

湖南长沙象鼻嘴一号汉墓（汉景帝时第五代长沙王吴著之墓） 约公元前 156 年 p.26, 图 1-14

河南永城保安山二号墓 公元前 123 年 p.25, 图 1-12

广州南越王赵沬墓 公元前 122 年 p.23、139;p.24, 图 1-11;p.140, 图 2-40

河北满城一号、二号汉墓（中山靖王刘胜及其妻窦绾之墓） 约葬于公元前 113—前 103 年 p.25、68、69、81、89、91、96、139、140、145、176、178、206、208-209、226、228、230、238;p.26, 图 1-13;p.90, 图 2-1;p.91, 图 2-2;p.141, 图 2-41、2-42;p.142, 图 2-44;p.143, 图 2-45;p.144, 图 2-46、2-47;p.177, 图 3-20;p.207, 图 3-44;p.229, 图 C-1

河南唐河冯孺久墓 公元 1 世纪早期 p.3

山东微山西汉画像石棺 公元前 1 世纪 p.203;p.205, 图 3-41

河南洛阳烧沟 61 号墓 公元前 1 世纪 p.16, 图 1-3;p.22, 图 1-10;p.161, 图 3-5

河南洛阳卜千秋墓 公元前 1 世纪 p.161, 图 3-6

北京大葆台一号汉墓 公元前 45 年 p.208, 图 3-45

西安交通大学西汉壁画墓 公元前 1 世纪晚期 p.50, 图 1-32;p.160, 图 3-4

东汉（公元 25—220 年） p.1;p.28、64、66、70、76、80、128、131、188、200、208-210、215

河南洛阳金谷园新莽壁画墓 公元 8—25 年 p.157、159、160;p.158, 图 3-1、3-2

山西平陆东汉壁画墓 公元 1 世纪 p.39;p.40, 图 1-22

河北定州中山简王刘焉墓 公元 1 世纪 p.141, 图 2-43

河北安平东汉壁画墓 公元 176 年 p.39;p.42-43, 图 1-25、1-26

河南南阳麒麟岗东汉画像石墓 公元 1—2 世纪 p.57;p.60, 图 1-41

山东金乡东汉"朱鲔"祠堂 公元 2 世纪 p.2, 图 I-1;p.195, 图 3-35

河南洛阳七里河东汉砖室墓 公元 2 世纪 p.70, 图 1-50

四川郫县东汉石棺 公元 2 世纪 p.52;p.53, 图 1-35

成都简阳鬼头山石棺 公元 2 世纪 p.65, 图 1-46

陕西旬邑百子村墓 公元 2 世纪 p.23

陕西米脂官庄汉画像石墓 公元 2 世纪 p.217, 图 3-55

山东苍山东汉画像石墓 公元 151 年 p.3;p.203-204、206、208-210、214、

268 | 黄泉下的美术

228;p.201-202，图 3-39、3-40

河北望都一号墓　公元 2 世纪中期　p.39、42、72;p.41，图 1-24

河南密县打虎亭汉墓　公元 2 世纪中期　p.39;p.41，图 1-23

河南密县后士郭一号东汉壁画墓　公元 2 世纪中期　p.236，图 C-9

四川成都羊子山画像石墓　公元 2 世纪晚期　p211，图 3-48

山东沂南汉墓　公元 2—3 世纪　p.55、204、208、209、232;p.59，图 1-40;p.190，图 3-31;p.205-206，图 3-42、3-43;p.234，图 C-6

内蒙古和林格尔东汉壁画墓　公元 2 世纪晚期　p.182、200-203;p.183，图 3-24

魏晋南北朝 p.49、53、76、78、80、111、121、122、145、155、179、185、219

西晋 (公元 265—316 年)

甘肃敦煌佛爷庙湾 133 号西晋墓　公元 3 世纪　p.70、72;p.71，图 1-51;p.218，图 3-56

甘肃嘉峪关五号、七号魏晋墓　公元 3—4 世纪　p.44-45，图 1-27、1-28

东晋、十六国 (公元 317—420 年)

辽宁朝阳袁台子东晋墓　公元 4 世纪早期　p.73，图 1-52

甘肃丁家闸五号十六国墓　公元 4—5 世纪　p.31-34，图 1-16、1-17、1-18;p.64、228

南朝 (公元 420—589 年)

江苏南京西善桥南朝墓　公元 5 世纪　p.188，图 3-29

北魏 (公元 386—557 年)

山西大同北魏智家堡画像石椁　公元 5 世纪早期　p.78;p.79，图 1-57

山西大同方山北魏永固陵　公元 490 年　p.217，图 3-54

河南洛阳北魏元乂墓　公元 526 年　p.49;p.51，图 1-33

北魏宁懋石室　公元 6 世纪早期　p.182、186-187、191、195;p.184-185，图 3-25、3-26、3-27

河南洛阳北魏孝子画像石棺　公元 6 世纪　p.186;p.187，图 3-28

东魏 (公元 534—550 年)

河北磁县李希宗夫妇合葬墓　公元 6 世纪中期　p.118，图 2-24

北齐 (公元 550—577 年)

山东临朐崔芬墓　公元 557 年　p.189，图 3-30

河北磁县湾漳墓　公元 560 年　p.111、121;p.122，图 2-27;p.219-221，图 3-57、3-58、3-59

山西太原娄睿墓　公元 570 年　p.210、214、215、219、222、228;p.164，图 3-9;p.211-212，图 3-49、3-50

山西太原徐显秀墓　公元 571 年　p.76-77，图 1-55、1-56;p.216，图 3-53;p.214、215

高句丽 p.72

平壤高句丽安岳三号墓　公元 357 年，p.74，图 1-53

平壤高句丽德兴里壁画墓　公元 5 世纪中期，p.74、76、78;p.75，图 1-54;p.213-214，图 3-51、3-52

唐 (公元 618—907 年) p.23、24、44、59、61、78、80、81、93、105、111、113、118、121、122、129、132、145、149、152、165、166、172、178、181、191、194、197、220、223、240

山西太原焦化厂唐墓　公元 8 世纪　p.52，图 1-34

陕西乾县章怀太子墓　公元 706 年　p.45，图 1-29

陕西乾县懿德太子墓　公元 706 年　p.95，图 2-5;p.222-223，图 3-61、3-62

陕西乾县永泰公主墓　公元 705 年　p.60，图

1-43

陕西西安鲜于庭诲墓 公元723年 p.112,图2-18

陕西蒲城李宪墓 公元742年 p.221,图3-60

陕西西安苏思勖墓 公元745年 p.79,图1-58;p.80

陕西西安王家坟村90号墓 公元8世纪 p.94,图2-4

五代、十国（公元907—960年）p.61、80;p.150,图2-50;p.164、180,图3-23

四川永陵王建墓 公元10世纪早期 p.130,图2-34

河北曲阳五代王处直墓 公元924年 p.118、228;p.81-83,图1-59、1-60、1-61

浙江临安吴越王墓 公元939年 p.164;p.165,图3-12

宋（公元960—1276年）p.44、72、77、81、86-87、93、113、118、123、146、148、153、178、181、188、197、198、231、232、236、237、240;p.95,图2-6

江苏江宁徐的墓 公元1045年 p.87,图1-66

河南禹县白沙宋墓 公元1099年 p.84-85,图1-62、1-63、1-64

辽（公元907—1125年）p.44、61、72、81、146-149、151、154、231、236-238

内蒙古赤峰宝山二号辽墓 公元930年 p.190、194-195;p.191-193,图3-32、3-33、3-34

内蒙古通辽青龙山三号陈国公主墓 公元1018年 p.149;p.151-152,图2-51、2-52

河北宣化张匡正墓 公元1093年 p.61,图1-44

河北宣化张文藻墓 公元1093年 p.146,p.230、238;p.167,图3-14;p.231-233,图C-2、C-3、C-4、C-5;p.235,图C-7、C-8;p.236,图C-10;p.240,图C-13

河北宣化张世卿墓 公元1116年 p.62、146-148、152、166-169、237;p.147,图2-48;p.166,图3-13;p.237,图C-11;p.239,图C-12

河北宣化张恭诱墓 公元1117年 p.168、234;p.167,图3-15

内蒙古巴林左旗辽墓 公元11—12世纪 p.147;p.148,图2-49

内蒙古敖汉旗喇嘛沟辽墓 公元11—12世纪 p.154

金（公元1115—1234年）p.44、72、81、86、113、231、236、237

河北井陉柿庄金代壁画墓 公元12世纪 p.47,图1-30

山西侯马董明金墓 公元1210年 p.10,I-5;p.86,图1-65;p.113,图2-19

元（公元1206—1368年）p.131、146、178

山西大同冯道真墓 公元1265年 p.62,图1-45

河南洛阳赛因赤达呼元墓 公元1365年 p.198,图3-36

明（公元1368—1644年）p.62、87、178、194

北京明定陵万历皇帝神座 公元16世纪晚期 p.88,图1-67

山东邹县明朱檀墓 公元1389年 p.178,图3-21

清（公元1644—1911年）p.87、123、194

陕西大荔八鱼二号石室墓 公元19世纪 p.53

民国

南京中山陵墓 1926—1931年修建 p.241

新中国成立后

毛泽东纪念堂 1977年落成 p.241

开放的艺术史丛书

尹吉男　主编

* 武梁祠：中国古代画像艺术的思想性
　　[美] 巫鸿 著　柳扬 岑河 译

* 礼仪中的美术：巫鸿中国古代美术史文编
　　[美] 巫鸿 著　郑岩 王睿 编　郑岩等 译

* 时空中的美术：巫鸿中国美术史文编二集
　　[美] 巫鸿 著　梅玫 肖铁 施杰 译

* 黄泉下的美术：宏观中国古代墓葬
　　[美] 巫鸿 著　施杰 译

* 美术史十议
　　[美] 巫鸿 著

* 万物：中国艺术中的模件化和规模化生产
　　[德] 雷德侯 著　张总等 译　党晟 校

* 傅山的世界：十七世纪中国书法的嬗变
　　[美] 白谦慎 著

* 另一种古史：青铜器纹饰、图形文字与
　　　　　　图像铭文的解读
　　[美] 杨晓能 著　唐际根 孙亚冰 译

* 石涛：清初中国的绘画与现代性
　　[美] 乔迅 著　邱士华 刘宇珍等 译

* 祖先与永恒：杰西卡·罗森
　　中国考古艺术文集
　　[英] 杰西卡·罗森 著　邓菲等 译

* 道德镜鉴：中国叙述性图画与
　　　　　儒家意识形态
　　[美] 孟久丽 著　何前 译

* 山水之境：中国文化中的风景园林
　　吴欣 主编　柯律格、包华石、汪悦进 等著

* 雅债：文徵明的社交性艺术
　　[英] 柯律格 著　刘宇珍 邱士华 胡隽 译

* 长物：早期现代中国的物质文化与
　　社会状况
　　[英] 柯律格 著　高昕丹 陈恒 译

大明帝国：明代的物质文化与视觉文化
　　[英] 柯律格 著　黄小峰 译

* 从风格到画意：反思中国美术史
　　石守谦 著

* 移动的桃花源：东亚世界中的山水画
　　石守谦 著

早期中国的艺术与政治表达
　　[美] 包华石 著　王苏琦 译

董其昌：游弋于官宦和艺术的人生
　　[美] 李慧闻 著　白谦慎 译

（*为已出版）

生活·讀書·新知 三联书店刊行

巫鸿作品精装（五种）

礼仪中的美术：巫鸿中国古代美术史文编

时空中的美术：巫鸿古代美术史文编二集

黄泉下的美术：宏观中国古代墓葬

武梁祠：中国古代画像艺术的思想性

美术史十议

生活·讀書·新知 三联书店刊行